MW01228155

B2U

MARKETING PERSONAL

OSCAR A. CONTRERAS

Quedan rigurosamente prohibidas, sin la autorización escrita de los titulares del copyright, bajo las sanciones establecidas por las leyes, la reproducción total o parcial de esta obra por cualquier medio o procedimiento, comprendidos la reprografía y el tratamiento informático, así como la distribución de ejemplares de la misma mediante alquiler o préstamo públicos.

Copyright © 2016 por Oscar A. Contreras

Coeditor: James A. Baird-Kerr

Fotografías e Ilustraciones: ©Empodera® SpA, © Oscar A. Contreras

Modelos Fotográficos: Kate Myhan, Grasiele Pasinato, Juan José Figueroa

B2U® es Marca Registrada de Empodera® Consulting Group

Para mayor información visitar: www.b2umarketing.com o www.empodera.cl

Todos los derechos reservados.

ISBN: 1519327935
ISBN-13: 978-1519327932
Impreso por CreateSpace, An Amazon.com Company.
Disponible en Amazon.com, y otras librerías.
Disponible en Kindle y otras tiendas online

A mis hijos, Isidora y Oscar. La vida les enseñará hasta cierto punto. Después, ustedes tendrán que enseñar a la vida.

Y a mi querida madre, Myriam Serrano, por haberme regalado resiliencia, cariño y consejo: mis tres herramientas principales.

Agradecimientos

A Viviana Araos Luisi, mi mujer, madre de mis hijos, compañera y cómplice; por inspirarme y quererme tal como soy.

A mis ahijados, Leonor y Cristóbal Rojas, y a mi madrina Teresa Serrano; su jovialidad y alegría mueve montañas.

A mi hermana, María Fernanda, por darme ese último dato clave con sumo entusiasmo.

A Ricardo Valdivieso, nunca olvidaré aquel día en que sacaste algo bueno de mí; algo que plasmé en estas páginas.

A José Luis Lavín, José Ignacio Concha, Arturo Orellana, Francisco Sepúlveda, Ignacio Torres, Enrique Zenteno, Ignacio Sánchez, René Cetty, Roberto Souper, Rodrigo Ossandón, Sebastián Zarhi, Philip Holzmann, Ignacio Cáraves, y tantos otros amigos y compañeros por estar conmigo en esos momentos importantes.

A Juan José Figueroa, gracias por prestarme un poco de tu juventud y entusiasmo para ejemplificar «esas cosas importantes».

A Christian Leal Reyes, por inspirarme a escribir mejor y a encontrar la verdad de las cosas.

A *Conor Neill* y su excelente labor en el *IESE Business School* de Barcelona. Una inspiración y un privilegio el interactuar contigo.

A mis estimados clientes; el asesorarlos cada día con cariño y entrega, me dio la energía e inspiración para escribir nuevos párrafos.

Y a mi abuelo, Santiago Serrano Suárez, quien en vida me mostró la pasión y la valentía. Descansa en paz... Nos veremos pronto.

Índice

"Aquel que obtiene una victoria sobre otro hombre es fuerte, pero quien obtiene una victoria sobre sí mismo es poderoso" —Lao-Tzu, Siglo V a. C.

Palabras

Tradicionalmente, al mundo del Marketing se le considera como un mundo de batallas que se ganan y se pierden.

En este libro Oscar, nos sorprende con una interpretación de la realidad del Marketing con conceptos como libertad, por qué haces lo que haces, el formar experiencia, somos o hacemos lo que decimos, reinventar la imagen, me fue mal ¿y qué?; la Iluminación. Preguntas como ¿qué quieres lograr?; ¿ser un insecto en un túnel?

Nos habla sobre cómo vivir la experiencia de confrontar tus miedos, qué se entiende por estar «dentro de la caja», tu nombre es tu arma, la Comunicación Asertiva, lo que piensas, lo que dices, un líder con poder blando. No puedo dejar de pensar en aquella frase única que dice: «nunca otorgues prioridades a alguien que quiere ser de ti una opción».

El haber podido leer al Oscar empresario, profesor, escritor, asesor, padre y esposo, permite tener un mundo de experiencias que vistas en este libro en su conjunto, suman más que las partes por separado.

Construye una rica experiencia de sinergia aplicada en la construcción de la imagen de cada uno de nosotros, en un mundo que cambia y donde la realidad se construye día a día.

Jaime Antonio Soto Muñoz
Doctor en Ciencias Empresariales
Directivo, inversionista y autor

«Viví en mi empresa el Marketing Personal junto con Oscar. Un excelente profesional. Dedicado y con una inteligencia emocional destacable. Cada palabra que dice tiene un sentido y te lleva a plasmarlo en tu vida. Una muy buena persona, que busca siempre más cosas por hacer y enseñar con sus experiencias, ¡que son muchas! Solo desearle lo mejor para sus desafíos. Lee este libro, que algo muy bueno dejará para tu vida.»
—Marcelo González
Director Ejecutivo, Actitud PRO Santiago

«Tal como lo sugiere este libro, lo miré firmemente a los ojos, cuerpo erguido, mensaje asertivo, y le dije: "Estás temblando". Al no haber respuesta, dejé de mirarme al espejo. B2U, léanlo, sin miedo.»
—Pablo Zúñiga T.
Periodista, colaborador en BBC News

«Quiero agradecer a Oscar por su ayuda en el proceso de autoconocimiento, permitiéndome a través de sus asesorías y la lectura de este libro, reforzar mi identidad, liderazgo y mi imagen personal, para continuar con el crecimiento personal y el de mi compañía.»
—Iván Toro Olavarría
Director Ejecutivo, ITQ LATAM

«Cada uno está atrapado entre lo que creemos que la sociedad quiere que seamos y aquello que estamos llamados a llegar a ser. Lo que adoro del trabajo de Oscar es que no son trucos y tips en un nivel superficial; es una combinación del profundo viaje de transformación personal de sí mismo, con preguntas desafiantes. Para lograr grandes cosas, necesitas atraer a grandes personas. Este es el camino que Oscar revela.»
—Conor Neill
Empresario & Profesor, IESE Business School

Prólogo

No alcancé a publicar «*Restart*», mi autobiografía de reinvención personal, cuando comencé a escribir «*B2U*», motivado y energizado por las reacciones positivas que ese primer libro había generado en mis lectores. Un gran cariño; el que finalmente se tradujo en un nuevo desafío.

El 22 de septiembre de 2015, realicé un evento de lanzamiento de «*Restart*», al cual asistieron una gran cantidad de personas que estuvieron presentes en distintos ámbitos y circunstancias de mi vida: emprendedores, gerentes, clientes, colaboradores y familiares. Increíblemente también, asistieron algunos compañeros del Colegio en el cual me formé durante catorce años de mi vida. Habían pasado más de veinte años sin verlos.

Entre aplausos y ovaciones recibidas en aquel evento, se me ocurrió que probablemente había hecho «la peor» de mis presentaciones. Demasiado sentimental para mi gusto; posiblemente mostré más energía que el límite que yo mismo me había fijado para el discurso de rigor. Mi cuerpo expelía pasión, emoción; entrega. Y es que el estar rodeado de tanta gente significativa para hablar de uno mismo es algo complejo; más aún, si sientes la admiración y el aprecio de los que te escuchan.

El recibir una gran cantidad de sinceras felicitaciones, aumentó mi entusiasmo y adrenalina para embarcarme en este segundo proyecto. Pues no fue sino hasta ese momento, cuando me pude probar a mí mismo como autor independiente. Y al parecer, tan mal no me fue.

«Ahora queremos que nos escribas acerca de las cosas que sabes y de tus técnicas», me dijeron algunos de mis clientes y conocidos.

¿Cómo podría decir que no a tal petición? Mi autobiografía, se había convertido en algo así como un «gran ejemplo», para motivar a muchos a concretar su propia reinvención personal. Era sencillamente lógico que el siguiente paso fuese escribir un libro de superación personal, basado en aquello que sé hacer mejor en la vida: trabajar el Marketing Personal en los negocios y en lo cotidiano, tanto para mí, como para los que lo necesiten.

«B2U» (*Business To You*), terminaría por ser el título final para esta publicación. A diferencia del *Marketing B2B (Business To Business)* o aquel *B2C (Business To Consumer)*, el Marketing Personal (el cual denominé como *B2U*), se trabaja desde la autenticidad. Me refiero a «ese algo» que se transmite y trasciende a las organizaciones, los clientes y la vida social. Una sustancia que no solo nutre a los negocios, sino que además es capaz de seducir a los mismos para que «lleguen a la persona».

Así me he propuesto transformar el Marketing en algo que verdadera y éticamente represente el sentido de prosperidad general. Un motor de cambio y mejora social, del cual surjan todas sus conocidas variantes.

Marketing Personal: una herramienta para muchos incomprendida, y claro está por lo mismo, un secreto bien guardado en los bolsillos de las personas que son capaces de hacer de sí mismas, una marca, un producto, una empresa, un negocio; o que incluso pueden lograr su autorrealización.

Estaría mintiendo si dijera que en mi vida no me he devorado contadas publicaciones de grandes especialistas al respecto. Digo especialistas, pues para mí no existe tal cosa como un experto. Esto ya lo he señalado anteriormente, y en cada oportunidad que me lo preguntan. No existen expertos, sino sencillamente personas con aciertos, y por lo mismo, susceptibles a fallar en sus recetas, postulados y premoniciones.

El declararse experto en un tema según mi opinión, es un aditivo colocado por el entorno: los medios, la política o el círculo de profesionales y académicos al cual uno pertenece (o en el que te insertaron). Un entorno que trata de definirlo a uno, sin muchas veces entender los procesos internos o la esencia del especialista.

Un entorno que sin que uno se dé cuenta, puede resultar riesgoso al generar expectativas acerca de lo que el llamado «experto debiese ser»; condicionándolo a cumplir ahora con un determinado patrón establecido de exitismo. «Es un experto en...», ergo, lo que dice es infalible. Pero si te equivocas... «La guillotina te espera».

Es así que, cuando consumí dichas lecturas sobre *personal branding*, superación personal, Marketing y *social media*, terminé creyéndoles a unas pocas, pero con un «grano de sal» o escepticismo si se quiere. La gran mayoría me dejó con muchas dudas sin resolver.

Las publicaciones que sencillamente me aburrieron y cansaron, eran aquellas que tratan de establecer «la receta del experto», postulado tras postulado y viñeta tras viñeta; a la usanza académica añeja. Impulsaban al lector a memorizar puntos, más que a entender o incluso aprehender el origen, la historia detrás del por qué el «experto» hace lo que dice. Con falsos contextos, sin ejemplos auténticos; incluso carentes de sentido.

Leí a muchos gurús y líderes latinoamericanos de alto renombre; solo para sorprenderme negativamente con la prensa que generaban. Sus egocentrismos, rigidez y por sobre todo sus incoherencias, me hablaban de prédica pero no de práctica. Considero que nos han llenado de manuales simplones o libros promocionales, cuyas páginas dicen poco. Para mi gusto, demasiado centrados en la empleabilidad cuando esta tan solo es una de las aristas de la vida. Tan solo me impulsaron a una cosa: investigar.

Dado lo anterior, decidí hacer caso omiso a tanto blablá. Escuchar más a mi esencia y experiencia en la construcción de este libro. De esa manera lograría diferenciarla de lo típico, mediante nuevos parámetros adaptados a la realidad Latinoamericana. Desde *USA* al verdadero mundo hispano.

Me declaro como un «*formador experiencial*», aunque cotidianamente a la sociedad se le simplifica decir que hago «*coaching*». Lo acepto, pero no me agrada ni representa. No tengo mucho que ver con el famoso *coaching*, pues no refleja el sentido de lo que realmente me motiva: trabajar e involucrarme con las personas para erradicar sus miedos.

Ha sido gracias a mis clientes, tanto empresas como personas naturales y representantes mediáticos nacionales, que hago aquello que sé hacer mejor. Actuar como un Asesor Comunicacional que los empodera del talento único que está dentro de sí mismos. Saco lo mejor de sus esencias para proyectarlas. Actualmente, esto lo realizo tanto de manera grupal o en ambientes completamente privados: en sus oficinas o las mías.

Algunos de estos clientes, me han confesado que mucho antes de decidir que yo los asesore, observan mi perfil en *LinkedIn* o «googlean» todo lo posible acerca de mi persona. Así también, leen mis artículos o ven mis conferencias por *YouTube*. Todo, con el objeto de formarse una idea sobre si soy lo que digo ser. Y eso está muy bien. De hecho, lo recomiendo.

13

Sin embargo, son poquísimos los que me han hecho aquella pregunta que más me importa. Esa que sienten que solo me pueden hacer cuando entran en confianza conmigo: «Oscar, ¿por qué haces lo que haces?».

Es ahí cuando sonrío, al percibir que quien me habla tiene algo que lo distingue del resto y que resulta completamente atractivo. Se trata de la capacidad de conectar derechamente con las personas, haciendo preguntas que para mi gusto, tienen completo sentido. Es tan solo el comienzo de aquello que llamo *B2U*.

¿Por qué hago lo que hago? Sin ser peyorativo o retórico, trataré de contestar a eso brevemente; con tres poderosas razones.

Primero, la evidente desigualdad social, educacional y económica que vivimos en países como Chile y sus símiles en el resto de América del Sur. La clase media trabajadora está sumida en un progresivo desaliento, pues percibe que las oportunidades de prosperar escasean con mayor intensidad. La obtención de buenos puestos laborales y la capacidad de proyectarse en los mismos, se merman a niveles galopantes.

Sonaré polémico con lo que voy a decir, pero las Universidades e Institutos de Formación Técnica en nuestro país, ya no «están dando el ancho» para generar prosperidad. No están formando a personas, sino instruyéndolas y adoctrinándolas; algo muy distinto de aquello que sucedía con las antiguas generaciones de estudiantes que buscaban conocimiento.

En Chile, las Universidades han proliferado y pululado en una agresiva competencia comercial. Una rivalidad que las ha comenzado a desvirtuar. Por dinero, muchas han relajado sus filtros de postulación y sus pautas de rigor. Todo, con tal de obtener una cuota de la torta de postulantes para cada año. Sin generalizar, su foco se está perdiendo.

Se nota la ausencia de esos tan necesarios rasgos innovadores en materia educacional. Y junto con ello, observamos un incremento progresivo de egresados que simplemente no tendrían en donde emplearse.

Así, una gran variedad de Universidades se ha transformado en verdaderos «bancos de certificados de trabajo en alta demanda». Hoy cualquier persona, con suficiente dinero puede comprar una fácil estadía en la facultad que desee. El problema es que los alumnos (y sus familias) hoy invierten muchísimo y su retorno de inversión cada día se vuelve más paupérrimo, en términos de oportunidades laborales y sueldos dignos.

¿Por qué? La respuesta es muy simple. Los planteles están tan alejados de la empresa privada, que han llegado hasta el punto de fantasear con puestos de trabajo ilimitados. En ese sentido, sus planes estratégicos todavía omiten hacerse cargo del emprendimiento como la piedra base de cualquier economía de mercado. ¿Para qué hablar de los Colegios?

Como resultado, existe un sinnúmero de profesionales sumamente «preparados», pero pocos empresarios con negocios que «los reciban». Y aunque dichos profesionales obtuviesen un empleo, ya sea por su propia motivación o por necesidad, sus trabajos durarán y pesarán menos que un paquete de cabritas. El sistema social, dependiente de la educación y el capitalismo, está en un entredicho. Tiene sus días contados antes de evolucionar o morir; ya sea por crisis, ya sea por una flagrante revolución.

Tengo clientes que a sus 24 años de edad, y con mínimos estudios se han transformado en gerentes generales de empresas nuevas y emergentes; organizaciones que hoy facturan millones de dólares. Mientras otros, con cuarenta y tantos años, inteligentísimos, brillantes, con un *PhD* o portentosas certificaciones, apenas si han logrado llegar a un cargo de jefatura y con la mitad del sueldo que ganan los más jóvenes.

¿Cuál es entonces el gran incentivo para seguirse instruyendo de la manera tradicional? Sin duda, existe algo que está más allá que los meros títulos y certificados. Algo que lleva a unos pocos a influir en los hilos del sistema, o incluso a intervenirlo en desmedro del bienestar de los demás. Como resultado, unos pocos abusadores embusteros se han abierto camino para influir en una gran cantidad de temerosos conformistas.

Tal conformismo, es lo que ha llevado a muchos países de Latinoamérica a ser presa de líderes populistas durante las primeras décadas del Siglo XXI. No importa si se trata de mandatarios de izquierda o de derecha. Me da exactamente lo mismo; es ya un tema irrelevante.

He observado con desconcierto a algunos autodenominados «líderes de hoy». Aquellos que si no tienen todo escrito y pauteado no existen.

Qué tiempos eran aquellos, en donde un verdadero líder se subía a un estrado y conmovía a las masas solo con su memoria, conocimientos e improvisación. Aquel líder que tenía muy claro el concepto de validación.

La Democracia, en vez de ser un plano de prosperidad para el mérito, se ha transformado en una especie de *statu quo* que premia a los mediocres e ignorantes. Se ha vuelto predecible, repetitiva y algunas veces, hasta estúpida. Por lo mismo, hace ya bastante tiempo que no me identifico con ningún color político. El hecho de haber vivido una buena parte de mi juventud en el extranjero, cambió bastante mi forma de mirar las cosas.

La competencia por prosperar, se ha vuelto tan agresiva, insensata e inmoral, que la gran mayoría de las personas, sin importar su educación o grado de prosperidad económica, se ha vuelto asistencialista frente a los problemas que nos afectan a todos. Sienten que no tienen más remedio que «agachar el moño», aceptando o más bien «tragándose» el dolor y la frustración de no poder surgir. Esperan pacientemente para que las cosas cambien. Añoran a «ese alguien» que con una varita mágica, les pueda quitar o suavizar sus problemas, diciéndose a sí mismos cosas como: «Así es nomás» o «¡Qué mierda! ¿Por qué nadie hace nada?».

La desigualdad se traduce en algo mucho más grave. Se transforma en un «problema» el que tú y yo, entendamos «ciertas cosas» que aquellos que tienen intereses creados, ya conocen y dominan. Esto, pues nos transformamos en su competencia; una amenaza a su «exclusividad». Cuanto más nos educamos sobre temas que están ocultos o aislados para la gran mayoría, pueden pasar dos cosas: o nos consideran o nos temen.

No se trata de memorizar aquellas materias o técnicas que el resto de los mortales estudia en la Universidad. Me refiero a aquellas cosas que yo denomino como «las del Libro Negro». Pequeños ingredientes que son capaces de distinguirte del resto en solo segundos. Diminutos pero importantísimos aditivos que han llevado a personas triunfadoras a lograr lo que ellos quieren, pero con un mínimo ético; sin afectar el derecho de los demás a prosperar. Sin recurrir a tretas o trampas.

Así es como declaro que es fácil distinguirse de una sociedad que en su gran mayoría se ha vuelto miedosa, quejumbrosa, asistencialista y hasta envidiosa (o como bien decimos en el castellano chileno: «chaquetera»).

«¡Capacítate más!», dicen los del montón. Y los pocos que sobresalen, simplemente se rebelan y contestan: «¿por qué cresta y para qué?». Ya nos hemos instruido en todo lo que es académicamente importante, pero aun así y todo, nos cuesta encontrar el sentido real de lo que se aprende.

Si nos hubiésemos capacitado de la manera correcta, entonces, ¿por qué la gran mayoría de nosotros ha sido víctima de discriminación o ninguneos en más de alguna oportunidad?

¿Por qué en países como los nuestros nos cuesta tanto hablar de los éxitos propios, sin ganarnos adversarios y envidias? ¿Nos volvimos clasistas o incluso racistas? Como países, ¿por qué seguimos igual de mediocres?

Si lo que digo no tiene sentido, entonces pregúntenle a aquellos extranjeros, que por circunstancias de crisis han tenido que rearmar sus vidas en países como los nuestros; superponiéndose y triunfando por sobre los habitantes que los reciben. Ángeles para algunos; demonios para otros.

Basta con ver las estadísticas, para evidenciar la afluencia de personas que provienen de ultramar y que en muy poco tiempo (a punta de sacrificio y un poco de cojones), se han transformado en importantes directivos, gerentes y emprendedores. Los mismos que en contadas ocasiones, me comentan acerca del grado de temor y estancamiento que existe en países como los nuestros. Para ellos es una ventaja; para nosotros, una debilidad.

Esto me lleva a la segunda gran razón, que es en sí misma un gran obstáculo que todos enfrentamos frecuentemente: el famoso Miedo. Continuamente somos bombardeados por una gran cantidad de postulados, planes, «estrategias» y «verdades» para poder alcanzar el éxito profesional o convertirnos en mejores personas. Pero la gran mayoría de la gente se detiene solo en eso: en «las recetas del exitoso».

Cuando llega ese «gran momento» de poner a prueba aquello que se aprendió, con grandes expectativas de que dará resultado, la realidad nos pasa su cuenta y más de las veces, no surte el efecto esperado. Es entonces cuando muchos de nosotros nos detenemos a pensar en «qué fue aquello que hice mal» o «por qué a esa otra persona le resultó y a mí no».

Sí. Nos detenemos a pensar y a planificar, estratégica o tácticamente; quizás demasiado. A la gran mayoría de las personas, le basta un primer fracaso para perder el hábito de aplicar y más importante aún, de accionar.

Comenzamos a procrastinar, a dejar todo para otro día. Para después. Ese desperdicio de tiempo y energía, nos lleva a malograr no cientos, sino que un millón de oportunidades que están al alcance de nuestra mano. El conformismo es producto de dicha animadversión y pánico al fracaso. Ese miedo ha decantado en el hecho de que dejamos de ser nosotros mismos.

Latinoamérica se arraigó socialmente bajo una jerarquía patronal, y lamento decir que eso sigue así hasta el día de hoy. Año a año, celebramos la independencia de nuestros países con ricas comidas y bailes folclóricos. Es allí cuando me pregunto de qué independencia estamos hablando.

Basta con que te despidan y afecten tu bolsillo, para que todas tus ansias de superioridad se esfumen como gotas de lluvia en el viento. Ergo, porque nos someten o «nos han hecho sufrir», algunos necesitan tener su revancha y someter al resto ante la más mínima posibilidad de surgir. Esta penosa tradición ha influenciado en nuestro clima laboral, al transformarla en una «esclavitud sofisticada»; fantasma acomodaticio de lo patronal.

No pretendo hacer una crítica en gran escala, pero mi esencia díscola me empuja a declarar lo que veo con absoluta sinceridad. Veo a muchas personas ocultando sus miedos en títulos, certificaciones y diplomas; como si estuviesen tratando de afirmarse en los mismos para ayudar a los demás o surgir profesionalmente. Difícil que aquel que ya está sometido, pueda ayudar a liberar a otros; a menos que haya fracasado y se reinvente.

Si aún con todas las alternativas de estudio, adiestramiento o incluso de *coaching*, hubiésemos mejorado tanto nuestras falencias principales, entonces ¿por qué nos falta tanta civilidad, compromiso e integridad en nuestras labores? ¿Por qué en el factor humano nos hemos vuelto peores? Demasiadas buenas intenciones, pero pocos resultados concretos.

Por ese motivo, reconozco con franqueza que a menos que se me invite a mí a dar una conferencia, hoy en día es muy poco probable que asista a alguna. Lo anterior, a menos que el expositor tenga algo realmente nuevo e inspirador que transmitir. Estoy bastante aburrido y cansado de escuchar recetas repetidas sobre lo «que debemos hacer»; más aún si se hace desde un podio o un púlpito. O la persona realmente sabe empatizar y motivar a la acción, o soy capaz de levantarme de mi silla rápidamente, pues tengo mejores cosas que hacer. Como por ejemplo, jugar en mi *PlayStation 4*.

Eso me lleva a la tercera y última razón, la que más bien es mi manifiesto: «El verdadero Marketing Personal no es sumiso». Al decir esto, fui capaz de envalentonarme y tomar la batuta para construir un innovador marco lógico que lo sustente. Uno que tenga como núcleo al ser auténtico. Que dependa en gran medida de su coherencia y compromiso en el uso de sus competencias fundamentales.

Puedo decir con satisfacción que logré no solo generar dicha propuesta, sino que también asilarla de comparaciones. Filtrarla de lo que ya otros expresaron como receta del «éxito». Teorías que en su mayoría, no han hecho otra cosa que concientizar, adoctrinar y finalmente someter. Esto me consta, pues la mayoría de las personas «no sabe lo que quiere», «quiere lo que otros quieren» o «quieren lo que les dicen que quieran».

En ese sentido, mi propuesta sobre el Marketing Personal, tiene el objetivo de ser liberadora. Representa en sí misma un «masaje motivador» para aquellos que están sometidos a las ataduras, opiniones y etiquetas.

Cuando esta nueva propuesta fue capaz de superar las expectativas de aquellos con quienes se utilizó, fue que decidí compartir dicho conocimiento y experiencia para el beneficio de otros.

Para lograr todo eso, tuve que proponerme a mí mismo, el alejarme del «ruido de las opiniones». Depurar mi cabeza de todo lo que ya se ha dicho para crear, organizar y finalmente expresar un contenido que fuese realmente auténtico, original e inspirador.

«*B2U*», se hace cargo primero del fondo, para luego entrar en la forma. Me centro en la Autenticidad y en la Autoconfianza de la persona, para luego describir y practicar las Competencias Confluyentes del Marketing Personal. Decidí hacerlo así, pues es la única forma en la que podremos de una vez superar las visiones minimalistas. Hablar sinceramente acerca del poder influyente que cualquier persona puede alcanzar. Enalteciendo lo que es genuino, por sobre lo que representa una simple «careta».

Al ser mis historias, los conectores principales de cada temática, es de esperar que «*B2U*» pueda ser leído tanto en forma lineal como fragmentada. Un libro de consejo y referencia; de fácil acceso a cada capítulo. Uno que aplique al dedillo el modelo de formación experiencial que tanto beneficio ha traído a las personas y a las organizaciones que han participado tanto de mis asesorías como de mis conferencias.

He decidido ser fiel a mis principios, al escribir y editar este libro yo mismo. Sin más asistencias que las de algunas pocas personas con la suficiente confianza y sinceridad, como para hacerme las críticas y correcciones pertinentes. Dado lo anterior, me enorgullece declarar que una vez más la pluma me pertenece.

Es un tremendo trabajo, pero que realizo con gran pasión y demostrando mi mayor cariño, sin querer competir en ningún caso con grandes escritores o literatos. Utilizando un lenguaje coloquial, pero no menos decente y claro. Creo haber hecho mi mejor esfuerzo y haber vertido mi mayor dedicación en cada página de esta «vanguardista visión sobre la vida y la influencia».

Como he señalado en muchas ocasiones, no vivo de los libros sino de mis talentos. Tal como ocurrió con el primero que escribí, este tampoco es un proyecto comercial. Mi intención es que estas líneas brinden el mayor aporte a las personas que realmente lo necesitan.

Sin embargo, a diferencia del primero, este será un libro polémico. No tengo ninguna duda que las opiniones expresadas en las siguientes hojas, me traerán muchos seguidores, como así también una gran cantidad de detractores. Voy a hacer reír y también enojar a muchos. Es el precio que cualquiera tendrá que pagar al considerársele como un líder de opinión.

Y para actuar como tal, debo ser capaz de expresar dicha opinión responsabilizándome por sus resultados: sean buenos o malos.

El Marketing Personal ante todo debe generar una influencia tangible. Trabajando nuestra autoconfianza desde adentro, para proyectar nuestro ser real hacia el exterior; sintiéndonos saludables, fuertes y liberados.

«*B2U*», es mi invitación para que puedas quebrar esquemas. Un «gran empujón», con el cual espero logres pintar la vida de la manera que mejor te parezca y bajo tus propios términos.

Oscar A. Contreras, «B2U®», Noviembre de 2016

1

Ese «algo» llamado Marketing Personal

"Cuando me hablan de innovación me aburro; si es que dicha innovación no comienza por la actitud de las personas."
—Oscar A. Contreras

GRAN PARTE DE NOSOTROS se queja porque hay algo que siempre nos falta. Ese algo puede tener que ver con muchas cosas: lo familiar, el trabajo, las finanzas, los negocios y también lo espiritual. Yo también fui parte de ese «equipo de quejumbrosos», hasta que me di cuenta de que hacer ecos de nuestras falencias sin aportar ninguna acción, nos lleva a un solo resultado inequívoco: conformismo o eso que llaman «fracaso».

Las preguntas típicas que los conformistas se hacen en sus mentes, se parecen mucho a las siguientes: «¿Qué tiene esa persona tan exitosa que no tenga yo?»; «¿Por qué le dieron oportunidades a esa persona y a mí no?». Me falta la más patética de todas aquellas preguntas: «¿Por qué tengo tan mala suerte en la vida?». Patética porque no solo llama a las malas energías (o vibras), sino que con el tiempo genera uno de los peores defectos de la raza humana: la envidia.

Es natural el tener ambiciones. El mejoramiento de cada uno de nosotros, requiere una cuota de esa ambición para liberarnos del conformismo. Pero lo que no es «tan típico» en la raza humana, es generar acciones concretas para sacarnos del *standby* de nuestros simples deseos. Todos hablan, pero pocos hacen y es allí donde las oportunidades surgen todo el tiempo; al menos para mí.

Jamás me consideraría una palabra autorizada para decir nada. En ese sentido, creo humildemente que soy tan solo un intelectual que tiene una «historia autorizada» para compartir y que le da pie para sugerir.

Acarreo una vida intensa, plagada de reinvenciones que me llevaron de ser un fracasado a ojos del resto, hasta convertirme en el emblemático directivo de una célebre Multinacional estadounidense. Algo que por mi propia mano, pude lograr en tan solo seis años de carrera y superando aquellas oportunidades que solo pocos se atreverían a tomar.

Situaciones que en mi país, Chile, la gente conformista consideraría como «prácticamente imposibles»; y es por esa razón que no me llevo bien con la rigidez mental. Fui pobre; fui pudiente y pobre otra vez; y hoy en día, digamos que el dinero no es mi preocupación fundamental.

«No soy nadie» y aunque te cueste creerlo, el tan solo el declararlo abiertamente, me convierte en una persona bastante poderosa. Poderosa porque el ser nadie me libera. Hago lo que más quiero y me siento yo; sin darle mucha importancia a los prejuicios y las etiquetas. Tan solo represento una energía potente o lo que algunos llaman un «espíritu viejo», que con el tiempo ha sido capaz de acercarse al real sentido de las cosas.

Todo eso me hace esencialmente rebelde. Esa misma rebeldía, fue la que me ha permitido hasta el día de hoy buscar, enfrentar y conquistar las oportunidades; abordándolas con valentía.

En ese sentido, también puedo declarar que «soy un bueno para nada», lo cual me hace aún más influyente; hasta el punto de ser considerado «inalcanzable» para algunos. Inalcanzable, pues no todos aceptan el hecho de que no tienen control sobre absolutamente nada en esta vida, y que jamás nunca ninguno de nosotros está lo suficientemente preparado.

Al decir todo esto, ¿te parezco un altanero, un fraude o incluso un arrogante de porquería? Si es así, por favor cierra este libro y quémalo si quieres. Pídele a *Amazon* que te devuelva lo invertido y cuento cerrado. No tengo por qué molestarme, porque no te conozco, aunque sí confieso que desearía internamente que te quedaras conmigo. Si aún te quedan interrogantes sobre mí, solo puedo darte una sugerencia: lee mi primer libro, «Restart», y quizás eso ayude a dar sentido a mis palabras.

Ahora, si te quedas, entonces propongo que mantengas la mente abierta y con buen humor. De eso último yo tengo mucho.

Aquellos que tenemos una vida intensa, llevamos el humor a flor de piel. Pero dejémonos de hablar de mí por el momento. Hablemos de ti.

Eres un ser humano y sin conocerte, deduzco que no estás buscando el éxito realmente. Las personas muchas veces confunden el éxito con algo mucho más fundamental y que incluso los exitosos no tienen: la libertad.

Los políticos, los empresarios, los profesionales; todos buscan salir de una «celda». Pero se complican con un sinnúmero de metodologías, postulados y recetas. Gastan grandes sumas de dinero en *coachs* o consultores certificados. Algunos de estos últimos optan por camuflar sus soluciones con inentendibles o abstractas explicaciones. Explicaciones que nuevamente, nos apartan de la libertad. Que condicionan nuestra cabeza y nos encierran nuevamente en otra «celda»; quizás más cómoda o moderna, pero una celda al fin y al cabo. ¿Pagarías por eso?

Soy nadie y contra toda expectativa posible, existió ese «algo» en mí que posibilitó que los más célebres directivos «se me abrieran» en la más completa confianza. Para contarme nada más que la verdad de sus profundos pesares: los de sus equipos, los de sus negocios y hasta los de sí mismos. Algunos, incluso «se pasaron por el arco del triunfo» los párrafos de sus *NDA's* (Acuerdos de Confidencialidad), para luego descascarar sus planes estratégicos ante mis ojos; cual fuesen bananas.

En dichas conversaciones, me percaté de que todos ellos sin excepción, y a pesar de haber costeado los más selectos programas de capacitación (incluso de provenientes de franquicias norteamericanas), tenían en sus empresas y equipos, problemas comunes y persistentes:

- Desconocimiento general de estrategias e incapacidad de dirigir.
- Poca claridad y mucha improvisación en los procesos.
- Escasa comunicación interna y externa; poca transversalidad.
- Lo más trillado: falta de liderazgo y actitud de trabajo en equipo.
- Énfasis en certificaciones de calidad, pero con procedimientos no acordes a la realidad. Alta dependencia en la reputación más que en el servicio o en el producto.
- Poca flexibilidad y elitismo de cargos. Promesas incumplidas.
- Sobreventa. Desfavorable atención a clientes. Cumplimiento insuficiente de sus compromisos pactados. Alta tasa de reclamos.
- Equipo comercial miedoso y altamente dependiente de clientes grandes. Deficiente preventa; precario manejo de negociaciones.
- Clima laboral deficiente. Desmotivación y falta de identidad.

Abstraigámonos por un momento para encontrar la causa raíz de su persistencia. ¡Estos realmente no son problemas de empresas, sino que son de su núcleo: las personas! Son exactamente las mismas situaciones que cualquier persona como tú o como yo podría enfrentar todos los días, sin necesidad de pertenecer a una organización.

¿Qué tienen que ver lo corporativo y los procesos con todo esto? Absolutamente nada. El germen de todos estos problemas es netamente actitudinal. Ni siquiera se trata de un problema cultural. Algunos nos dicen que en los países anglos y europeos, las cosas resultan y funcionan mejor porque su población goza de una mentalidad distinta a la de nuestros países Latinoamericanos. Posiblemente sea así.

Pero en mi caso, no puedo negar que viviendo en los Estados Unidos por más de doce años (1999-2010), y trabajando específicamente *Electronic Arts, Inc.*, una de las empresas de *software* de consumo masivo más importantes de *Silicon Valley*, tuve que enfrentar problemas similares e incluso peores a los mencionados. En ese entonces, actuando como gerente de división y formando parte de un pequeño equipo de directivos, asumí la dura misión y compromiso de innovar en nuestros procesos y aumentar nuestra productividad de manera radical.

Trabajando mano a mano con equipos multidisciplinarios, no me fue difícil identificar el hecho de que existía «ese algo actitudinal» que muy pocos sabían cómo definir (o encajar dentro de una metodología). El ser capaces de «diseccionarlo», tratarlo y potenciarlo, nos permitió minimizar e incluso erradicar nuestras fallas en la productividad, tanto en nuestras operaciones de desarrollo, como así también en lo comercial. Logramos superarnos, resistiendo las crisis económicas de esos años y adaptándonos al auge inequívoco de la globalización.

Ya estando de vuelta en Chile y finalmente, al radicarme en sus trincheras emprendedoras, corporativas, educacionales, pude comprobar que «ese algo» era universal. Trascendía culturas, políticas, credos, procesos, educación e incluso a la bendita innovación. No era *branding*, no era ventas, no era metodología; era algo absolutamente experiencial.

Desde ese momento, comencé a dar rienda suelta a una exhaustiva investigación. Un trabajo que conjugó mis años de entrenamiento; los hechos, triunfos y fracasos, tanto míos como de otros; para luego verterlos en una solución simple, lógica y accesible. «Ese algo» que hoy por fin cualquiera puede definir como Marketing Personal; pero ese de verdad.

La arena de la hipótesis

En la actualidad, existen a lo menos cincuenta tipos de estrategias o tácticas de Marketing. ¡Oh, Dios mío! ¡Cincuenta variantes! Todas ellas pensadas para atraer a nuevos clientes a tu negocio o marca. Es claro que para que cualquier negocio gane un *market share* y se mantenga relevante, se pueden considerar y combinar varias estrategias.

Una primera gran vertiente es el *Outbound Marketing*, que en pocas palabras, se trata de la prospección de grupos o *targets* individuales para encontrar nuevos consumidores. Nos han hablado también del Marketing Directo que en resumen, consiste en comunicarse directamente con tus prospectos o consumidores a través del e-mail, correos, *stands*, letreros y cualquier otro material promocional. Del *Outbound*, nacerían otras tácticas como el Marketing Inverso, el *Ambush*, el Marketing de Guerrilla, el «*Call To Action*», el Masivo, el de *PR (Public Relations)*, etc.

Luego, el *Outbound* empalmaría sofisticadamente con otra gran vertiente: el *Inbound Marketing*. La oportunidad de aprovechar a nuestros actuales clientes o consumidores, para ofrecerles productos y servicios adicionales; hablándonos de *cross-selling* y *up-selling*. Del *Inbound*, naturalmente surgirían otras propuestas, como el Marketing Viral o de «*Boca en Boca*», el de Proximidad, el de Nicho, etc.

Las redes sociales potenciadas por el Internet, darían paso al *Social Media Marketing*; el que a su vez, agregaría valor al que se supone, es el más comunicativo de todos: el Marketing Relacional.

No es mi idea describir cada una de estas propuestas aquí, so pena de abrumarte y aburrirte con sofisticados términos. Para qué nos vamos a poner soporíferos, ¿no? Lo importante es mencionar que a juicio general, muchas de esas llamadas «nuevas estrategias», tan solo representan evoluciones o alcances de nombre de otros símiles.

Lo que me preocupa y concierne de ellas no son sus métodos, sino su dirección. ¿De dónde se generan y a quién se dirigen genuinamente? ¿De quién vienen y hacia dónde van? ¿Representan auténticamente el sentir de quien está detrás del mensaje?

En la «Era de la Información», basta con hacer «un clic» para obtener datos y antecedentes de manera instantánea. Asimismo, podemos hacer un «doble clic» para saber si una empresa o persona nos está diciendo la verdad o nos está mintiendo con el mayor de los descaros. Digan lo que digan sus propuestas; investigar es hoy día muy fácil.

Con el auge de las tecnologías, muchas estrategias se han vuelto completamente autóctonas y predecibles para la gran mayoría de las personas. La agresiva competitividad laboral y empresarial, ha generado que muchos emisores tengan que escudarse en el fraude, la mentira o hasta en la pleitesía, para conseguir sus metas a toda costa.

Lo trágico, es que las personas, los prospectos, los clientes o consumidores, ya tienen clara esta situación. Por lo tanto, su primera reacción será desconfiar de cualquier cosa que les digan o les prometan.

Sea cual sea la estrategia o táctica de Marketing que decidas ocupar, ella estará sujeta indefectiblemente al duro escrutinio de tus clientes e incluso de tus competidores. ¿Cómo superamos ese duro examen? ¿Cómo evitamos que ese Marketing no quede para siempre dormido?

Mi sencilla y no menos ambiciosa propuesta, tiene que ver con los genuinos *inputs* y *outputs* de nuestro mensaje; su auténtico origen y dirección. En ese ámbito ya son muy conocidas dos vertientes.

La primera de ellas es el *Marketing B2B (Business To Business)*: ese que dirige nuestros servicios y productos a otras organizaciones. Me refiero a ese mensaje de oferta con el cual te transformas en un «proveedor»; o con el cual forjas un *partnership* con otra empresa.

En segundo lugar, está *Marketing B2C (Business To Consumer)*: uno que se encarga de «vender» nuestros productos y servicios, directa o indirectamente a otras personas; clientes o consumidores finales.

Quizás arriesgaré muchas críticas, pero me aventuraré a asegurar que detrás de ambas aproximaciones, existe solo una persona que toma conscientemente la decisión sobre el qué, a quién, el cómo y el cuándo de ese mensaje. ¡Solo una persona! Independiente de que esté asesorada por un gran grupo de profesionales o un equipo de «expertos».

¿Es esa persona auténtica, disciplinada y confiable? ¿Existe correlación entre sus reales intenciones y el Marketing que quiere proyectar?

Si fuese así, entonces su empresa o su persona no tienen nada que temer u ocultar. Sus demás estrategias generarían una sensación de confianza y transparencia; una natural reacción positiva en sus receptores.

Es aquí cuando acuño la noción del B2U («*Business To You*» y «*Be To You*»): la base de todo Marketing; el personal. Ese que antes de hablar de nuestros productos y servicios, refleja a nuestra persona auténtica, con su historia e integridad, para no solo dirigirnos a nuestros clientes, sino que también representar coherentemente la visión de nuestra organización.

Marketing Personal

No me agradan mucho las definiciones, porque a pesar de servir para enmarcar ideas, al mismo tiempo, las limitan, obstaculizando su evolución. No obstante, haré mi mejor intento para definir a «ese algo» que he denominado como Marketing Personal o sencillamente, *B2U*™

«El Marketing Personal es un marco de formación universal, dentro del cual convergen una serie de competencias personales. Estas últimas, potenciadas por la coherencia y compromiso, permiten comunicar, proyectar y promover la autenticidad de un individuo como su núcleo fundamental. Este marco, sustentado sobre la experiencia y el talento, permite no solo concretar metas en todos los planos de la vida cotidiana, sino que además distinguirse y diferenciarse ventajosamente del resto de los individuos».

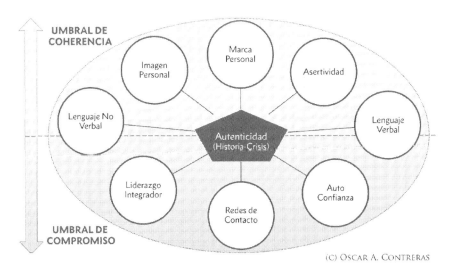

Figura 1: Framework de Marketing Personal. Denominado B2U™

En nuestra competitiva era actual: o proyectas tu ser auténtico, comprometido con tus valores y coherente con tus competencias, o «pierdes tu turno». En ese sentido, dejamos las mentiras de lado.

El Marketing Personal no se crea o inventa, sino que se reconstruye desde tu propia historia, tus problemas e incluso desde la crisis. ¿Cómo transformar el fracaso en el mejor de tus éxitos? ¿Cómo puedes atraerme, si en tu historia de vida no tienes nada en común conmigo? En ese sentido, nuestro ser auténtico, es el corazón de cualquier ventaja competitiva.

Nuestra autenticidad es proyectada y retroalimentada por ocho «Competencias Confluyentes», las que trabajadas de manera correcta, permiten causar un impacto: «ese algo que se conoce como distinción». Sin importar cuál sea nuestra historia de vida. Les llamo confluyentes, pues todas ellas deben cooperar entre sí para generar una ventaja. No pueden trabajar de manera separada; son interdependientes.

Para facilitar su entendimiento, dibujé un diagrama que describe la confluencia de estos elementos de una manera completamente lógica. Los he clasificado en tres grupos:

1. Competencias Proyectivas
2. Competencias Fundadoras
3. Competencias Expresivas

Competencias Proyectivas: corresponden a las primeras tres que se ubican en el área superior del diagrama. Estas son la Imagen Personal, la Marca Personal y la Asertividad. Son proyectivas, pues determinan nuestra relación con el ambiente externo; las personas, la sociedad y los medios.

El «cómo nos ven» o cómo nos perciben los demás, depende intrínsecamente de estas competencias, las que son responsables activas de proyectar nuestra esencia.

Competencias Fundadoras: son el Liderazgo Integrador, nuestras Redes de Contacto y la Autoconfianza. Se ubican en el sector inferior del diagrama. Las llamo «fundadoras», pues determinan la esencia interior de una persona; su sustancia. Son el resultado de nuestra historia de vida, de nuestras creencias, aprendizajes y formación valórica.

Aquello que llamamos éxito (o mejor dicho, libertad), puede lograrse cuando somos capaces de transmitir estas bases sustanciales, haciendo uso de las Competencias Proyectivas.

La confluencia de las Competencias Proyectivas y Fundadoras, permite reflejar nuestra autenticidad y eliminar de la ecuación los elitismos y las altanerías. «Somos quienes somos; no aquello que dicen que somos».

Competencias Expresivas: son aquellas responsables de externalizar físicamente a las Competencias Proyectivas. Estas son nuestro Lenguaje No Verbal y nuestro Lenguaje Verbal.

Se ubican en los extremos izquierdo y derecho del diagrama; y un poco más cercanas a las Competencias Proyectivas. Lo anterior, se debe a que hasta un cierto umbral, las expresiones verbales y corporales, también pueden actuar como «soporte» de nuestras Competencias Fundadoras.

Todas estas Competencias Confluyentes, presentan un mayor o menor grado de coherencia y compromiso por parte de la persona. Son umbrales determinantes en los que todas ellas se relacionan e incluso batallan.

Así entonces, las Competencias Proyectivas dependen del grado de coherencia que uno refleja al transmitir sus Competencias Fundadoras. ¿Somos o hacemos lo que decimos? Si no es así, es difícil generar o mantener credibilidad. Menos se logra proyectar una buena reputación.

A su turno, las Competencias Fundadoras dependen del grado de compromiso que la persona tenga consigo misma y con los demás. ¿Nuestras acciones son capaces de reflejar nuestras promesas? Si no es así, entonces significa que aunque los demás nos consideren «exitosos», nunca estaremos realmente satisfechos. En nuestra esencia intima, tarde o temprano nos consideraremos como un fraude; una mentira.

Por último, las Competencias Expresivas, dependen tanto de nuestro compromiso de practicarlas como de nuestras coherencias; reflejando con propiedad nuestros elementos internos.

El sentido del modelo: obtener la verdad

El Framework del Marketing Personal, ya dispuesto de esa manera, nos permite no solo encontrar el sentido de lo que hacemos, sino que además proyectarlo de una manera lógica.

Puedo decirte que tan solo el hecho de contraponer cada uno de estos ocho elementos, te permitirá hacer las preguntas más intimidantes en cualquier mesa de conversación o negociación. Me refiero a ese tipo de cuestionamientos que deja «marcando ocupado» a quien no demuestra autenticidad. Preguntas que comprobadamente, me han permitido «poner en jaque», incluso a las personas y directivos más influyentes. No lo hago para aventajarlos egoístamente con ridículas ínfulas de superioridad, sino que para lograr algo más importante: que me digan su verdad.

Casi todos decimos «estar perfectamente bien», pero ejecutando una diplomacia casi automatizada. ¿Por qué razón escuchamos tantas quejas de la gran mayoría de las personas? Considero que la solución a esta dicotomía, está en encontrar la verdad de quien tienes enfrente de ti y dejar de lado cualquier chisme, etiqueta o habladuría. Buscamos aquella verdad que es capaz de generar algo que muy pocos obtienen: confianza.

Hoy en día más que nunca, las personas no solo están buscando obtener productos y servicios; están buscando sentirse confiadas y reconocidas por la experiencia que tú les puedas ofrecer. Cuando somos auténticos, somos capaces de abrirnos a los demás y desarrollar esa valiosísima confianza que permite hablar de nuestras verdades. Expresar lo que realmente sentimos y queremos, para luego obtenerlo. Así también, identificar claramente lo que nos limita y perturba, para pronto remediarlo.

Para encontrar la verdad, y utilizando el diagrama de Competencias Confluyentes, nos podemos hacer preguntas que tienen completo sentido. ¿Se condice tu *Comunicación Asertiva* con el *Liderazgo Integrador* que tratas de venderme? ¿Tu imagen personal, dice relación con tu verdadera autoconfianza? ¿Tu marca personal es coherente con tu red de contactos? ¿«Dime con quién andas...»? ¿Hablas igual que como te mueves?

Si por ejemplo, pretendieses tomar un «curso *flash*» de *Personal Branding*, eso no será suficiente para generar una ventaja competitiva, si es que tu marca hace caso omiso a las demás competencias. Algo similar podría ocurrir con aquellos que toman un curso de ventas con el prestigioso *Método Sandler*, pero que no trabajaron su Lenguaje Verbal.

¿Para qué hablar de aquellos que toman un *workshop* de *Social Media Marketing*, para luego fallar miserablemente en una mesa de negociación, al no ser capaces de proyectar su autoconfianza? El Marketing Viral, tan basado en el uso del *E-Commerce* y las Redes Sociales, solo podría servirte si es que proyectas un contenido genuino; una historia interesante que cautive a tus prospectos, por ser auténtica y original.

Siendo coherentes con nuestra esencia, el Marketing Personal es un *Framework* que debe permitirte conseguir lo que tú quieres, con quien quieres y cuando quieres. Por lo mismo, se practica desde tu autenticidad y no como una herramienta para «simplemente caer bien» o conseguir un mero empleo. Es a prueba de sumisos y por tanto, un verdadero *driver* que genera una poderosa influencia positiva. Un nuevo nivel que te abrirá las puertas en cualquier lado; sintiendo mayor calma, fuerza y confianza.

La metodología de transferencia

¿Cómo transmitir todo esto del Marketing Personal de una manera no solo adecuada, sino que efectiva al generar cambios y resultados precisos?

Tuve la suerte de formar parte de una emblemática y multimillonaria multinacional norteamericana. Gracias a eso y por la experiencia acumulada, no solo crecí profesionalmente dentro de sus trincheras, sino que también pude acceder a una amplísima gama de conocimientos.

Electronic Arts en ese sentido hizo lo suyo, al invertir en un sinnúmero de capacitaciones para sus colaboradores y en las cuales tuve la suerte de participar. Las distintas experiencias que viví en ellas, me permitieron segregar las «buenas capacitaciones» de aquellas que eran deficientes.

Como directivos a cargo de un sensible presupuesto y de cumplir con altas metas, no fue para nada extraño el percatarnos de que la inversión en capacitación muchas veces no trajo consigo los retornos esperados. Esto marcó un *jumpstart* radical. Reinventamos la forma de gestionar y transferir el conocimiento a nuestros equipos de trabajo; y también entre nosotros mismos. Un *top-down* desde la gerencia hasta la operación.

A excepción de ciertos *partners* y consultoras que demostraron generarnos resultados financieramente prometedores, decidimos hacer *tabula rasa*. Cancelamos todos los demás contratos con «expertos» externos. Hicimos todo lo necesario para concentrarnos en generar nuestro propio modelo educativo. Uno que promoviera la innovación; permitiendo que los mismos miembros de la organización se convirtieran en formadores, más que en meros «repetidores» de recetas añejas.

Dejamos de lado al *coaching ontológico* y sus predecibles postulados, sustituyéndolo por la experiencia comprobable de nuestros equipos. Favorecimos nuestros propios aprendizajes en la conquista de las metas, así como también nuestra resiliencia cultural frente a los problemas. Reemplazaríamos las meras palabrerías por táctica ejemplar.

Así pues, reemplazamos el concepto de capacitación por el de formación. De manera casi natural, comenzamos a escuchar por los pasillos de nuestros edificios el término «Formación Experiencial»; concepto que ya había sido acuñado por algunas contadas figuras vanguardistas; con propuestas que resultaban «raras» para la época.

El momento de realizar todos estos cambios fue el acertado. Considerando no solo la crisis inmobiliaria que se veía venir en los Estados Unidos hacia el 2008, sino también la coyuntura en su modelo educativo.

Nos llamó profundamente la atención, aquella vertiente de la formación experiencial postulada por el prestigioso y controversial catedrático de la *Universidad de Northwestern, Roger C. Schank.*

Su metodología, denominada *SCC (Story Centered Curriculum)* acabó por ser emulada, adaptada y mejorada por un grupo en el cual tuve el honor de participar. Todo esto con la misión específica de implantarla en un gigante de nueve mil profesionales multidisciplinarios, incluyendo a sus *partners* en Asia Pacífico y Europa.

El colaborar en este ambicioso proyecto, para luego comprobar sus resultados, permitió que naturalmente me transformara en un creyente de la formación experiencial. Y no fue sino hasta que otras empresas *Fortune 500* solicitaron mis servicios, que de creyente pasé a ser un promotor.

En 2013, ya de vuelta en Chile, y específicamente a cargo de la Gerencia General de *Empodera® Consulting Group*, decidí tomar las experiencias prácticas de esta metodología, para adaptarla bajo mis términos e investigación a las realidades de nuestros países.

Tras realizar unas primeras pruebas de adaptación, dirigidas a tres empresas de industrias distintas, obtuve las primeras pruebas de mercado favorables. Al lograr esos primeros grandes aciertos, decidí bautizarla desde Chile con el nombre de *SPTC™ (Story-Play-Tech-Convergence).*

STORY-PLAY-TECH-CONVERGENCE
TECNOLOGÍA EXPERIENCIAL CONVERGENTE DE PERSONAS
(c) Empodera Consulting Group. Oscar A. Contreras

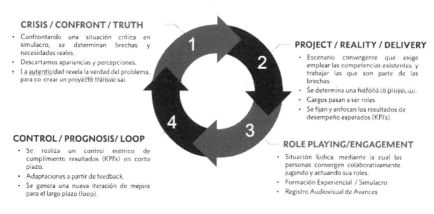

CRISIS / CONFRONT / TRUTH
- Confrontando una situación crítica en simulacro, se determinan brechas y necesidades reales.
- Descartamos apariencias y percepciones.
- La autenticidad revela la verdad del problema, para co-crear un proyecto transversal.

PROJECT / REALITY / DELIVERY
- Escenario convergente que exige emplear las competencias existentes, y trabajar las que son parte de las brechas.
- Se determina una historia (o proyecto).
- Cargos pasan a ser roles.
- Se fijan y enfocan los resultados de desempeño esperados (KPI's).

CONTROL / PROGNOSIS/ LOOP
- Se realiza un control métrico de cumplimiento resultados (KPI's) en corto plazo.
- Adaptaciones a partir de feedback.
- Se genera una nueva iteración de mejora para el largo plazo (loop).

ROLE PLAYING/ENGAGEMENT
- Situación lúdica, mediante la cual las personas convergen colaborativamente, jugando y actuando sus roles.
- Formación Experiencial / Simulacro
- Registro Audiovisual de Avances

Figura 2: Modelo de Tecnología Experiencial Convergente™

Se trata de una nueva y mejor «forma de hacer las cosas», que se ha traducido en millones de dólares de ganancias para las empresas con las que he trabajado. Una metodología que por lo demás trajo consigo incrementos sustanciales en su productividad.

El *SPTC*™ se puede definir como «Tecnología Experiencial Convergente de Personas», pues son las mismas las que se encuentran ante y por sobre cualquier proceso. Siendo un gerente estratégico en pleno *Silicon Valley*, no me fue difícil anticipar que «cualquier metodología de papel», no sobreviviría a sus rápidos y constantes cambios tecnológicos.

Por lo anterior, el *SPTC* es en gran medida lúdico, basado en la simulación y construye sus casos desde la crisis. La «crisis es clave», pues al confrontarla (ya sea simulada o no), nos permite sacar lo mejor y lo peor de nosotros mismos. Afloran las competencias que ya tenemos, pero quedan expuestos nuestros puntos débiles. Con ellos, se planifica un proyecto real.

Ser un formador experiencial, significa estar varios pasos más allá que el *coaching*; especialmente cuando hablamos de Marketing Personal.

En el mundo del Internet, existen ya demasiados *tips* sobre qué hacer y no hacer según la situación. Sin embargo, muchos de ellos, ya son absolutamente conocidos, o absurdamente pasados de moda. Las redes sociales de *LinkedIn* y *Facebook*, ya están sobresaturadas de artículos de superación personal o de *branding*, que dicen más o menos lo mismo. Pocas veces otorgan ejemplos que sean atingentes a nuestra real situación.

Rara vez se hace un «doble clic» sobre los temas tratados o sobre las muchas opiniones de «expertos». Es más común quedarnos solo en las palabras. Por dicha razón, he decidido recopilar y compartir mis experiencias. Con ellas, he generado sugerencias que estoy seguro, no pasarán de moda en muchísimo tiempo.

No es mi intención definir la metodología *SPTC* aquí, so pena de aburrirte. Prefiero que la vivamos en la práctica y dentro de cada página que leas en adelante. Por lo mismo, tomaré prestada una cita del aclamado psiquiatra *Carl Gustav Jung*, para nada más resumir su sentido:

«Aquellos que no aprenden nada de los hechos desagradables de sus vidas, fuerzan a la conciencia cósmica a que los reproduzca tantas veces como sea necesario para aprender lo que enseña el drama de lo sucedido. Lo que niegas te somete. Lo que aceptas te transforma».

Siendo consecuente con dicha frase, la dinámica que utilizo con la gente que asesoro jamás es recetar, sino que «sugerir» acciones planificadas, con objetivos mesurables. Es decir, generamos un verdadero proyecto, para lograr cambios sustanciales en sus carreras y en sus estilos de vida. Se genera así una rica experiencia compartida y comprometida.

«Tú me cuentas algo de tu experiencia de vida y yo te contaré algo de la mía, para ejemplificar mi sugerencia». Esta es una de las máximas que respeto en todo aquello que realizo. Es fácil así generar ambientes de completa confianza en los que «como un libro abierto», revelo en cuáles situaciones de mi vida he aplicado mis sugerencias; confesando incluso los éxitos y fracasos de mis acciones.

Las personas realmente aprecian esto, pues me sienten presente, cercano, auténtico y espontáneo; apoyándolas «a un mismo nivel» en el desarrollo de sus objetivos.

Bajo estos parámetros, considero que esta es la mejor manera en que cualquiera pueda vencer las barreras autoimpuestas sobre lo que cree saber o aquello «que le dijeron que creyera». Por eso mismo, no dudé ni por un instante que debía combinar el Marketing Personal con el *SPTC*.

El Marketing Personal, para lograr ser liberador, primero debe ser transformador. Por lo mismo, no se puede enseñar: se vive intensamente.

Obtener una competencia o habilidad es el resultado de un proceso, claro está, pero ese es solo el principio. Se necesitan otras cosas más importantes como valor, autenticidad e integridad para traducir todo ese conocimiento en resultados trascendentes.

Eso para mí es algo positivamente disruptivo que se traduce en que las personas «sean las verdaderas protagonistas de su éxito», más que *copycats* enmascarados o enfrascados en las recetas de otras personas.

Siendo fiel a mis principios, decidí que el *B2U* debía seguir el mismo patrón. Fortalecer coherencias con aquello que hago en el día a día para ganarme la vida. Abrirme para hacer sugerencias específicas a mis lectores, pero no sin dar ejemplos propios, con los cuales se genere un vínculo «férreo» de igualdad natural.

Comencemos hablando del Marketing Personal. Pero ese de verdad. Y para hacerlo con la verdad, partamos reconociendo nuestras propias esencias. Logremos que se proyecten de manera natural.

2
El crucial momento de iluminación

"La vida del hombre es interesante, principalmente si ha fracasado. Eso indica que trató de superarse."

—Georges Clemenceau

Y ASÍ COMENZÓ NUEVAMENTE... Ese momento en el que te diste cuenta de que algo no cuadraba en tu actual rutina de vida. Te encontraste con un tope que te impidió llegar más allá en tu carrera profesional o en tu «supuestamente infalible» plan de vida futura.

Te despidieron de tu trabajo, o el gran emprendimiento que querías echar a andar no rindió sus frutos. O puede ser que no conseguiste ese tan preciado aumento de sueldo que estabas persiguiendo con tanto afán. Quizás te topaste con un «gordo trasero», encima de tus hombros, que te impidió convencer a la gerencia de que confiara en ti; «que se la jugara por ti» y que te investiera con esa promoción de cargo por la que tanto luchaste.

Incluso, puede ser que sientas que has caído en un completo descrédito profesional o social. Percibes que la gente con la que contabas te abandonó o te dio la espalda: tus amigos, tus conocidos e incluso tus familiares.

Saliste a la calle a caminar y a tomar aire fresco, tal como tus cercanos te lo aconsejaron. A vaciar los sentimientos negativos que llevabas como una carga. Sentiste como la gente transitaba, sin darte siquiera el paso. Posiblemente te sentiste inferior. Pudiste preguntarte una y otra vez, «¿por qué me tenía que pasar esto a mí?».

Y es que casi todas las personas pretenden que sus planes de vida se concreten de acuerdo con un patrón esperable o establecido. Algo así como «irse por un tubo» o por una línea recta, que te lleve desde tu situación actual, hasta la situación en la cual quieres estar. Queremos llegar de un punto «A» a un punto «B», de la forma más consistente y rápida posible. Aquellos más ambiciosos y perfeccionistas, incluso quieren asegurarse de que sus planes sean «a prueba de balas». Algo perfecto.

¿Qué tiene que ver esto con el Marketing Personal?

Absolutamente todo. Algunos especialistas tan solo nos hablan de «construir una imagen», pero no elaboran el contexto sobre la cual esta se forja. Asumen a la persona como un ser genérico, pues se desconoce su pasado o sus orígenes si se quiere. Es por ello que prefiero hablar de «reinventar la imagen», y no de construirla. Esto se logra al reconocer situaciones clave, tan drásticas e íntimas como lo son el fracaso, la crisis o el fin de un ciclo.

Estamos insertos en un sistema socioeconómico y cultural exitista. Uno que nos tienta a ensimismarnos con un objetivo en especial: tener control. Sin embargo, la vida nos muestra que ese control de las situaciones es tan solo una sensación. Una percepción para la cual se nos condiciona.

La realidad es, para lamento de muchos, que no podemos controlar nada en su totalidad. Basta un mínimo imprevisto, un pequeño cambio indirecto en las situaciones externas, para que tengamos que volver nuevamente al pizarrón. Recurrir a nuestras fortalezas para adaptar nuestros planes. O en el peor de los casos, volver a replantearnos todo.

«Algunas personas tienen poca tolerancia a la frustración», dicen algunos sabios y con mucha razón. ¿Pero qué pasa si aun cuando fuimos tolerantes o pacientes, las cosas nos salen mal una y otra vez? ¿Perderemos nuestra paciencia? ¿Tendremos la fuerza para poder levantarnos nuevamente? «¿Podré mirarme al espejo y volver a sentirme bien?».

Quienes son menos afortunados, perciben la falla como un verdadero fracaso. Un fracaso tan fuerte, que agota cualquier deseo o empuje por prosperar. Unos pocos, jamás se recuperarán y se darán por vencidos.

En aquellos más perfeccionistas, la palabra «fracasado» suena en sus mentes una gran cantidad de veces. Y es que el llamado fracaso, puede producir un dolor tan intenso, que el cuerpo y la mente se resienten.

Entonces pensamos en tomar un descanso; o que es necesario ir al psicólogo o al psiquiatra. Nos sentimos afortunados si tenemos ayuda.

Lamentablemente, unos contados que no pudieron más con ese dolor y no contaron con ayuda, terminaron con sus vidas. Nadie está realmente ajeno a esta situación. Nunca sabemos quién tiene una carga tan pesada.

Por lo general, verás que algunos a tu alrededor, tratarán de explicar las fallas continuas como «una mala racha»... ¿Una mala racha?

Pensemos en esta frase. ¿Quiere decir eso de que simplemente tuviste mala suerte? ¿O acaso tus más cercanos piensan que no has cometido error alguno, y que dicho fracaso es simplemente obra del destino?

En mi opinión, la «mala racha» no existe. Es un mito que queremos o tratamos de creer para consolarnos y evitar sacar a la superficie nuestras propias debilidades. «Mal de muchos, consuelo de tontos».

Puede ser que alguno de mis lectores crea que no ha fracasado en algo y que todo le ha salido perfecto. ¡Patrañas! 99,9 % de las veces, al pensar así, te estás mintiendo a ti mismo(a). De seguro hay algo que te falta; existe algo que a pesar de todos tus triunfos, aún no has podido conseguir: sea riqueza, amor, trabajo, libertad, autoconfianza, etc.

También es posible de que algunos otros que leen estas líneas, definitivamente estén más abiertos a reconocer que están viviendo una falla dolorosa en sus vidas. Quizás sientan que necesitan salir del *statu quo*, propio de la situación incómoda en la que se encuentran.

Independiente de cuales sean tus circunstancias; el hecho es que nuestra naturaleza humana tiene un *ADN* ambicioso que nos provoca, nos impulsa y nos motiva a gastar nuestras energías en «aquello que nos depara un futuro próximo».

Repito, he dicho que no podemos controlar nada en su totalidad. Pero sí tenemos la capacidad de influir en cambiar el desenlace del fracaso; esto último, si podemos reconocerlo y anticiparlo, con sabiduría y tranquilidad. Una vez que pudimos visualizarlo y definir objetivamente cuál es el problema que se nos viene encima, entonces podremos comenzar a amarlo. Sí, amarlo.

Así que si te encuentras en esta situación, y puedo apostar un millón a uno a que así es, te invito a hacer algo rápidamente: detenerte y relajarte. Respirar profundo, unas tres veces, y luego alegrarte. ¿Por qué alegrarte?

La respuesta es más sencilla de lo que crees. Estás comenzando tu «ciclo de iluminación». Ese *lapsus* de tiempo en el que sencilla y abiertamente reconoces que las cosas fallaron. Aquel instante en el que eres capaz de decirte a ti mismo(a): «Me fue mal, ¿y qué?».

El ciclo de iluminación posee cinco instantes:

1. **Reconocimiento**
2. **Comunicación**
3. **Sufrimiento**
4. **Recogimiento**
5. **Reinvención**

Reconocimiento

Te fue mal o fracasaste; pudiste pensar eso leve o sutilmente. Pero ahora te toca reconocer que esa es tu realidad. No se trata de que el mundo te diga que fallaste, sino más bien cuando tú mismo fuiste capaz de informártelo.

Has un ejercicio y di en voz alta frases como las siguientes: «Me fue mal, pero sé perder», «No logré lo que quería, pero encontraré la forma de salir de esta situación». Puedes decir cualquier otra cosa que exprese tu angustia o tu frustración; siempre y cuando ella vaya acompañada de una promesa de acción positiva. Puedes incluso decir garabatos, y eso está muy bien. Expresa la información de la manera que más te acomode, pero hazlo tú solo, sin espectadores.

¿Y qué pasa después? Desde el momento en el que reconociste las malas noticias, cualquier sentimiento negativo que estuvo creciendo dentro de ti llegará a un tope; a un clímax. Su intensidad dejará de aumentar desde ese momento. Sin embargo, ese sentimiento, llámese frustración, dolor, desilusión o pena, se mantendrá latente. Ahora será necesario que decante. Que se exteriorice y canalice, pero no de forma atarantada e inútil, sino que de manera constructiva y efectiva.

Este es claramente un momento de iluminación. Desde ese instante, y algunas veces sin que lo notes, te sentirás proclive a generar acción; una acción constructiva y orientada a salir del estancamiento. Es el reconocimiento de la crisis y bien se sabe que toda crisis, trae consigo oportunidades de mejorar. Tu integridad se fortalece y cualquier dolor que tengas, ya no seguirá en aumento. Al reconocer la falla, ya le pusiste un límite. Puedes pensar: «Este soy yo angustiado(a), pues las cosas no me salieron bien», y en adelante, el sentimiento negativo no seguirá creciendo.

Necesitamos entonces ser capaces de comunicar lo que nos pasa, pues es dañino guardarnos esas energías negativas en nuestro interior.

Comunicación

El «Reconocimiento» no te quitará el dolor, pena o sentimiento de pérdida tan fácilmente. Tendrás que lidiar con ellos, te guste o no y más temprano que tarde. Lo indicado es asumir esos sentimientos negativos lo más pronto posible y hacernos cargo de expresar esa basura interna.

Sin embargo, lo que recomiendo es no andar informándoselo a todo el mundo, sino más bien compartirlo con tus seres queridos, familiares o aquellos amigos más cercanos. Serán ellos los primeros destinatarios de tus sentimientos, y quienes podrán ofrecerte la contención y el consejo que necesitas. Solo si te sientes en confianza y rodeado(a) por las «cuatro paredes de la intimidad», podrás expresar tu dolor y frustración sin tapujos.

Es muy liberador el poder decir lo que sientes, sin que nadie te dé lecciones sobre lo que es «políticamente correcto». Las formalidades no tienen valor alguno en momentos como ese.

Expresa lo sucedido a tus más cercanos. Trata de contar la verdad en hechos y sin tergiversar. El dolor muchas veces nos hace pensar que la historia puede ser más injusta o dramática de lo que realmente es.

No obstante, es importante señalar que muchos nos tentamos con querer expresar nuestros sentimientos a todo el mundo; particularmente, al utilizar las redes sociales.

Es aquí donde hago un pequeño paréntesis, para señalar que hay que tener mucho cuidado al utilizar *Facebook*, *Twitter* o cualquier otra red social que nos influya a expresar *vox populi* lo que sentimos.

Cualquier persona que quiera obtener «*likes*» por sus comentarios, lo que realmente busca es el reconocimiento y la validación de sus contactos. Así, hemos sido testigos de cómo alguien escribe algún llamado de atención, para que unos pocos «amigos» le contesten: «¿Qué te pasó?».

Las redes sociales no son un buen medio para externalizar nuestras frustraciones. Esto, pues la gran mayoría de sus usuarios responde a noticias de tipo positivas o bien, a declaraciones con carácter motivacional.

Hay una bajísima probabilidad de que en «medios abiertos y masivos», se obtenga aquella respuesta que uno tanto busca durante los momentos de crisis. Generamos polémica, pero no obtenemos contención.

Es mejor salir afuera y conversar directamente con aquellas personas de confianza, que andar ventilando tus intimidades con desconocidos.

Volveremos a este punto bastante más adelante, cuando hablemos de la Cadena de Valor de *Networking* y *Social Media*.

Sufrimiento

El «momento de iluminación», no es fácil, pues también implica que debes sufrir. En tu mente, comenzarás a revivir las situaciones que te causaron daño, dolor o tristeza. Aquellas circunstancias que incluso te llevaron hasta el punto de sentirte disminuido(a).

Todos hemos pensado en diferentes desenlaces. «Si yo le hubiese dicho esto...». «Si tan solo hubiese actuado en el momento...». «Si hubiese reaccionado rápidamente». Incluso nos excusamos o buscamos atacar. «Me pillaron en mal momento». «¡Me voy a cagar a este(a) huevón(a)!».

La verdad es que no tiene sentido hacerse dichos cuestionamientos o pensar en tal o cual curso de acción. Al menos no en ese momento de sufrimiento. Los hechos ya ocurrieron. Lo que se dijo «ya está dicho».

Ya es parte del pasado, y no queda más remedio que replantearnos. Estamos en una crisis, y ya tendremos la oportunidad de arreglarnos. Pero no sin antes «dejar ir» esos sentimientos dañinos. Nuestro cuerpo nos lo pide, para obtener balance y salud. Es bien sabido que «tragarse» u ocultar el dolor por un largo período, nos lleva al estrés. Y ese estrés extendido en el tiempo, nos puede conducir a padecer gravísimas enfermedades.

Así que, si tienes que gritar, grita fuerte. Dentro de un auto o en las cuatro paredes de tu dormitorio, si es necesario. Si tienes que llorar, llora todo lo que quieras. No importa tu género o edad. Es tu derecho, y aunque muchos no lo crean, se requiere de una gran fortaleza para poder llorar.

Puedes hacer todo aquello que necesites hacer, siempre y cuando no pase a llevar la sana convivencia con quienes te rodean.

¿Quieres romper un vaso? Pues bien, hazlo. Pero asegúrate de que nadie te vea realizando ese acto tan arrebatado. A fin de cuentas, tú pagarás por él o quizás lo eches de menos. ¿Quién sabe? Es mejor eso, que ejercer violencia contra cualquier persona; incluso contra uno mismo.

Al sufrir necesitas amor. Pero el primer amor es hacia ti mismo(a). A la única persona a la cual le debes demostrar algo, es a aquella que se refleja cuando te ves en el espejo. Todo lo demás pasa a ser secundario.

No hay una gota de egoísmo al pensar así, pues tu misión principal es estar bien. Porque si no lo estás, no te sentirás capaz de apoyar a todos tus seres queridos; a tus amigos o compañeros de trabajo.

¿Quieres ir al psicólogo para sentirte mejor? Excelente. Siempre y cuando sea realmente bueno. Uno que no te sugiera esas «interminables terapias», que al final lo único que logran es generar una constante subordinación. Ese tipo de dependencia en la cual sientes que no puedes hacer nada si el especialista no lo aprueba. La experiencia me ha enseñado a contratar especialistas de renombre y por lo mismo, caros. Son efectivos, eficaces y eficientes, no me aburren y te ponen «a tono» rápidamente.

Si el que tienes actualmente no está a la altura de tus expectativas, bótalo como un papel desechable y búscate un psiquiatra que esté a la altura de tu ego. Uno que pueda recetarte una *«Happy Pill»*.

¿Necesitas días para descansar? Tómalos. Pero no para quedarte acostado(a) en la cama durante días completos o hundirte en la depresión.

Recogimiento

Cuando algo se quiebra, quedarán pedazos; unos buenos y otros malos. De nuestro fracaso o término de ciclo, hay siempre elementos que valen la pena ser rescatados. Pueden ser aprendizajes o lecciones. Cosas que se sumarán inequívocamente a nuestra experiencia de vida y que nos harán ser mejores; aunque en un principio no lo entendamos.

Una vez que hayamos llegado al clímax de nuestro sufrimiento, el dolor de la pérdida será persistente. Sin embargo, este ya no seguirá en aumento. Es aquí en donde comienza el llamado «Recogimiento». Un período de observación e introspección, que nos sirve para darnos cuenta de qué cosas podemos recobrar de nuestras fallas o fracasos.

Tratemos de observar nuestra situación actual de una manera objetiva. Imaginémonos por un momento, que somos como una estatua de cristal que se ha roto. Como bien se sabe, es imposible que podamos unir todos los fragmentos de un cristal para recuperar su forma original.

Haciendo eco de esta analogía, no volveremos jamás a tener nuestra forma original por más que lo intentemos. Esto sucede pues «aquello que fuimos» y que se quebró por el fracaso, es simplemente una construcción realizada por nuestras propias mentes. Algo que ha sido validado por nuestro entorno. Esa «estatua», era realmente nuestra imagen.

¿Qué piezas podemos rescatar de esa estatua de cristal que tanto añoramos? Solo aquello que necesitemos. Fragmentos con los cuales logremos armar una nueva estatua. Una de mejor calidad; de más larga duración y que no sea susceptible de ser víctima de los mismos fracasos que ocurrieron en el pasado.

Una vez que hemos reconocido, comunicado y sufrido nuestra derrota, podemos sentirnos más relajados; con una mente más abierta y racional.

Nos sentiremos un poco más balanceados para definir qué piezas de cristal nos sirven y cuáles no. Podremos tomar y desechar con sentido.

Botaremos a la basura sentimientos como la ira, la frustración, el odio y los deseos de venganza. Incluso seremos capaces de transmutar el recuerdo de aquel duro momento que se vivió. ¿Es eso posible? Por supuesto. Podremos mirar dicha situación amarga desde otra perspectiva y como un aprendizaje. Así, la transformamos en una pieza clave que sea compatible con las demás piezas buenas que quedan de nuestro ser.

El «Recogimiento» en pocas palabras, es un período largo de prueba, en el cual intentamos saber qué tenemos, qué eliminamos y qué nos queda. Aquella etapa en la cual debemos renunciar a una o muchas cosas, para luego abrirnos al cambio. A continuación, viene la pregunta del millón: «¿Qué es lo que nos falta?».

Reinvención

Al preguntarnos por lo que falta, estamos mostrando los primeros indicios de ambición. ¡Felicidades! ¡Ahora quieres algo para ti! Serás una maravillosa excepción a la regla; pues hay mucha gente que no quiere saber más de nada, al experimentar un fracaso. Mandan todo al carajo. También existen aquellos que buscan encasillarse en el mismo molde de la persona que fueron; solo para darse cuenta de que no podrán volver a ser los mismos, por más que lo intenten.

Nuestra ambición por prosperar, es aquella que nos lleva al último paso de nuestro ciclo de iluminación: la reinvención.

Al reinventarnos, nos proponemos construir una nueva estatua, un nuevo modelo y más en concreto, una nueva imagen. Una que pasará a ser la conductora de nuestro Marketing Personal.

¿Quién eres? ¿Qué te gustaría lograr? ¿Eso «nuevo que quieres ser» podrá influenciar a otros de manera positiva?

Hablando de esa reinvención, quiero recoger un concepto que desarrollé en mi anterior libro, «*Restart*». Me refiero al concepto del *Óbliter*, que proviene del verbo «obliterar». Un sinónimo de anular, obstruir o cerrar. Al vincularlo con un ser humano, nace el *Óbliter*:

«*Dícese de aquella persona capaz de anular, olvidar o sustituir su pasado. Individuo con capacidad de reinvención*».

Después de recibir un gran golpe, de aquellos que solo dejan ecos de vacío, es necesario detenerte de una buena vez y repensarlo todo. Considerar por un momento, quién eres y qué te gustaría cambiar. Hacer un recuento y una introspección. Vaciar «tu estante de basura» y decidir que es tiempo de reinventarte.

Buscaste, para luego recolectar los pedazos rotos. Pero más importante aún, generaste la fuerza para lograr rearmarte.

Así el *Óbliter*, es un ser capaz de olvidar, dejar pasar o sobreponerse ante los acontecimientos adversos; todo para poder reinventarse. En su esencia, es un ente inmortal. ¿Eres uno de aquellos?

Reinventarse, no consiste en desentenderse o pretender que nada malo pasó. Como ya lo señalé, el día en que lo trágico ocurre, se necesita la fuerza suficiente para sufrírselo todo. Llorar «a concho» si es necesario, para alcanzar un balance. Botar y eliminar todo lo negativo o que nos duele hasta más no poder. Pero eso sí, sin armar escándalos y ojalá en completa intimidad; rodeado(a) por las personas que te quieren.

No obstante, el sufrimiento tiene un plazo límite. Cuando tal plazo expire, buscarás tus reservas de fuerza para levantarte, mirarte al espejo con orgullo y realmente creer que no tienes ataduras para lograr todo lo que quieras. Saldrás afuera, a la calle si es necesario; para encontrar tu nuevo destino. «Las paredes que te limitan, tan solo están en tu mente».

Oportunidades para renacer

Como no soy un «experto», sino que un especialista y asesor en el tema, puedo empatizar contigo y contarte que ese ciclo de iluminación es algo que yo mismo he vivido en contadas ocasiones.

Grandes proyectos míos han fracasado. Emblemáticos negocios, se han ido al tacho de la basura. Personas con las que creí que podía contar, no estuvieron en los momentos más cruciales. He sido desvinculado en pocas ocasiones y por las razones más increíbles. No estoy lejano a las personas o a mis clientes al haber experimentado la sensación de pérdida.

Así, quien te habla y desde veinteañero, ha pasado por las cinco fases de la iluminación, hasta llegar a no solo una, sino que a muchas reinvenciones de su persona.

Las primeras veces, se sentía durísimo. Las situaciones se veían más dramáticas de lo que realmente eran. Sin embargo, llegas a un punto en el cual ya reconoces en qué fase te encuentras. Y al reconocer, puedes comenzar a anticipar lo que va a ocurrir. De alguna manera, el ciclo de iluminación, permite hacer del fracaso, una verdadera estrategia del éxito.

Puedo así afirmar con conocimiento de causa, que todos aquellos que deciden trabajar su Marketing Personal, lo hacen pues han sido artífices, partícipes o víctimas de una crisis que los ha llevado inequívocamente a la decisión de reinventarse. Esto aplica tanto a personas como a empresas.

Figura 3: Ciclo de iluminación (reinvención de Imagen Personal).

Cuando desarrollamos un verdadero Marketing Personal, proyectamos la fortaleza de nuestra esencia, a quien sea y con absoluta seguridad.

Sin una crisis que traiga consigo experiencia, cualquier esfuerzo por reinventar una imagen, carece de contexto, y por tanto será evidentemente falsa y débil. Pasa a ser un Marketing sumiso; un *copycat* de aquello que no nos representa. Algo sacado de una historia que no es la tuya, sino la de otra persona; quizás con más o menos aciertos que tú. ¿Por qué molestarse en emular a otro sujeto, si tu propia esencia y sustancia es suficiente para generar algo atractivo a ojos de muchos?

Basta con plantearse de que este ciclo de iluminación, no es el único de los muchos que ya has vivido; tampoco será el último. La vida es riquísima en oportunidades de reinvención. Coyunturas que nos llevarán por muchos caminos con destinos desiguales. Recorridos para los cuales muchas veces no nos sentiremos preparados.

Tomaré uno de los ejercicios que más me agradan para ejemplificar lo que digo. Me refiero a la conocida metáfora de «pensar fuera de la caja» («*thinking outside the box*»). Esto significa razonar de manera no tradicional o entender desde una nueva perspectiva.

«Pensar fuera de la caja», tiene como uno de sus ejemplos emblemáticos el llamado «puzle de los nueve puntos».

La meta de este ejercicio consiste en juntar todos los puntos, usando un máximo de cuatro líneas rectas continuas; sin levantar el lápiz y sin trazar la misma línea más de una vez. Si te animas, puedes intentar resolverlo.

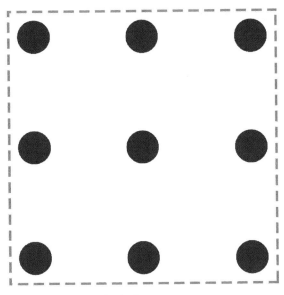

Figura 4: Puzle de nueve puntos.

¿Pudiste lograrlo sin utilizar más de cuatro líneas? Si no pudiste, no te sientas mal. Yo también fallé garrafalmente la primera vez que me lo hicieron. Y para tu deleite, la solución está en la página siguiente.

Figura 5: Múltiples caminos de reinvención que escapan a lo cotidiano. Utilizando el puzle de los nueve puntos, los caminos pueden diferir drásticamente.

Como puedes ver, existen diversas soluciones. Hay quienes incluso lo logran con tres líneas. La «trampa» de este ejercicio está en los bordes punteados. Muchos piensan que cualquier línea que tracen debe estar dentro de un supuesto límite; un cuadrado ¿Ese límite es supuesto o impuesto? ¿Quién nos instruyó sobre circunscribirnos a una caja?

Nuestros caminos de vida, tienen múltiples vueltas. Y en cada una de ellas, generalmente experimentamos un ciclo de reinvención. Nos detenemos, para luego analizarnos y sacar conclusiones: «¿Vamos bien?».

Es sumamente esclarecedor el darte cuenta de que puedes trazar no solo cuatro, sino que muchas más líneas en tu vida. Quienes usan menos líneas, simplemente buscaron atajos. Pero ya ves, para encontrar atajos es necesario pensar distinto; hasta el punto de ser divergente.

Cada uno de nosotros tiene el pleno derecho vivir su historia al ritmo que considere adecuado. Podemos detenernos tantas veces como sea necesario. Aquí no existen ganadores ni perdedores, sino gente que quiere marcar la diferencia en plenitud. «Las paredes solo están en tu mente».

No es necesario que hayas leído «*Restart*», mi autobiografía de reinvención personal (aunque sí te invito a leerla), para contarte que soy un ser extraño. No solo he trazado líneas oblicuas, sino que completamente opuestas; para tomar atajos y obtener grandes beneficios en mi vida.

Mi historia es la de un joven chileno desorientado, que echó por la borda sus cuatro años cursados en la carrera de Derecho; para luego transformarse en un Diseñador Industrial. Dejé mi país, para radicarme en los Estados Unidos y convertirme en un profesional. Uno que se dedicaría a trabajar en una de las Industrias más raras del planeta: los Videojuegos.

Durante varios años consagré mi vida a desarrollar arte tridimensional y efectos especiales, para las franquicias interactivas más millonarias y emblemáticas. Estuve muy contento, hasta que pude anticipar que mi «ciclo de vida» como diseñador, se agotaría por los vaivenes del mercado.

Se me ocurrió entonces que pude haber sido un Ingeniero Comercial. Pero ya era muy «senior» como para volver a ser un estudiante de pregrado. Con ello en mente, tomé un atajo y obtuve un *MBA*.

Me había agotado de ser el empleado *low-key* de una Multinacional y por esta razón, tomaría el camino más práctico para transformarme en un director corporativo. Uno que tuviese altísima proyección. Así, de ser un estudiante pobre y en tan solo seis años, pasé a tener una situación económica lo bastante buena como para darme un sinnúmero de lujos.

No conforme con ello, me cansé de las estructuras corporativas, al «topar un techo» que no me permitiría surgir. Decidí volver a mi país con grandes ansias por emprender y levantar capital. Solo para darme cuenta de que múltiples factores externos, dejarían mis progresos en *standby*.

Para solventar mis costos de oportunidad, trabajé como profesor universitario. Y quizás por necesidad, me volví un sujeto sumamente mediático. Uno que se ha sentado a conversar con «medio mundo directivo e inversionista». Es grato saber que aquellos que toman decisiones importantes en mi país, conocen parte de mi historia.

Fracasé en mi primer emprendimiento; y en un país exitista como Chile, tuve la valentía de dar la cara para decir que fallé.

Y *a contrario sensu* de lo que se espera, gané aún más reconocimiento. Lo suficiente como para transformarme en un asesor de grandes empresas, y concretar una consultora *boutique* por mi propia mano.

¿Suficiente cháchara? No. Ni siquiera he comenzado todavía.

El Camino de Reinvención, con sus subsecuentes ciclos de iluminación, es mi humilde y a la vez ambiciosa invitación para abrirnos la mente. Tal como lo dijo uno de mis queridos amigos: «Es una oportunidad para demostrar que tomar el camino más difícil o incluso el incorrecto puede ser la mejor decisión de tu vida».

Antes de reinventar cualquier marca personal, o utilizar cualquier receta, es imperioso que nos hagamos cargo de ese «camino de vida».

Necesitamos hilar fino, pues de lo contrario cualquier plan que tengamos, no tendrá sustancia alguna. Sin ser nosotros mismos, cualquier estrategia o táctica de Marketing pasa a ser una simple caricatura.

Si pretendes falsear tu imagen, puedo asegurarte de que en todos tus días por venir, te sentirás siempre agotado(a) y agobiado(a). ¿La razón? Estarás gastando la energía de dos personas que habitan en ti: un ser verdadero y otro enmascarado, que deberás acarrear con un alto costo.

Mi primer compromiso con el Marketing Personal, es que nos hagamos cargo del fondo antes de la forma. Nuestros planes y objetivos, tanto personales como corporativos, deben tener un sentido genuino. Deben representar lo más profundo de nosotros mismos.

Independiente de las sugerencias y datos clave que te vaya mostrando a continuación, no quiero que dejes de lado ni por un segundo aquello que realmente eres. Sería una pena lograr lo contrario.

¿Estás conmigo? Sigamos entonces, y encarguémonos de explorar tu esencia. Enfoquémonos en aquellos asuntos que realmente importan. Esos que muchas veces nos intimidan y no confrontamos.

3
El miedo a ser tú

"Nada en la vida debe ser temido, solamente comprendido.
Ahora es el momento de comprender más, para temer menos."
—Marie Curie

NO SACAMOS MUCHO CON aprendernos recetas, estrategias o *tips* sobre Marketing y *Branding*, sin antes hacernos cargo de nuestros procesos internos. Ello implica trabajar nuestra autoconfianza y más importante todavía, nuestra autenticidad. Desenmascarar y desmitificar muchas cosas que se han dicho sobre nuestros miedos, es una tarea fundamental cuando queremos alcanzar nuevos hitos de proyección y prosperidad.

Condicionamiento histórico

El miedo, en gran parte se debe a lo que he definido como un «condicionamiento histórico». Un germen que no solo nos fue inculcado, sino que peor aún, programado en nuestros subconscientes y desde muy pequeños. Algo que pasó a ser costumbre arraigada en nuestra cultura.

Decir que «todo tiempo pasado fue mejor», no es la mejor de las frases que existen. A pesar de servir para confortarnos frente a los actuales desafíos, es en sí misma una declaración de conformismo. No obstante, tengo la opinión de que hubo muchas cosas buenas y rescatables de las décadas de los 70's, 80's y 90's. Quienes nacimos en dichos períodos, definitivamente funcionamos con estilos muy diferentes a las generaciones que nos preceden. En cierta forma, fuimos sobrevivientes.

Cuando fuimos pequeños, nuestros padres nos llevaban en el auto sin cinturón de seguridad ni sillas especiales. No existían leyes que los obligaran a tenernos bajo demasiado cuidado. En casos límites, nos castigaban con rigor y hasta nos pegaban. Agredir físicamente a un menor, no era tan socialmente reprochable como lo es hoy. Peor aún, nuestros progenitores se daban el lujo de hasta fumar en nuestra presencia.

Nuestros amigos, los hacíamos en el Colegio o jugando en la calle. El trato era mucho más directo. Conversábamos más. Así, nuestros juegos o eventos no eran organizados mediante el uso de redes sociales como *Facebook* o *WhatsApp*. Y es que en dicha época tampoco existía mucha delincuencia; pero sí una gran cantidad de accidentes. Tener nuestras rodillas y codos con costras duras era la norma.

Los barrios y plazas eran más tranquilos y sin tanta muchedumbre. No obstante, la probabilidad de ser atropellado por un vehículo era mucho más alta. No existía tanta preocupación por parte de los Gobiernos, de llevar un mejor control de sus leyes de tránsito. Las autoridades tampoco aseguraban una mejor fiscalización en el consumo de alcohol y drogas.

El *bullying* en los Colegios, llegaba a ser persistente y traumático. Desde *prekinder* hasta cuarto medio, personas de nuestra generación tuvieron que lidiar con situaciones que marcaron y definieron sus más profundas pesadillas. Sus causas no solo tenían que ver con las relaciones sociales, sino que aún más con el desempeño deportivo.

En épocas pasadas, no había tanta obesidad, puesto que diariamente hacíamos una gran cantidad de actividad física. Una persona con kilos de más o defectos físicos, era mucho más rechazada que hoy en día.

Imagino que muchas de aquellas personas de mi generación, esa que llaman «X», habrán pasado por situaciones que los condicionaron.

En mi caso, fui bastante gordito desde los cinco años, y hasta casi terminar mi adolescencia. Y por supuesto, aquello que actualmente llaman *bullying* se mantiene en mi mente con imágenes imborrables.

Recuerdo por ejemplo, «La Semana del Colegio»; mi Colegio, el de los *Sagrados Corazones de Manquehue*. Una institución que en esa época era muy conservadora, católica y solo para hombres. Nos ofrecían una semana completa sin clases formales; pero plagada de recreación, actividades deportivas y de «encuentro con Dios». Era espléndido para todos los alumnos, el poder asistir durante cinco días continuos, con ropa de calle y sin uniforme. No obstante, teníamos el gran compromiso de competir y «sacar la cara» por nuestros cursos respectivos.

Yo estaba en quinto básico, y tan solo tenía once años. Me estaba preparando para una de las competencias más difíciles de la *Yincana* del Colegio: «agarrar al chanchito en el corral».

En un sector de las canchas, los profesores habían preparado una especie de «corral circular hechizo»; cercado por tablas de madera que llegaban hasta la altura de la cintura y con una gran cantidad de barro.

Justo al medio de ese corral, se veía a un pobre cerdito joven y asustado, que comía algunas verduras como si se estuviera preparando para una masacre. Y es que claro, el objetivo de la prueba era tratar de agarrarlo dentro del corral, cuantas veces fuese necesario para anotar puntos.

Yo estaba vestido a la usanza deportiva del plantel: con pantaloncitos cortos azules y una polera celeste con la insignia del Colegio. Dado mis buenos kilos de más, la tenida me quedaba bastante apretada. Los muslos se me veían muy voluptuosos y pálidos, y mi torso lucía unos buenos «rollitos flácidos». Mis pectorales no eran duros como lo son hoy, sino todo lo contrario, parecían dos pechos femeninos.

A mi alrededor, había una gran cantidad de alumnos que gritaban de manera ensordecedora para que comenzara la prueba de una vez. Reconozco haber estado temeroso. La verdad es que no entendía por qué me habían elegido a mí para tal prueba; sabían que detesto ensuciarme.

Al quedarme detenido por más tiempo del previsto, pensando en cómo entrar en ese corral, cuatro compañeros de otros cursos paralelos y más grandes que yo, comenzaron a pegarme en mis grandes muslos con varillas. Palitos que habían recogido del suelo. Dolía muchísimo, más aún en un día frío de invierno. Me estaban presionando de la peor manera.

Les grité que para que pararan y dejaran de molestarme; no quería pelear y además era un pésimo momento para hacerlo.

Bastó solo eso, para que los cuatro comenzaran a cuchichear y a ponerse de acuerdo para hacer algo mucho peor. Animaron a todo el resto de los presentes, para que con sus gritos me forzaran a comenzar de una vez. Los ánimos estaban enardecidos; celebraban el morbo. Rápidamente, varios compañeros me agarraron y luego me tiraron de cabeza en el corral.

Quedé hundido en ese gran charco por algunos momentos, tratando de entender qué es lo que estaba pasando. Apenas saqué la cabeza, ya envuelta en porquería pegajosa, escuchaba como todos, incluidos los profesores de gimnasia, se reían a carcajadas. Era una situación que para todo el mundo resultaba muy cómica.

Ya tirado en medio de ese charco y con el cerdito en la esquina, algunos de mis compañeros comenzaron a escupirme sin ningún remordimiento. Creo que no hubo parte de mi cuerpo que se salvara de esa atrocidad.

Trataba inútilmente, de sacarme la asquerosa saliva ajena del pelo y de la cara. Pero era inútil. Se sentía como si ellos tuviesen completo permiso social para hacerlo. Sin remedio, persistían con la humillación pública.

«¡Ahora tenemos dos chanchos para perseguir!», gritó uno de mis compañeros; y el resto de los presentes, se rio más aún con el chiste.

Tan solo siendo un niño y sintiéndome humillado como nunca antes, era lógico que comenzara a llorar de impotencia. No solo tuve que abandonar el corral; tuve que escapar de él. Aún a metros fuera de ese lugar, algunos alumnos me seguían escupiendo y persiguiendo. Así que no tuve mejor opción que refugiarme en un camarín, para poder calmarme y tomar una ducha lo más pronto posible.

Nadie dijo nada. Mis papás no lo supieron. Ningún responsable acusó a la dirección del Colegio de dicha situación. No era algo grave, sino una situación absolutamente común en ese entonces. Los profesores a cargo, siguieron haciendo sus clases y hablando de valores cristianos, por veinte años más, hasta su tranquilo retiro.

Lo ocurrido, tuve que asumirlo como algo «completamente normal», y acarrearlo en mi mochila como una experiencia más de vida. No le di más vueltas al asunto. Era un caso aislado, uno más de muchos otros, y que en tiempos como esos solo merecía un curso de acción: seguir adelante, y pretender que nada ocurrió.

Muchos de quienes estuvieron presentes y participaron en ese momento, se transformaron en directivos y gerentes de importantes empresas. Es interesante observar que en 2008, y según un estudio que realizó el *Diario La Tercera*, el 50 % de los gerentes en Chile, proviene de tan solo cinco Colegios. Y uno de esos es el mío.

Se me colocó la etiqueta de «guatón y malo para los deportes». Así también muchos de mis compañeros, recibieron sobrenombres durante su paso por el Colegio: «porro», «flojo», «negro», «tata», «indio», «cholo», «pajero», «maricón», «fleto», «chico», «ratón», «pulpo», etc. ¿Fino, no?

En concreto, a muchos de nosotros se nos condicionó históricamente restringiendo nuestra libertad de prosperar. Se nos dijo ex-ante de que no podríamos ser exitosos en ciertas cosas que quisiéramos hacer.

Desde pequeños, se nos desmotivó para luchar por nuestros sueños o aspiraciones. Y a muchos, se nos acomplejó lo suficiente, como para que no quisiéramos mirarnos al espejo y aspirar a hacer un cambio.

Veinte años tuvieron que pasar para que la sociedad evolucionara en sus condicionamientos históricos. Muchas de las actitudes y situaciones como las que mencioné anteriormente, hoy resultan inaceptables y hasta repudiables. Un ejemplo como el mío, con la suficiente cobertura mediática, acapararía al menos la mitad de la página en un diario de circulación. Posiblemente, aparecería durante dos días seguidos en las noticias de TV. Aquellos antiguos «X», que me acompañaron durante aquel suceso, hoy dirían cosas como: «¡Qué nefasto!». De hecho, he sido testigo de aquello, cuando miran y comentan las noticias junto a sus hijos.

La generación de los *Millennials*, en este sentido, se ha vuelto mucho más tolerante y por sobre todo más sincera con respecto al valor de la autenticidad. La mayoría de los jóvenes de hoy, dicen lo que piensan y eso me parece un gran avance. Las diferencias en religión, raza y preferencia sexual, se manifiestan con mucha más propiedad y apertura. Ya no existe tal cosa como «un caso aislado», al que se le apunte con el dedo.

Existen ahora comunidades, movimientos y grupos que expresan sus puntos de vista; no solo públicamente, sino que en las redes sociales. Quien se sienta discriminado o renegado por sus pensamientos o preferencias, hoy ya no tiene por qué sentirse solo. Hoy está acompañado de otros cientos, sino miles de personas que sienten igual u opinan lo mismo. Existe un completo sentido de pertenencia y eso es excelente.

Dejo abierta la pregunta más importante: ¿cómo fue posible el nacimiento de un grupo de opinión? La respuesta, puedo resumirla en dos palabras: auténticos líderes. Volveremos a esto más adelante.

Competitividad sumisa

Las sociedades latinoamericanas se caracterizan por promover algo muy notorio: el hambre por la educación como camino sumiso hacia el éxito. Algunos dirán que es muy soberbio lo que señalo, pero lo explicaré tan solo como un punto de vista. Con sentido y respeto.

La gran mayoría de nosotros crecimos en el Colegio, y los más afortunados pudimos acceder a la Universidad.

Más de alguno tuvo que acostumbrarse o aceptar el ego enaltecido de algunos docentes, que nos etiquetaron como «porros» o «mateos», según fuese nuestra situación académica. O rendíamos bien, o la sociedad se encargaría de hacer lo suyo, para de alguna manera, dejarnos a la deriva de las oportunidades. No existía cabida o tolerancia a comportamientos que estuviesen fuera de los patrones o políticas establecidas por la institución en la que cursáramos. Se nos dijo que «debíamos obedecer». Se nos ordenó jamás discutir o poner en duda a un profesor.

El docente hacía sus preguntas y nosotros nos remitíamos a contestar; o más bien, repetir de memoria aquello que estudiábamos. Acatar era de por sí, una prerrogativa de supervivencia.

Por supuesto, nos dejaban preguntarle sobre temas pertinentes a su ramo o cátedra, pero pocas veces se podía pensar en cuestionar el sentido real y profundo de lo que se nos enseñaba. «Profesor, ¿para qué sirve esto que estoy aprendiendo?». Un pésimo maestro, no podía ser cuestionado en ningún caso, ni tampoco podía ser desacreditado por tener un alto porcentaje de alumnos mal evaluados.

Existía el castigo y no la consecuencia, como uno de los instrumentos más temidos para generar aprendizaje. Lamentablemente, esto se mantiene así hasta el día de hoy, generando frustración y sumisión.

A los veintidós años; después de un largo y eterno período de cuatro años en la Escuela de Derecho, me di cuenta de que no era la carrera para el resto de mi vida. Me sentía estancado e «inserto en un túnel».

Algunos de mis profesores, todos ellos abogados, me decían que a pesar de mis excelentes notas, no tenía la capacidad de entender bien el espíritu de las normas o su interpretación. Dijeron que memorizaba mucho, y que parecía una máquina que «fotocopiaba» los libros y apuntes en su cabeza.

Cuando finalmente abandoné mi carrera legal, para cursar Diseño en mi país, no pasó siquiera un mes para que mis nuevos profesores, ahora diseñadores e ilustradores, me dijeran que no tenía talento y que no era capaz de dibujar nada con propiedad.

Nuevamente, me sentí frustrado, renegado y detenido. Y no fui el único en la misma situación. Pero de alguna manera comencé a mirar las cosas desde otra perspectiva. Más que escuchar los cuestionamientos de los demás, comencé a escuchar los míos propios. «Estas estrellas que dicen que soy poco apto, ¿quiénes son?», me pregunté.

Me extrañaba el hecho de que al considerarse eminencias, se dieran el lujo de etiquetarme y poner barreras a mis propias ambiciones.

Me percaté además de que estas «lumbreras» no estaban buscando que los respetara, sino algo mucho peor, que les temiera. ¿Y por qué habría de temerles? ¿Por qué tenían más experiencia que yo? Sin ser irrespetuoso, ¿debía someterme a sus dictámenes lapidarios y rendirles pleitesía?

Dichas preguntas marcaron el inicio de mi primera reinvención; una crisis vocacional. Siendo joven aún y en completa rebelión, me retiré a los Estados Unidos. Elegí buscar un nuevo destino; comenzando desde cero.

Doce años después volví a Chile para ser testigo de cómo algunos de esos mismos docentes de antaño, ahora me solicitaban reuniones intempestivas y hasta con urgencia para «colaborar» en sus proyectos académicos. Me invitaban a realizarles charlas sobre mi «peculiar experiencia» a sus alumnos, postulantes y también a ellos mismos.

Las ofertas de trabajo, y no de cualquier trabajo, me llovieron. Mis etiquetas cambiaron de «Estudiante» y «Fracasado», por las de «Directivo», «Silicon Valley» y «Exitoso». Tan solo etiquetas; lo que se dice de uno. Meros carteles.

Quizás algo bueno hice al «expatriarme» de Chile. Lo que verdaderamente logré con mucho sacrificio, fue escapar por un buen rato de sus condicionamientos históricos. Tardé poco más de una década en regresar; renovado y con la esperanza de que las cosas hubiesen cambiado.

Lamentable y afortunadamente, muy pocas cosas evolucionaron en nuestra «achatada cultura». Digo afortunadamente, pues gracias a dicho estancamiento, hoy tengo trabajo que hacer con mis actuales clientes.

Si se trata de cultura, hoy es evidente que la gran mayoría de las personas tiene pavor de hablar sobre sus fracasos; esto es más común en Sudamérica. Lo interesante es que gracias a ello, ellas mismas se han vuelto «acartonadas» y tratan de no hacer *vox populi* de nuestros éxitos.

Hemos llegado hasta el punto de creer que las envidias y «las malas vibras» a nuestro alrededor son tan comunes, que preferimos no contar nada de lo que hacemos. La empatía se ha mermado por intereses propios.

Frente a las circunstancias adversas, nos concentrarnos en «aquello único seguro» que tenemos a la mano: nuestros trabajos y finanzas. Nos cuesta reconocer que no nos sirven de nada si no valoramos nuestra salud.

En nuestros cargos, nos hemos vuelto muy competitivos, y eso es problemático. Todos «quieren ser primeros» en un sistema cuyas tácticas de supervivencia, se han vuelto cada vez más difíciles; incluso inmorales.

Muchos de nosotros hemos pensado alguna vez: «¡Gracias a Dios que tengo empleo!». Lo que demuestra que nos hemos vuelto sumisos y dependientes de los mismos. Nos hemos inventado una propia seguridad, basada en el cargo y las empresas a las cuales pertenecemos. Lógicamente, nuestros egos se ensalzan y quieren prevalecer.

Así muchos de nosotros, incluyéndome, hemos sido o podemos ser «altaneros» en más de una ocasión. El rigor de la superación en un mercado competitivo nos torna agresivos. Después de todo, nos costó llegar a donde estamos y demandamos el mismo rigor del resto.

Si miramos el último peldaño de la *Pirámide de la Jerarquía de las Necesidades Humanas*, de *Abraham Maslow*, todos en esencia, queremos sentirnos importantes o especiales. Necesitamos ser reconocidos por aquellos que nos rodean. Nos queremos creer el cuento de ser merecedores o destinatarios de eso que llaman «éxito». Y que en sí mismo, se explica en la libertad o en autorrealización.

Sin embargo, basta un mero despido (o más elegantemente, una desvinculación), para que nuestros planes y proyecciones, dependientes en gran medida de nuestra seguridad financiera, se vayan al tacho de la basura. De grandes mastines, muchos se vuelven «chihuahuas».

Figura 6: Influencia de la desvinculación en nuestra jerarquía de necesidades humanas.

Es en momentos como esos, cuando nos sentimos perdidos o confundidos. Independiente de que uno sea directivo o gerente, operario o proletario; nos acostumbramos a trabajar de nueve a siete y a recibir nuestro sueldo mes por mes. Cualquier cambio forzado de nuestras propias costumbres nos descoloca. El ocio y la falta de ingresos, nos aterroriza. De poderosos en la cúspide, pasamos a ser sumisos en la base.

Tanto así, que muchos tratan de correr como «ovejas sin pastor», para volver ojalá en el menor tiempo posible a recuperar su seguridad; ese segundo peldaño de *la Pirámide*. Regresar a aquello que redunda en lo básico: la familia, los recursos, la salud, el empleo.

Justo ahí, en esas situaciones que a nadie le agradan (e incluso desesperan), es cuando nos podríamos percatar de que finalmente, somos todos iguales en el sentido humano. Sentimos miedo. Necesitamos comer, defecar y nuestros gases huelen mal; como todo el resto de las personas. Las caretas en el «baile del éxito»; las altanerías y las ínfulas de celebridad, caen de forma dramática.

Aquel que se sentía tan importante, ahora bien puede sentirse como un fracasado. Quien quería comprar una mansión en el barrio alto, ahora solo debe sobrevivir y conformarse con el dúplex que arrienda. Y aquel *Porsche Cayenne* que tanto querías, se transformó en solo suspiros, mientras manejas tu auto viejo, en medio de una congestión vehicular.

Sí... No hay duda que podemos ser competitivos, pero sometidos a nuestros propios miedos. Es una competitividad atarantada, puesto que no se construye desde una planificación consecuente y profesional. Muy por el contrario, se forja desde las «pataletas del ahogado»; reproduciendo modelos extranjeros y obsoletos, de manera indiscriminada y con suma rapidez. Careciendo de originalidad; sin autenticidad alguna.

Ese mismo atarantamiento, se ha traducido en generación de una Planificación Estratégica decadente por parte de la gran mayoría de las empresas. Lo he dicho en muchas ocasiones, y no pararé de señalarlo una vez más: solo el 10 % de la Gerencia General se esmera en realizar un *Roadmap* Estratégico que sea consecuente.

De esta forma y para muchos, la sumisión del Colegio trascendió hacia el futuro; a la vida laboral y empresarial. Se explica así la existencia de los llamados «malos jefes» (a todos nos ha tocado alguno de esos). Me refiero a aquellos que se encargan de cumplir exactamente el mismo rol que nuestros «malos profesores» de antaño: condicionarnos y someternos.

Es más, hoy en día, los más despiadados se entrenan para ello, y algunos incluso utilizan técnicas de manipulación sensorial para obtener resultados. Todo esto lo digo con conocimiento de causa, pues en mi carrera por transformarme en directivo, fui partícipe en tal calaña de entrenamientos; disfrazados con el nombre de «habilidades blandas».

Para mi gusto, eran más bien trampas para «ordenar y presionar»; extremadamente ilegítimas, injustas y carentes de humanidad. Quienes nos las explicaron, nos dijeron que solo se ocupaban en casos extremos; y ojalá fuese así. Pues veo que cada vez más y no importando el cargo, estamos sujetos a una tortura psicológica indiscriminada, que nos cansa y nos llena de estrés. Sumisión que nos impide explorar nuestro potencial.

No solo estamos sumisos frente a sanciones psicológicas, sino que además financieras. Veamos los números. En enero de 2015, la *Fundación Sol* realizó un estudio sobre los reales salarios en Chile, el cual revela que más del 53 % de los trabajadores gana menos de $300 mil pesos líquidos ($430 dólares). Peor aún, en el mismo estudio se confirmó que aún en nuestros días las mujeres siguen ganando menos que los hombres por el mismo trabajo realizado; la diferencia en el sueldo es de hasta un 43 %.

Al ver esas cifras me pregunto, ¿cómo es eso de que la educación nos ha llevado a todos a ser prósperos? Nadie puede vivir hoy en día con $400 dólares. Esas cifras desalientan a cualquier país que se diga estar en vías de desarrollo. Si se trata de educación enfoquémonos en lo financiero. ¿Qué tipo de educación financiera podemos inculcar en alguien que recibe un sueldo insuficiente? Lo que más generamos con toda esta vorágine (y día a día) es una altísima tasa de endeudamiento.

Si lo que menciono no representa conformismo y sumisión, entonces creo que estamos muy ciegos. Aquí existe una esclavitud moderna. No se trata de criticar, pero si necesitamos proponer soluciones dentro de un contexto real y verídico, uno que nos represente a todos.

Así también, el sistema laboral en Sudamérica se ha encargado de hacer el trabajo sucio para transferir y promover el miedo. Incluso nos castiga por cualquier cosa. ¿Te quedaste sin «pega»? ¿Desempleado(a)? ¡Pues tendrás que moverte rápido! El sistema está hecho para contratarte menos, si es que llevas mucho tiempo «desocupado(a)». Toda tu construcción de solvencia y seguridad, puede caer como dominós cuando te encuentras sin un «yugo contractual»: los bancos, tu casa, los colegios de tus hijos, e incluso tu familia completa.

Si hablamos de selección de candidatos para un empleo, los pánicos de quienes los contratan, se han traducido en una desconfianza sistémica. Actualmente y en países como Chile, se siguen practicando los famosos exámenes psicológicos a diestra y siniestra; como si se tratara de la última bicoca para encontrar a competentes y confiables empleados. *Tests* que en su mayoría son altamente predecibles y replicables. Pruebas que en países como los Estados Unidos, han terminado por ser suprimidas y erradicadas.

Se me viene a la mente ese famoso *Test de Rorschach* (el «de las manchitas abstractas»); que se utiliza para constatar si es que estamos «enfermos de la cabeza» o no. Me da risa y pena constatar que aquellos adeptos a las entrevistas, ya conocen casi todas las respuestas de antemano. Y aun así y todo, la mayoría de los empleadores lo sigue aplicando.

Si en una de las figuras ves una «mariposa», «polilla» o «murciélago», entonces vas por buen camino. Si en otra te imaginas un «útero» materno, quiere decir que tuviste una buena relación con tu madre; ergo, que estás balanceado(a) emocionalmente.

¿Y si vieses a un «demonio» en vez de una «mariposa»? No. No puedes ver eso, porque de ser así «estás loco» y «frito» para acceder a un cargo. Ergo, se te condiciona para no ser original ni decisivo en tus apreciaciones.

Ni siquiera vale la pena ensimismarme con el *Test de Luscher* (el de los colores); el «de dibujar la persona bajo la lluvia» u otros similares. Me basta con señalar que todos siguen la misma línea. Hoy más que nunca está repleto de páginas web que pueden dar las repuestas. Y si alguna vez tuviste que «entrenarte» antes de ir a una entrevista, quiere decir que indefectiblemente te condicionaron para cumplir con ciertos estándares.

Podría seguir por el resto de este libro criticando el sistema, y citando un sinnúmero de ejemplos. Solo me basta con decir que la gran mayoría sentimos tanto miedo, que hemos llegado hasta el punto de colmarnos de información para mitigarlo; tratando de encontrar las respuestas, allí donde otros las han encontrado.

Pero el problema es que son tantas las respuestas para un mismo problema, que nos terminamos enredando. Gracias a esto, hemos limitado nuestra capacidad de proyectar lo que realmente somos.

En este contexto, la propuesta es que con tanta bulla en el ambiente, algunas veces es necesario decir «¡Basta!». Es sano reencontrarte con tu propia esencia antes que «sobreeducarte». Lograr tus metas más ambiciosas; pero bajo tus propios términos.

La autenticidad como promotora de la innovación

«Es que así son las cosas pues Oscar», me han contestado algunas personas, nubladas por el conformismo y el miedo al cambio.

Si las cosas fuesen tan «así», entonces no nos «enjuaguemos la boca», dando charlas motivacionales sobre innovación y emprendimiento. La innovación implica «desorden»; y el emprendimiento por su parte, es capaz de conjugar ese caos en un orden que permite generar prosperidad.

«¡Es que tú debieses ser como *Steve Jobs*!», me dijo un directivo una vez. Es en frases como esas en donde observo limitaciones. Si solo él supiera de mi historia, y de cuantas veces compartí no solo con el «rey de la manzana», sino que con varios otros «influyentes», comprendería que cada uno de ellos ha sobresalido por su autenticidad. No dedican su vida a imitar a otros, sino que a crear sus propias reglas para nuevas realidades.

Gente popular como *Jack Welch*, *Amy Winehouse* o el *papa Francisco* poseen un tremendo magnetismo. Atraen no solo por poder que ellos exhiben, sino que por los resultados trascendentes de sus acciones. Naturalmente, su imagen personal y carisma cautivan multitudes. La prensa e incluso la farándula, se alimentan de sus opiniones.

Sin embargo, sus personalidades no son suaves, sino férreas, categóricas y hasta duras. Son personas que a pesar de sus éxitos, han tenido que nadar contracorriente, para ganar su posición en el mundo, y desde ahí, ser capaces de ejercer su influencia en el resto de las personas. Han tenido que lidiar con muchos «no», con el desconcierto y con el miedo. Tuvieron que enfrentarse a ellos desde un principio.

No obstante, tal forma de ser, puede adornarse con un tono de voz asertivo y una sonrisa genuina. Una mezcla que difícilmente podría pasar inadvertida para muchos. Una dualidad que al ser incomprendida, extraña o fuera de lo normal, simplemente atrae. El enigma siempre nos cautiva.

Para lograr el éxito o perseverar, logrando un impacto trascendente en la sociedad, no necesariamente debes ser original o creativo. Es importante contar con un plan de vida claro y una disciplina sólida para cumplirlo. Pero aquellos quienes se consideran influyentes de una manera positiva, saben que eso no es suficiente. Necesitamos ser auténticos.

¿Qué es la Autenticidad? Este término tiene dos facetas: la Interna y la Externa. La Autenticidad Interna se establece por la mezcla entre la autoconfianza y la seguridad en ti mismo(a). Si por ejemplo, escogiste ser un Ingeniero como camino de vida, entonces debieses sentir pasión por resolver problemas «que nadie puede resolver». Implica convencerse de que ser Ingeniero está en tu esencia, y que trabajándola podrás llegar a ser el mejor Ingeniero del mundo. Sí... ¡El Mejor!

Sin estar convencido de ti mismo(a), difícilmente podrás cumplir con tus sueños; o más en concreto, una sumatoria de expectativas, objetivos y resultados que te pertenecen.

Incluso, si tú quieres o lo sientes, puedes ser capaz de «escapar» de las comparaciones. En ese sentido, por ejemplo, «siento» que soy mejor que *Jobs* y que muchos otros, en un sinnúmero de características. ¿Y por qué tú no podrías sentirte igual? Otra cosa muy distinta es que lo andes gritando a los cuatro vientos; arriesgando tu imagen a ser presa del hazmerreír.

Lo único importante es que esto se quede como un fuerte sentimiento en tu interior; como una energía activa que te hace ponerte de pie para lograr lo que quieres y enfrentar cualquier adversidad.

La Autenticidad Externa, por otra parte, la considero como el aditivo diferenciador más importante. Consiste en no hacer caso a todo lo que a uno le dicen; «no pescar», hacerme el leso o algunas veces «mandar todo a la cresta» en el buen sentido de la palabra. Sí... Me leíste bien. La innovación parte por ti, y ya está cansada de la autocomplacencia.

En ese sentido, me gustaría citar una poderosa declaración de *Meryl Streep*; esa excelente actriz que todos conocemos. En ella, nos habla visceralmente acerca de su reinvención personal:

«Ya no tengo paciencia para ciertas cosas, no porque me haya vuelto arrogante, sino porque he alcanzado un punto en mi vida en donde ya no quiero desperdiciar más tiempo con aquello que me disgusta o me hiere.

Ya no tengo paciencia para el cinismo, criticismo excesivo o demandas de cualquier naturaleza. Perdí la voluntad de complacer a aquellos a los que no les agrado, de amar a aquellos que no me aman y de sonreír a aquellos que no quieren sonreírme.

Ya no paso un solo minuto con aquellos que mienten o quieren manipular. Decidí no coexistir nunca más con las pretensiones, hipocresías, deshonestidades y adulaciones baratas. Ya no tolero la erudición selectiva ni tampoco la arrogancia académica. Tampoco me ajusto al chisme popular. Odio el conflicto y las comparaciones. Creo en un mundo de opuestos y esa es la razón por la que evito a la gente con personalidades rígidas e inflexibles.

En la amistad, me disgustan la falta de lealtad y la traición. No me llevo bien con aquellos que no saben cómo dar un cumplido o una palabra de ánimo. Las exageraciones me aburren y tengo dificultad para aceptar a aquellos a los que no les gustan los animales.

Y más encima, no tengo paciencia para cualquiera que no merezca mi paciencia».

Como ya lo señalé, la sociedad (de cualquier cultura), nos condiciona históricamente para solo ser «una copia más en serie», obtenida de moldes educativos, laborales y políticos que ya están obsoletos.

Me resulta incomprensible, que se trate de aminorar o incluso anular aquella creatividad positiva con la que nacimos; un elemento importantísimo de nuestra esencia original. Luego, somos objeto de sumisión y conformismo. Y para ocultar nuestras frustraciones o desilusiones, buscamos ponernos máscaras para encajar y agradar.

Si nos creemos «importantes», pues bien... Podemos esperar en una larga fila por nuestro turno. Hay muchos otros que también lo creen y quieren serlo. La verdadera clave de la influencia está en la autenticidad. Y aquel que se diga auténtico, es entonces capaz de ser igual hacia sí mismo y hacia los demás. No tiene que pedir permiso ni pedir disculpas por ello.

Los auténticos líderes, nunca pierden de vista a su audiencia. Está bien ser auténticos y manejarse entre la dureza y la calidez. Pero sin perder nuestra empatía. Sin traspasar los derechos del otro y siendo asertivos.

Cuando una persona es realmente influyente y se siente segura de sí misma, no tiene arranques egoístas o narcisistas. Sabe que su relación con los demás es en completa sinergia; un equilibrio entre lo que aporta y lo que recibe. Su valor agregado confluye con el de los demás.

Para romper la sumisión y el condicionamiento, uno de nosotros tuvo que superar el miedo. Y en dicha superación, pudo transformarse en un líder de muchos. Lógicamente, para formar un movimiento, un grupo, un emprendimiento o hasta incluso una rebelión, alguien debió haber sido capaz de reinventar su imagen desde la crisis. Y reinventar la imagen, en ese sentido, implica abrir los esquemas establecidos; no destruirlos. Me refiero a eso que muchos llaman disrupción positiva.

El cansarte del *statu quo*, para generar tu propia energía y ser capaz de transferirla a tus cercanos, representa un primer buen paso. Pero para ejecutarlo, no solo te esforzaste, sino que más difícil aún: te forzaste.

Forzándose a confrontar el miedo

Me es grato presentar a la actual mascota de mi hija Isidora, de nueve años: «Rose». Es una tarántula chilena, denominada científicamente como *Grammostola Rosea*; internacionalmente conocida como «*Chilean Rose*». Chile es uno de los pocos países en donde la llaman por lo que no es: «una Araña Pollito»; que de pollito, nada tiene.

«Rose», una Tarántula *Grammostola Rosea*, en las manos de mi hija Isidora.

Claro está... Si la molestas y la agitas hasta el punto de exasperarla, puede morder, y la herida que produce puede ser muy dolorosa. Posee unos portentosos «quelíceros» o colmillos, capaces de traspasar incluso el plástico. Sin embargo, no es venenosa como otras especies.

Por lo demás en su abdomen, posee una gran cantidad de vellos urticantes. Al sentirse amenazada, basta un roce de sus patas traseras para lanzar una gran cantidad de pelos microscópicos; los que al contacto con los ojos o ciertas pieles delicadas, producen una intolerable irritación.

No muchos saben esto, pero a pesar de todas estas características temibles, la «*Chilean Rose*», es una de las especies más dóciles de tarántulas que existe en el planeta. Hoy por hoy, es una especie en peligro, debido a su extracción indiscriminada en los cerros y campos de mi país.

Tal como su padre, Isidora hoy comparte la atracción por los animales exóticos. Y lógicamente, después de muchas insistencias, logré que un amigo mío empresario que se dedica a la importación y exportación de los mismos, me regalara a esta belleza.

«¿Belleza?», se preguntarán algunos de mis lectores. ¿Qué clase de padre puede ser tan irresponsable, al arriesgar a su hija a ser mordida por una «alimaña» como esa?

¿Alguien me podría entonces garantizar que un perro nunca muerde, o que un gato nunca será capaz de clavar sus garras en mi espalda?

«Rose», representa para mí, ese miedo que muchos tenemos a lo que desconocemos. En cualquier película, aparece como aquel «monstruo peludo» que la gente aborrece a primera vista. Una «especie mortal». Y sin embargo, de acuerdo con las investigaciones existentes, jamás ha habido al menos una muerte confirmada por la mordedura de una tarántula.

Estos animales representan una analogía de cómo se nos condiciona desde pequeños para afianzar creencias o verdades como absolutas, utilizando el miedo y la ignorancia como armas principales.

Y mi hija no fue la excepción. Verás... Isidora desde chiquitita tenía animadversión a las arañas, lo cual durante el transcurso del tiempo, pudo haberse transformado en una aracnofobia.

Sin embargo, todo ese miedo se esfumó el día en que ella pudo ver con sus propios ojos, como su padre conseguía tomar a la tarántula en sus manos; sin ningún problema y con suma naturalidad.

—¿Papá, puedo tomarla yo también? —me preguntó.

—Claro que sí preciosa —contesté, esperando que ella misma me lo pidiera—. Lo único que te pido es que la trates como a ella le gustaría que la trataran. Que se sienta segura contigo.

Le pedí entonces a mi hija, que pusiera sus dos manitos juntas, cerca de las mías. Fue entonces cuando «Rose» caminó naturalmente para posarse en las suyas. Al sentir sus patas, Isidora se estremeció por unos segundos y quiso intentar pasármela de vuelta; de manera casi abrupta.

—Papá, sus patas me pinchan. ¿Qué está pasando?

—Es lógico amor —le respondí sin acceder a que me la devolviera—. Cada pata tiene uñas, que no son filosas, pero si se sienten. Estas le sirven para trepar por cualquier lugar, soportando su propio peso. ¿Entiendes?

Fue entonces cuando mi hija se relajó completamente, esbozando una grata sonrisa de triunfo sobre ella misma. Fue capaz de vencer uno de sus principales miedos. En adelante, no hubo día que no me pidiera tomarla para observarla como lo que es: un animalito que respira y se alimenta.

Eso sí, le expliqué a Isidora que las tarántulas no son como los gatos o los perros; a los que se les hace cariño o se les mima. Son artrópodos. Animales que no requieren de aquellos estímulos para subsistir.

«Rose» es una hembra madura, y es capaz de vivir hasta veinticinco años en cautiverio. Tan solo requiere ser alimentada dos veces por semana. ¿Cuántas personas conocen estos detalles? Independiente de cual sea la respuesta... ¿A qué voy con todo este cuento sobre arácnidos?

Si te dan pánico o asco este tipo de animales, no te culpo... Incluso, te entiendo perfectamente. Y por lo mismo, te propongo lo siguiente.

Si pensamos en nuestros miedos, dibuja en tu mente a «esa tarántula» que temes o detestas. Luego reemplaza dicha imagen por la de tus desafíos más temibles o difíciles: un jefe déspota que no reconoce tus méritos; tu cuenta bancaria con números rojos; la supervivencia de tu negocio; ese cliente difícil de conseguir; la mujer o el hombre de tus sueños. Esa persona a la que temes acercarte o temes hablarle porque no la conoces.

La mayoría de las personas teme ser «mordido» por monstruos y leyendas que no tienen fundamento. Inventos basados en el miedo a enfrentar realidades y situaciones percibidas como difíciles.

Alguna vez me dijeron: «Si te atreves a llamar al gerente general directamente para ofrecerle tus servicios, te colgará el teléfono y tu nombre quedará en su lista negra».

¿Y si averiguo esta declaración es una mentira de alguien que ni siquiera lo conoce? Los miedos generan chismes sin base, y estos últimos por lo general, construyen una imagen completamente errada de las personas. Incluso puedo sugerirte que la mala experiencia que la otra persona haya tenido con ese «monstruo», no tiene por qué ser la tuya.

El miedo que mi hija tuvo, se venció bajo una sola solución: la «experiencial». Tuvo que ser capaz de forzarse a sí misma para explorar sus límites; saber hasta dónde ella podía llegar. Hizo todo lo necesario para confrontar directamente la situación y vivir la experiencia en carne propia.

Todo el mundo quiere cosas, pero conseguirlas «nos cuesta el mundo». Pensamos muchas veces que tenemos que «estar de ánimo» para lograr aquello que deseamos; y ese es nuestro principal error. Si aquello que queremos depende de cómo nos sentimos, o de cuán motivados estamos; entonces, léeme bien... ¡Nunca vas a conseguirlo!

Más que «esforzarte» para lograr las metas que están en tu «zona de confort», debieses estar pensando en forzarte para salir de aquello que te iguala al resto de la gente. De lo contrario no tendrás ninguna historia interesante que contar; algo que realmente te destaque en una entrevista laboral o que sea capaz de hacerte influyente.

En una típica fiesta, cuando la música bailable comienza a retumbar, casi nadie se atreve salir a la pista primero. El 90 % de aquellos asistentes que tienen ganas de mostrar sus «movimientos», se queda estancado y dando excusas típicas y predecibles: «Esta canción no me agrada».

El resto, quiere esperar hasta que por lo menos haya un par de parejas bailando para atreverse. «Esperemos que haya más gente», es la más común de las excusas. Les encantaría que el «spotlight» (foco) del escenario los iluminara, pero tienen terror de hacer el ridículo. Se trata de ese famoso «pánico escénico» que a muchos atormenta.

Al terminar la fiesta, aquellos que no lo pasaron bien, expresan que no les gustó el DJ; que no había mujeres u hombres atractivos o que el ambiente no fue de su gusto. Declaran muchas patrañas para justificarse.

En estricto rigor, la fiesta la haces tú mismo. Y para comenzarla en tu vida, debes forzarte. Así que cuando veas a alguien con quien te interesa conversar, acércate de una vez y déjate de pensar tanto. ¿Quieres lograr esa promoción con tu jefe? Entonces invítale un café y coméntale tus expectativas de una forma inteligente. Si quieres salir al escenario para hacer una charla, entonces hazlo de una buena vez.

Cuando te fuerzas a confrontar tus miedos, la vida se te hará mucho más intensa y sustancial. Las oportunidades de triunfar se multiplicarán y la suma de fracasos o rechazos que obtengas, se transformarán en tus mayores éxitos. Esas son experiencias reales; los cuentos que motivan al resto de las personas que están fuera de ese «spotlight». Esas muchas que viven soñando pero no surgiendo.

Quizás quienes te rodean sean los mismos que se burlen de ti cuando falles. Pero dicha gente, no será la responsable de darte nada... Realmente eres tú mismo el que se da el banquete, ese «gran gustito»; esa fiesta.

Para influir, debes perder el miedo, y entonces... Solo entonces, podrás presentarte en cualquier lado y decir tu nombre sin titubear. El real agente de cambio, no es el certificado por las recetas de otros; sino aquel que se «alimenta y se fortalece» de su propia y continua seguidilla de fracasos.

4
Prestancia y cordialidad

"La educación es algo admirable, sin embargo, es bueno recordar, que nada que valga la pena se puede enseñar."
—Oscar Wilde

RESULTA ABRUMADOR COMPROBAR QUE son muy pocos quienes logran proyectarse integralmente en todos los niveles de la vida. Contadas son las personas que genuina y honestamente pueden obtener ventaja de su *B2U*, para de alguna forma «*hackear*» el sistema socioeconómico y sobresalir.

Para una gran mayoría, distinguirse representa un total desafío; más aún si esto se logra con un sentido valórico. Muchos dicen «obtener lo que quieren» y mucho antes que el resto de los mortales. Pero, ¿pueden lograrlo sin recurrir a las trampas y sin dejar de ser ellos mismos?

Desafortunado es el hecho de la que educación formal no haya podido llenar ese tremendo vacío. Lo único fiable por el momento, es inculcarnos «buenos hábitos», que sean coherentes con nuestro sentido común. Si solo lográramos hacer lo que realmente nos gusta, quizás podríamos detenernos a observar y entender nuestro entorno un poco mejor.

En un mundo cada vez menos empático y cordial, créeme que es demasiado fácil distinguirse en solo segundos. Un buen comienzo, es observar la incapacidad de una gran mayoría para siquiera dar un saludo.

Ya hablamos de la autenticidad como la piedra base de nuestro Marketing Personal. Teniendo eso claro, es ya momento de que nos adentremos en ciertos ingredientes que nos ayudarán a generarlo desde el primer momento en el que nos miran y «olfatean». Aquel «*scanner*» humano al que debemos someternos tantas veces como sea necesario.

Percepción inicial y sostenida

Mucho se ha hablado en el *Personal Branding* acerca de la Percepción Inicial y la Percepción Sostenida. Las describiré brevemente para no aburrirte, y con el objetivo de introducirnos en el tema.

Figura 7: Características de las percepciones y su proyección en el tiempo.

La Percepción Inicial. es aquella que se establece en más o menos los primeros diez segundos de interacción, con alguien a quien conoces por primera vez. Ella depende de muchos factores, entre ellos: tu lenguaje corporal, verbal, la vestimenta y más importante aún, tu mensaje.

Representa esas diez primeras palabras con las que comienzas un discurso, una presentación o un e-mail. Esos diez primeros pasos con los que entras a una oficina, a una entrevista o a una reunión de trabajo.

La Percepción Inicial es algo que «te abre las puertas» en cualquier lado. No obstante, también es causa para que te las cierren en la nariz.

Las culturas norteamericanas, han sido propulsoras de la Percepción Inicial. Gracias a lo anterior, conocida es esa frase importada que dice: «Nunca tendrás una segunda oportunidad para dar una buena impresión».

Esto sucede por ejemplo, con aquellos profesionales que escriben un correo electrónico o redactan una campaña de medios. Basta con que estos tengan errores gramaticales y ortográficos, para arruinar esa primera buena impresión con la gran mayoría de sus receptores.

La Percepción Sostenida: se construye sobre la base de lo que las demás personas dicen o piensan de ti en el largo plazo. Es sin duda la más importante de las dos, pues es la que se proyecta y perdura en el tiempo.

Tiene que ver con la actitud, la civilidad, la integridad y la ética que proyectas en todo aquello que haces y por lo que se te conoce. Se nutre de tus acciones, de aquello que has dicho (sea coherente o no) y también de tus resultados; de cómo cumples con lo que prometes.

Es la percepción que más toman en cuenta los líderes y directivos; asimismo los empleadores. Dado lo anterior, es la que más debes considerar a la hora de encontrar un trabajo, obtener una promoción en un cargo o al negociar un acuerdo. Es aquella con la que se forma ese «buen nombre» con el cual accedes a nuevas oportunidades.

He escuchado muchas veces esa frase que dice: «Las percepciones se vuelven tu realidad». Solo en parte estoy de acuerdo con ella, pues considero que las realidades se limitan a un tiempo específico. Por dicha razón, pueden modificarse al emplear las herramientas adecuadas.

¿Son tan definitivas las percepciones? Por supuesto que no. Y se debe a un factor humano incuestionable: la gran mayoría tenemos una memoria de corto plazo. Con el paso del tiempo, nuestras percepciones se olvidan. No son juicios y por lo mismo también se las conoce como «prejuicios».

Si creyéramos que somos infalibles en nuestra memoria entonces, ¿cómo se explica que gente con pésimos antecedentes, sea capaz de volver a retomar carreras políticas, altos puestos directivos, o revivir sus liderazgos sociales y religiosos?

Aquellos a los que les gusta estar informados saben que esos «ataques de amnesia» del ciudadano promedio, representan la realidad con la que cuentan los delincuentes, estafadores y charlatanes, para continuar perjudicando a la sociedad.

En un clima de general desconfianza, que existe y perdura en las sociedades actuales, lo que yo perciba de ti para bien o para mal, tiene mucho más peso que todos los certificados que me puedas mostrar.

Los segundos de aquella «Percepción Inicial Ganadora»

Es absolutamente normal que aquellos que te miren por primera vez, se formen juicios automáticos que influirán en su relación contigo. Eso, si es que llega a existir una relación del todo.

Basta solo con que te presentes, para que una audiencia te juzgue. Esto más dramático aún. La impresión inicial que dejes en los que te escuchan, afectará directamente el éxito de tu acercamiento o «*approach*».

Lógicamente, muchos queremos agradar a quienes nos conozcan. Sin embargo, hay que ir un paso más allá. Debemos lograr la confianza de los que nos rodean. Un rápido y genuino vínculo, que permita que los demás sientan deseos de escucharnos.

Sea discurso, presentación, evento o reunión; lo que sea... Tienes diez segundos para captar mi atención y la de cualquier persona, especialmente si no te conocen. Cinco segundos, si estás «al aire» en televisión.

En ese umbral de solo pocos segundos, la gente emitirá juicios críticos sobre ti. Juzgarán primero si es que te muestras sincero(a); un factor muy importante de la autenticidad. Luego, definirán si te proyectas con seguridad; si estás listo(a) para dirigirte a ellos y si mereces su atención.

Lo que perciban en esa primera mirada y en tus primeras palabras bastará para lograr un «atractivo truco mágico» o el peor hazmerreír. De esta forma, las Competencias Confluyentes del Lenguaje Corporal y Verbal, convergen y entran en juego para dar esa primera buena impresión.

Más adelante entraremos «de lleno» y con mucho detalle a revisar dichas competencias. Por lo pronto, puedo comenzar diciéndote que desde que entras o te diriges a algún lugar, los demás querrán verte caminando erguido y dando pasos con completa determinación.

Necesitarás proyectar equilibrio en la postura de tu cuerpo. Eso «dice a los demás» que llevas un estilo de vida balanceado; proyectando energía y confianza. Esto no es tan difícil; es un hábito que puede ensayarse.

Sin embargo, lo que ha llevado a muchos a cometer errores es con lo más simple e importante. Me refiero a hacer contacto visual con las personas, esgrimir una genuina sonrisa y por último, hacer algo tan sencillo como saludar con cordialidad. Cuestiones que hacen una gran diferencia.

El saludo

¡Cómo nos cuesta saludar correctamente en los tiempos actuales! Es impresionante el número de oportunidades que las personas desperdician, al cometer el craso error de no saludar de una manera empática y cordial.

Muchos lo justifican con el auge del Internet. Se ha hablado bastante sobre la eficacia del lenguaje abreviado, propio del *WhatsApp*, del e-mail o de las redes sociales en general. No obstante, una cosa es ser breves en las comunicaciones y otra muy distinta, es ser limitados al expresarnos.

«Hola, ¿cómo estás? Un gusto conocerte». Es una frase tan simple y mágica. Sin embargo nos cuesta tanto decirla. La reemplazamos por un «Hola», plano, vacío y sin contexto. La educación formal, ya poco tiene de culpable; esto pasó simplemente a ser una cuestión de crianza y trato.

Uno de los mejores ejercicios experienciales que hago con mis clientes es simulando que ellos tienen una entrevista con el gerente general de *General Electric, Jeff Immelt.*

Mis instrucciones para ellos son muy sencillas: «Sal por la puerta de mi oficina, y luego toca nuevamente la puerta para entrar. Yo simularé ser la asistente de *Jeff*. Te presentarás conmigo en primer lugar. ¿De acuerdo?»

Estadísticamente, el 60 % de quienes realizan este ejercicio, tocan la puerta y luego entran con una postura encorvada o encrespada; con los brazos tiesos y dando pasos que apenas si suenan en el suelo. Algunos ni siquiera sonríen. ¡Ya comenzaron mal! Y eso que se trata de un simulacro.

—Hola —me dicen con una voz que si no es un murmullo, demuestra poca energía—. Vengo a una entrevista con *Jeff Immelt*.

¿Perdón? ¿Soy la secretaria de *Jeff* y no me vas a saludar a mí? ¿Ni siquiera por decencia?

—Sí —les contesto plano y seco—. Siéntate en esa silla y espera.

Luego me quedo tres minutos sin dirigirles ninguna palabra.

Como es de esperar, comienzan a sentirse incómodos. Finalmente, me preguntan si el simulacro finalizó. Y para su tranquilidad, les asiento con la cabeza, pero sin decirles ninguna palabra.

En ese momento, entienden que lo que debieron hacer en primer lugar es saludar con empatía a la asistente. ¿Por qué no le preguntaste cómo está? ¿Por qué no le dijiste tu nombre? ¿Por qué no le preguntaste el suyo? ¿Sientes que no es importante para ti por ser tan solo una asistente? ¿No se trata acaso de un ser humano igual que tú y que merece cordialidad?

Sin duda, ese considerable porcentaje de personas perdió la oportunidad de establecer una notable percepción inicial con la asistente del gerente general de una de las empresas más importantes del planeta. Pudieron haberla conocido un poco y les hubiese contado cuánto tiempo llevaba trabajando en la empresa; una «primera gotita de confianza».

Además, «se farrearon» la oportunidad de que la funcionaria se preocupara de ellos y los atendiera. Eso, si es que *Jeff* decidiera retrasar la reunión. Menos se logró que ella ofreciera un café y hasta galletitas.

En mi experiencia, el saludar a la asistente de manera cordial y estableciendo una conversación mínima, me ha llevado muy lejos. Tengo todas las de ganar no solo con el gerente, sino con el edificio completo.

No es por jactarme, pero es una realidad. Con un grato saludo soy capaz de «derretir» hasta la más dura y plana de las secretarias. Y así se los demuestro a mis clientes repitiendo el ejercicio; pero ahora conmigo. Hago que ellos actúen como la asistente. Le damos el nombre de «Evelyn».

A continuación, entro erguido por la puerta de mi propia oficina, con paso fuerte y gerencial; marcando presencia y exhibiendo una sonrisa que muestre mis «patas de gallo» cuarentonas.

—¡Hola! ¿Cómo estás? —les digo con una voz que hace retumbar el salón, pero de energía—. Soy Oscar Contreras. Tengo una reunión con *Jeff Immelt*. ¿Cómo te llamas?

El hecho de que les pregunte el nombre los descoloca. Por educación y trato, ya no tienen más remedio que decírmelo. Aquí ya logro un «50/50 *chance*» de que me sonrían de vuelta. Si no lo hacen, me aproximo como una «montaña» a su despacho, sin perder el contacto visual.

Cuando hago esto, existe un «70/30 *chance*» de que «la asistente» se pare de su asiento y me salude físicamente; ya sea dándome un beso en la mejilla derecha (algo común en Chile), ya sea extendiéndome la mano.

—Hola, soy «Evelyn» —me contestan—. Le avisaré a *Jeff* de que está(s) aquí, aunque es muy posible de que se tarde unos quince minutos más para atenderlo(te). Está atrasado con su agenda de hoy.

—Gusto en conocerte Evelyn —respondo, sin perder mi sonrisa—. No tengo ningún problema en esperar. Pero por favor, indíquele a *Jeff* que en una hora más tengo otro compromiso al que no puedo fallar.

Es allí cuando muchas veces la secretaria llama al gerente y le indica: «*Jeff*, lo viene a ver don Oscar Contreras». No me gusta que me traten de «don» y ya hablaremos de eso más adelante. Por lo pronto, ese título conlleva una importante alerta para la asistente que me atiende: «No es cualquier persona quien lo viene a ver». «No se lo diré a *Jeff* en este momento, pero el señor tiene otro compromiso. Espero no tener que llamarlo nuevamente, para decirle que lo atienda lo antes posible».

Si la asistente está empapada de buenas prácticas, en un lapso no mayor a tres minutos, me ofrecerá algo para tomar mientras espero. Mientras tanto, sigo estableciendo vínculos con la funcionaria.

—¿Y? Cuéntame Evelyn —le anuncio con voz impostada para luego preguntar—. ¿Qué tal *General Electric*? ¿Cuánto llevas trabajando aquí?

Algunos asistentes, tanto hombres como mujeres, me confiesan que no pueden creer que esté estableciendo una conversación con ellos. Me dicen que solo pocos les valoran lo suficiente, como para hacer dichas preguntas.

—¡Uf! —exclama una mayoría mirando al techo, para luego entrar en detalles—. Voy a cumplir casi nueve años en este puesto. La «pega» es muy movida y exigente; pero el trato de mi jefe es buenísimo.

A continuación y si no se les olvida, posiblemente me ofrecerán un café o bebida. Y si no lo hacen y realmente tengo sed, simplemente anuncio:

—Tengo la boca realmente seca. ¿Te molestaría si pido agua?

«100 % chance» de que me sirvan algo. «90/10 chance» de que sea algo mejor que agua, y un «80/20» de que me pidan disculpas por no haberme ofrecido algo antes. Lo demás es solo relleno y puedes imaginártelo.

Lo importante es que se ganaron tres cosas fundamentales con esa campante percepción inicial.

En primer lugar, establecí un pequeño vínculo con alguien que conoce al gerente general de manera mucho más íntima y por casi nueve años. Es muy probable que esa persona «hable bien» de mí en el futuro.

En segundo lugar, «Evelyn» me está otorgando información sobre qué tipo de persona es *Jeff*: un hombre de buen trato. Por lo mismo, aplicaré la «*Regla Platinum*» durante la reunión que tenga con él. Mencionaré lo competente, profesional y amable que es *Evelyn*. Ella me lo agradecerá más adelante. Eventualmente, su jefe se lo reconocerá.

Finalmente, «Evelyn» recordará mi «buen nombre» y mi prestancia. Permaneceré en su memoria; al menos por un corto plazo.

Contra todo pronóstico, me ha pasado que en varias empresas, sus propios funcionarios me cuchichean confianzudamente: «Don Oscar, las mujeres en este lugar, dicen que usted es todo un caballero».

Eso me hace mucho reír y mi ego lo agradece. Se siente bien que a uno le reconozcan sus virtudes. ¿Por qué no?

Sin embargo, en mi vida profesional también he tenido que enfrentar «situaciones infernales». Me refiero a aquellas en las que un directivo me ha tratado de la peor forma posible; incluso amenazando con cerrarme las puertas «per saecula saeculorum». En contadas ocasiones, la «buena memoria de la asistente», es la que me ha salvado de aprietos para conseguirme una nueva oportunidad de acceder a una reunión.

En definitiva, con un buen saludo, una sonrisa genuina y la intención real de interactuar con las personas, puedes llegar más lejos que muchos.

No obstante, para obtener mejores resultados es necesario incorporar un elemento base en el Marketing Personal: la «Regla Platinum».

Reglas «Golden» y «Platinum»

Si vas a proyectarte, entonces debes hacerlo con sentido común. Ello implica ser cordial en tu trato, generando vínculos con las personas.

En relación con ello y mundialmente hablando, existen dos reglas que se vinculan con el «grado de cordialidad» que quieres transmitir.

La primera es la **Regla Golden**, que predica el «tratar a los demás como a ti te gustaría que te trataran».

Esta regla ya parte con problemas, debido a que las personas no son robots que puedan ser predecibles en sus comportamientos y acciones.

Por dicha razón, la *Regla Golden* puede fácilmente puede confundirse con la *Ley del Talión*: «ojo por ojo, diente por diente».

Esta norma fue primer intento del Código de Hammurabi Babilonio, para establecer la justicia retributiva frente a un daño causado por otro.

Es decir, si a ti te tratan mal, entonces tú también debieses hacer lo mismo, ¿no es así?

Extrapolemos la *Regla Golden* con lo que señalamos anteriormente acerca del saludo. Pero esta vez, utilicemos el correo electrónico como medio para ejemplificar ese tipo de saludo cordial y empático que a todos agrada. Un mensaje elaborado y dirigido a un destinatario a quien nunca hemos visto ni conocido en persona:

«Estimado Pedro,
Espero estés muy bien. Junto con saludar, te quiero comentar que...».

Con el creciente auge del lenguaje abreviado e informal, es probable que la respuesta que nos den sea tan pobre y plana como la siguiente:

«Ok. Ahí lo vemos».

Los cuestionamientos que nos invaden acerca de nuestro receptor, podrían ser múltiples. «¿Está tan ocupado que no puede siquiera gastar unos segundos en saludarme como corresponde?». «¿Tan insignificante me considera?». «¿Por qué contesta de manera tan plana y seca?».

Es entonces cuando se corre el riesgo de caer en esa «gran trampa» de la *Regla Golden*. De manera recíproca, podríamos igualar el esfuerzo que nuestro receptor tiene al respondernos. Podríamos asimilar su estilo:

«Ok. Gracias Pedro».

El problema del correo electrónico, consiste en no poder vernos las caras. No sabemos con qué tono «se ha dicho lo que se ha escrito». Es difícil definir si realmente estamos siendo considerados por quien nos contesta. Por lo mismo, caemos en el juego de formarnos malas percepciones con tan solo con dos frases desprolijas y coloquiales.

Es interesante darse cuenta de que aun con la existencia de los «emoticones», los profesionales se abstienen de ocuparlos en sus correos corporativos. Quizás hubiesen servido para aclarar la comunicación.

Independiente de aquello, Pedro pudo haber contestado algo así como:

«Hola Oscar. De acuerdo. El viernes juntémonos a las 15:00 horas. Saludos».

Con dicha respuesta, quizás nos abstendríamos de devolverle una respuesta poco prolija. La reciprocidad intrínseca de la *Regla Golden*, es una de las grandes causales de la pérdida de trato, de vocabulario y falta de atención con las personas. La raíz de una pésima atención al cliente.

Es ahora cuando se necesita evolucionar dicha regla. Establecer una mejora que permita distinguirnos de los demás, sin caer en trampas como las que he ejemplificado. Es así como ha surgido una nueva regla que nos ayuda a simplificarnos la vida. Me refiero a la *«Regla Platinum»*.

La **Regla Platinum** predica el «tratar a los demás como a <u>ellos</u> les gustaría que los trataran».

Si la aplico al ejemplo anterior, quiere decir que no perderé ni un ápice de mi encanto al escribir. No me permitiré bajar al nivel de quien no sabe, no puede o no quiere contestar bien:

«Ok. Ahí lo vemos»

Con la *Regla Platinum* en mente, contesto:

«Estimado Pedro,
Muchas gracias por responderme. Tengo una agenda muy apretada y por lo mismo, apreciaría si me puedes indicar pronto una hora específica para la reunión.
Gracias de antemano y saludos cordiales.»

Insisto en contestar con el «*Estimado*»; una palabra bastante más prolija que un típico «*Hola*». Ese «Estimado(a)», implica la existencia de un pequeño vínculo con el receptor. No significa adularlo, ensalzarlo o rendirle pleitesía. Tan solo le envías un delicado mensaje: «Me importas».

Puedo llevar esa *Regla Platinum* todavía más lejos. Actualmente, mis clientes aprecian que yo mismo me coloque un límite máximo de 48 horas para responderles. Ya sea por e-mail; ya sea por teléfono. Esto se traduce en algo muy sencillo y efectivo: «Siempre contesto».

Imagínate entonces cómo serían las cosas, si dicha Regla Platinum la extrapoláramos a todo lo que hacemos en la vida. Cuántos problemas se sacarían de encima los equipos de «Atención a Clientes». Cómo mejoraría la claridad en los comunicados al demostrar algo más que la educación formal: la distinción.

La *Regla Platinum* es tan útil que sin que te lo propongas, obliga a los demás a ponerse a tu mismo nivel o al menos, a esmerarse un poco más en su trato contigo. Ante todo evento, demuestras tu encanto y cordialidad. Te permites no actuar como el resto del vulgo sí lo haría.

Algunos clientes, me preguntan cómo he podido generar una red de contactos tan poderosa. Mis competidores se rascan la cabeza, sin entender cómo he ganado importantes licitaciones; de qué manera les he «robando a sus clientes». Pues bien, la *Regla Platinum* es mi respuesta.

Tu Imagen Personal: aspecto físico y vestimenta

«Quien eres, habla tan fuerte que no puedo escuchar lo que dices». Esta frase es del afamado escritor, *Ralph Waldo Emerson*. Una frase tan vieja como el hilo negro; pero absolutamente válida en cualquier contexto.

Estés o no de acuerdo conmigo, tu aspecto físico influye en la opinión que los demás tienen de ti. Ante cualquier evento, tu aspecto transmite un convincente mensaje visual al público. Algo importantísimo y que no se puede subestimar, si has de prosperar no solo en tus metas laborales o empresariales, sino que también en tus relaciones sociales e íntimas. Tu presencia y prestancia, habla más que mil palabras que me puedas decir durante una hora. Eso te lo garantizo.

Es cierto que no puedes cambiar tu edad, altura o rasgos faciales; salvo por supuesto que recurras al bisturí. Pero mientras eso no suceda, puedes mejorar tu aspecto vistiendo de forma adecuada y preocupándote de exhibir una buena condición física.

No me adentraré demasiado en estos temas, pero si puedo dar algunos *tips* generales que pueden ayudar a cualquiera.

Se ha sugerido, que ante cualquier ocasión uno «vaya tan bien vestido como la persona mejor vestida de la audiencia». Considero que eso ya no es tan cierto, pues los tiempos de la formalidad excesiva están cambiando.

He sido «víctima» de aparecer con el mejor traje en una reunión de negocios con un alto directivo. Solo para darme cuenta de que él mismo vestía polera y *blue jeans*. Yo me sentía estupendamente, pero él no. Una percepción inicial que me terminó costando un acuerdo.

Asimismo rememoro esa primera entrevista de trabajo que tuve en la filial *Maxis*, de *Electronic Arts*. El director que me iba a contratar, llegó sudado de un partido de tenis y en tenida deportiva. Yo por mi parte, lucía mi mejor camisa y pantalones. Me encontraba en *Silicon Valley*, California, la meca de la tecnología, innovación y emprendimiento. La situación se invirtió. Él me hizo sentir ridículo a mí; pero sin decirme nada.

La idea es que te sientas lo suficientemente seguro(a) con tu imagen, pero sin menoscabar al resto y sin tampoco disminuirte. Tenemos claridad de que lo más necesario es establecer cercanía y confianza.

No se trata de ser atractivo(a) o feo(a); elegante o zarrapastroso(a). Lo crucial es mantener una buena presentación personal; adaptándote a una multiplicidad de contextos: lugares, climas, eventos o culturas. En ese sentido, no existe tal cosa como discriminación sino que muy por el contrario, se promueve la igualdad de nivel entre las personas.

Si aquellos con quienes te presentas llevan trajes y vestidos, entonces luce tu mejor traje o vestido; aquel atuendo con el que recibas más cumplidos. Asegúrate de que cada prenda que utilices esté limpia, bien planchada, en buen estado y se ajuste a tu medida.

Abstente de llevar joyas o accesorios que brillen demasiado cuando te muevas o gesticules; al dirigirte a otros. El «bling-bling» de los accesorios suntuosos se percibe como vulgar, debido a la falta de sobriedad. Además, estos podrían distraer la atención de aquellos que te están escuchando.

La mejor sugerencia es asesorarte bien en temas de vestimenta. Pedir la opinión de aquellos con los que tienes más confianza o contratar los servicios de un especialista.

Mi señora, Viviana, es una reconocida especialista en Imagen Personal. Ella domina temas como la colorimetría y morfología para la vestimenta. Debo reconocer que es ella quien me elige la mejor ropa para la ocasión. Me siento afortunado de tenerla siempre a mi lado para asesorarme.

He escuchado a algunos despreocupados decir en las noticias de TV: «Me discriminaron al no dejarme entrar a una disco por andar con zapatillas en vez de zapatos. Me voy a querellar».

Si existe discriminación o no por los *looks*, es una cuestión de perspectivas. Si en el lugar de un evento te encuentras con un anuncio que dice que la administración «se reserva el derecho de admisión», entonces es muy poco probable que alguna demanda judicial pueda prosperar.

Sin ninguna duda, en este punto muchos incrédulos se enfrascarían en una acalorada discusión que posiblemente no lleve a nada concreto.

Las personas que no me crean, pueden hacerse un favor: viajen a Nueva York y visiten Manhattan. Traten de entrar en un *Lounge Club* de «alto nivel». Verán que ya no existen filas, sino tumultos de gente intentando ingresar. Un mar de personas que rodean a uno o dos administradores que se dan el lujo de «elegir a dedo» a quién entra y quién no. Y lo hacen exclusivamente según el cómo las personas se ven.

El dejar entrar a alguien que no se vea bien, les «baja el perfil». No es una cuestión de discriminación, sino de Marketing Directo.

Lo mismo ocurre por ejemplo, cuando visitas a un amigo japonés en su propia casa. Es muy probable que te pida que te saques tus zapatos en la entrada y te pongas «pantuflas», para no ensuciar o dañar su alfombra.

Si no aceptas su petición, él bien puede negarte la entrada. Después de todo, es su casa; son sus reglas. No existe discriminación aquí tampoco; salvo si todos al interior de ese recinto usaran zapatos, menos tú.

Si un Colegio solicita que tu hijo vista uniforme como todo el resto, no es por hacerte gastar dinero para cumplir con un insignificante capricho. Justamente, se trata de forjar la disciplina de sus alumnos y de evitar cualquier tipo de discriminación o *bullying* por vestimenta. Al tener a todos ellos con la misma ropa dentro del recinto, simplifican sus problemas.

En este caso no hay discriminación, pues lo que se está buscando es la igualdad de las personas frente a un contexto: un mínimo de orden.

Ahora, llevemos todo lo que he señalado al plano profesional. Si eres igual a mí, y estamos en un evento corporativo de alto nivel, entonces supongo que te vestirás igual que yo para la ocasión: formal. De lo contrario, pensaré que no eres una persona ubicada o preparada.

Si en cambio, necesitas mantener un bajo perfil y el contexto en donde te presentas se trata de un asado con tus mejores amigos en el parque, entonces evitarás ir formal. En dicho contexto, el vestir relajadamente te permitirá integrarte a las personas de manera más desenvuelta.

Lo único que para mi gusto es inaceptable en las personas es su falta de aseo. Eso nadie tiene por qué aguantarlo; por razones de higiene y reciprocidad. Muchísimas enfermedades como la sarna y la pediculosis, son producto de la irresponsabilidad de no hacer algo tan simple como bañarse y limpiarse bien.

La higiene viene de crianza y por lo mismo, me sorprende constatar que en Colegios Particulares pagados y Jardines Infantiles en sectores acomodados de mi país, los jóvenes y niños continúan siendo víctimas de enfermedades tan inmundas como esas. Para qué hablar entonces de aquellos sectores con menos recursos, o incluso desprotegidos. ¿Es responsabilidad de los padres, docentes o autoridades? Seguro que sí.

Retomando la idea. Si tú y yo nos «vemos bien», luego ambos nos merecemos «hablarnos bien». Ya que suponemos estar en mismo nivel, proponemos nuestra igualdad. Y en dicho plano, somos capaces de ponernos y sacarnos nuestros trajes, de acuerdo con las circunstancias.

Sobre al aspecto físico, me gusta resumir mi opinión con la frase del poeta romano Juvenal: «*Mens sana in corpore sano*».

El «balance de vida y trabajo» es una necesidad incuestionable. Lamentablemente en nuestro mundo ajetreado, la gran mayoría de las personas se pasa alrededor de nueve horas sentadas en un escritorio y alimentándose de muy mala manera. Con los años, eso produce un fuerte e incluso irreversible desgaste físico. El riesgo que corremos de contraer enfermedades cardiovasculares o mentales es real.

En ese sentido, la solución es muy simple: «mueve el trasero y no abras tanto la boca». Haz deportes y aliméntate bien.

El hacer ejercicio, no solo ayuda a crear una buena apariencia exterior, sino que más importante aún, permite que te sientas bien contigo mismo. Tus energías se balancean. Tu fuerza de voluntad en el deporte, se traduce en un buen desempeño: en lo laboral, en los negocios y en la vida íntima.

Excusas de tiempo o flojera, no deben existir. Siempre hay tiempo disponible y tu salud lo requiere. Practica *Aikido* o *Kárate*. Anda al gimnasio. Juega tenis o futbol; esquía o sal a caminar más seguido.

Si el «bolsillo te complica», entonces sal a correr unos buenos kilómetros con el *iPod* a todo volumen. Eso no cuesta nada.

Ahora, sugiero que nunca olvides que el 70 % de tu aspecto físico es lo que comes y el otro 30 %, depende de lo que realices como actividad física.

Date el tiempo para comer a un ritmo moderado. No permitas que nadie te apure. Especialmente, si quien te presiona tiene un estado físico deplorable. ¿Quieres terminar así en el futuro?

En lo que respecta al estado físico, mi señora no es la que me asesora. Yo soy mi propio *Personal Trainer*. Tengo el hábito de correr siete kilómetros, tres veces por semana. Junto con ello, realizo *push-ups*, abdominales y subo las escaleras de los quince pisos de mi edificio.

Lamentablemente ya no me agradan los gimnasios sobresaturados de gente y con «olor a rodilla» (una mezcla entre pies y trasero).

Debo decir que no estoy nada mal para mis cuarenta y tantos. Mi orgulloso *six-pack* abdominal, «involucionó» a seis malvaviscos. Inevitable con el paso de los años. Pero al menos mis viejos atuendos, me siguen quedando de maravilla. Mantengo una buena figura y eso me ayuda bastante al proyectar mi lenguaje corporal; sea donde sea.

5
Proyección corporal memorable

"Hablo dos lenguajes: cuerpo e inglés."

—Mae West

TODO COMENZÓ HACE DIEZ años, cuando tres altos directivos en *Silicon Valley* concordaron en decirme que «los chilenos son muy malos vendiendo y presentando». No era para mí una ofensa en absoluto. Es más, no fue la primera vez que escuchaba semejante declaración (y de forma tan lapidaria y asertiva), por parte de extranjeros. Tenían argumentos.

Nos consideran tímidos; apocados en nuestros gestos y posturas. Nuestra falta de entrenamiento formal en presentaciones públicas, impide que nuestras ideas se aterricen. Para qué hablar de nuestra poca modulación y constante uso de muletillas en el lenguaje. Consideran además, que hablamos el peor español de América del Sur. Según ellos, estamos limitados al expresarnos bien en inglés.

Decían que nuestros «agentes comerciales», se proyectan como vendedores de poca monta. Miedosos y atarantados para negociar bien y por lo mismo, fáciles de intimidar.

Con el dolor de mi alma y en base a lo que he vivido por experiencia y testimonio, no pude estar más de acuerdo con lo que decían.

No obstante, contra todo pronóstico, y por alguna razón, los mismos detractores, reconocieron en mí un ingrediente de autenticidad. Después de todo, en gran medida fui yo quien asumió el riesgo de implementar una nueva metodología; que de paso les trajo millones de dólares a sus bolsillos.

Eso fue lo que finalmente los convenció de invertir en el mejor entrenamiento posible para forjarme como un *Brand Ambassador*. Un agente que representara los intereses de su Multinacional en los *tradeshows* más importantes del mundo. Y gracias a eso, actualmente me permito participar en importantes charlas, eventos y conferencias.

Desde ese momento y ya por más de una década, me he dedicado a entrenar el lenguaje corporal de una multiplicidad de personas. En ningún caso hago esto para que ellas imiten mi estilo. Prefiero que mis clientes sean capaces de practicar y probarse, para desarrollar su propia manera de hacer las cosas. Esto se logra con potenciando su autenticidad; con voluntad, mucho ensayo y paciencia.

Increíblemente, en nuestra cultura hispanohablante, no todos le dan importancia a estas habilidades. Mucha gente no invierte en sí misma, porque «no creen en su propio cuento». Por ello, he decidido ayudar un poquito a los agnósticos, con algunas pinceladas de lo que sé hacer bien.

Una de las mejores maneras de entrenar tu lenguaje corporal, es observando a los que te rodean; analizando imágenes, mirando discursos por *YouTube* o en la televisión. Sugiero no solo contemplar a quienes hacen negocios; observa también a los animadores, a los cantantes y actores. Todos ellos tienen algo muy importante en común: talento.

Cuando te diriges a cualquier audiencia, ya sea en una reunión o en una presentación, envías dos tipos de mensajes: uno verbal y otro no verbal. Mientras tu voz se encarga del aspecto verbal, una cantidad de información muchísimo mayor es transmitida visualmente por tu aspecto, tu actitud y los movimientos de tu cuerpo. No es nuevo el hecho de que sinnúmero de estudios avale que el 70 % de la comunicación se ejecute en un lenguaje no verbal. Cualquier percepción sobre ti se forjará no solo en cómo te oyen, sino en gran medida en cómo te ven.

Tus movimientos físicos, son cruciales a la hora de aportar claridad y énfasis a tus palabras. Muchos movimientos pueden ser voluntarios o involuntarios; eso es parte de la naturaleza humana.

No obstante, si tu propósito es informar, convencer, entretener, motivar o persuadir, tanto tu cuerpo como la personalidad que proyectes necesitan ser coherentes con tus palabras.

Para convertirte en un comunicador de alto calibre, es importante no solo conocer cómo habla tu cuerpo, sino más importante aún: administrar, dirigir y controlar sus movimientos con el objetivo de generar empatías.

Generando empatía: un primer vínculo personal

Somos personas, ergo, seres sociales. Una de nuestras bases humanas principales está en la comunicación. La necesitamos e incluso la ansiamos. Generar un primer vínculo personal, es crucial para generar y mantener una correcta comunicación. Quienes te escuchan en primer lugar, quieren saber o tener claro quién eres, para luego evaluar y juzgar lo que ven.

Aunque para muchos parezca extraño, ese «quién soy» se proyecta de forma muchísimo más clara a través del lenguaje no verbal. El habla pasa a ser un importante aditivo y en ese sentido, un elemento secundario.

Si la mayoría de nosotros cree en la teoría de la evolución de *Charles Darwin*, entonces admitimos descender de los primates. Los simios en gran medida, se guían a través de expresiones no verbales que emularon de sus pares; para luego incorporarlas en sus comportamientos.

Una de las ventajas evolutivas que tenemos respecto a los primates es nuestra capacidad de hablar. No obstante, en lo que respecta a expresión corporal, seguimos manteniendo muchas similitudes.

Podría decir que «seguimos siendo como los monos» en muchas cosas. Definimos con quién establecer un vínculo, tan solo mirando o tasando sus expresiones corporales. Incluso imitamos aquello que nos agrada.

Es así como al mirarte, puedo rápidamente evaluar cosas como:

a) Si eres sincero(a) y coherente en tus dichos.
b) Si demuestras atención, interés y preocupación.
c) Si te sientes confiado(a) o si estás en control de la situación.
d) Si disfrutas dirigiéndote a los que te rodean.

¿Quieres generar impacto e influencia en mí y en los demás? Si es así, entonces debes ser capaz de generar empatía, entendiéndose como el talento para transmitir tus emociones y sentimientos a otras personas.

Tal como en el caso de los primates, la gente tiende por naturaleza a reflejar y emular tus actitudes. De manera inconsciente, sienten lo que tú sientes y como resultado, generan una respuesta. La frase que dice «ponerse en los zapatos del otro», toma completa relevancia y sentido.

He escuchado muchas veces a «expertos» sugerir acerca de no mostrar sentimientos, pues nos hace «parecer débiles» ante los demás. Eso es un argumento falso para los tiempos actuales. No se trata de mostrarnos perdiendo la compostura, sino más bien de proyectar a un ser auténtico en control de sus sentimientos. Administrar sentimientos en la comunicación, no significa ocultarlos, sino exhibirlos; entendiendo el protagonismo que tendrán en el resultado que estés buscando generar en los demás.

Si estoy enojado o triste por una causa, buscaré que los demás sientan lo mismo para apoyarme. Lo mismo si demuestro alegría o pasión. Si sonrío, me verán como una persona amigable; por ende, la gran mayoría también me sonreirá. No obstante, es completamente normal que haya algunos que no estén de ánimo y no te emulen. No puedes agradar a todos.

El secreto está en «administrar» y no ocultar lo que sientes. Esto último, indudablemente te hará mostrarte tranquilo(a) y confiado(a), sea cual sea el sentimiento que quieras expresar.

La gente que te escuche, sentirá el agrado de tenerte en su presencia, emulando tanta tranquilidad como la que seas capaz de proyectar. Si están convencidos de que eres una persona sincera y digna de confianza, prestarán atención a lo que digas para sacar sus propias conclusiones.

El movimiento corporal

A los 22 años y durante un período de sabático vocacional, alejado de la Universidad, decidí hacer cosas que jamás había hecho en mi vida. Una de ellas fue trabajar como modelo publicitario, apareciendo en revistas y comerciales de televisión. Quería probar mis límites.

¡Pero limitaciones nunca faltan! La altura de mi cuerpo jamás me acompañó para este desafío. Tan solo mido 1,78 metros de altura. Durante esa época, muchos me decían que al menos debía medir 1,85 metros.

No obstante, había «ese algo en mí» que lograba que las productoras me llamaran para participar en distintos eventos y pasar por alto el hándicap del tamaño: mi expresión corporal.

«Te ves grande en el escenario». «Pareces traspasar al público con tu mirada». «Eso que haces cuando abres la mitad de tu camisa en la pasarela, hace que las mujeres griten». Muchas cosas buenas y malas me dijeron al estar expuesto en escenarios y en vista de todos.

Entendí entonces que sean cuales sean mis movimientos corporales, estos tenían que reflejar una cosa para ganarme un espacio en la mente de las personas: autenticidad.

Años después, comprobé que dicho movimiento corporal (aunque ya no tan audaz como en mis tiempos mozos), me ayudó increíblemente a reforzar cada una de las palabras que salía de mi boca.

Si tus acciones físicas son decididas y efectivas al dirigirte a las personas, estarás exhibiendo un riquísimo abanico de experiencias, sentimientos y actitudes que brotan de tu interior.

En primer lugar, conseguimos atención para lograr atracción. La gente se aburre con presentaciones sin movimiento. La primera gran meta de tu presentación es que ella sea clara y memorable. Por lo mismo, no queremos parecer robots que recitan sus palabras sin brío ni sentido.

Aunque suene burdo, «seguimos siendo como los monos» en muchas cosas. Por tanto, recordamos más lo que vemos que lo que escuchamos; nos motivamos con estímulos visuales. Si existen movimientos que reflejen tus sentidos, la gente te recordará aún mejor.

En segundo lugar, el movimiento corporal canaliza la tensión nerviosa. Ninguno de nosotros es completamente infalible al hablar; menos aún, si nos dirigimos a una audiencia de miles de personas. Sentir nervios antes de un discurso es completamente normal y saludable. Significa que aquello que vas a expresar es relevante para ti; por tanto, quieres hacerlo bien.

Cuando nos dirigimos a un voluminoso grupo de personas, tu cuerpo responde física y químicamente. Tus músculos se tensan y las palpitaciones de tu corazón se aceleran. Por otro lado, el cortisol (o *hidrocortisona*), la hormona esteroidea responsable del estrés, se nos va a elevar. Incluso a mucha gente, se le enrojece la piel de la cara o del cuello, dejando en evidencia dichos cambios.

En lo personal, he aprendido a reconocer cuando estoy nervioso o angustiado. Tan solo el hecho de hacer este reconocimiento, ya pone un límite a cualquier efecto negativo; no habrá un *in crescendo*. Mientras «te lances» a presentar y en la medida que desarrolles tu discurso, dichos efectos desaparecerán. Los buenos oradores, animadores, actores, cantantes, saben esto de antemano. Trabajan su autoconfianza al reconocer conscientemente cómo responden física y químicamente ante diversas circunstancias.

Mediante el movimiento corporal, podemos controlar y canalizar las manifestaciones de miedo y tensión. Nuestros músculos se relajan y comenzamos a producir testosterona. Esta última hormona, es la encargada de mitigar los efectos del cortisol.

En tercer lugar, existe una «gramática del lenguaje corporal». Así como el lenguaje escrito depende de las puntuaciones, una buena expresión corporal también cuenta con ellas.

Expresamos una gran variedad de simbolismos con nuestro cuerpo. Ellos se transmiten mediante la voz, los gestos, la postura, los movimientos de las extremidades o nuestras expresiones faciales. Siendo fieles a dicha gramática, es importante coordinar tanto la voz como el cuerpo; para producir un excelente «efecto proyector» frente a cualquier audiencia.

Cuatro motivadores para mejorar tu expresión corporal

1. Balance en el movimiento

Lo primero que me gustaría que consideres, es eliminar de tu repertorio cualquier movimiento que tienda a ser distractor. En otras palabras: «nunca te muevas sin ningún motivo». Tan solo eso marcará la diferencia entre un buen *speech* y uno deficiente. Mientras reflejes tranquilidad al hablar, las personas tendrán ánimo de escucharte.

En lo posible, debes encontrar armonía en esa cantidad movimiento que quieras proyectar. Ni mucho ni poco. Animado, pero sin exagerar. De lo contrario, este se transforma en una distracción para tu audiencia.

Las personas que no tienen mucha experiencia hablando en público, acostumbran realizar movimientos distractores, como por ejemplo: tambalear su cuerpo «a lo campana», dar pasos adelante y atrás de manera frenética, o tomarse las manos con los dedos entrecruzados. En general, la audiencia «lee» molestia o desagrado en estos movimientos. Quienes presentan, parecieran estar atrapados y obligados a hablar.

Otros movimientos típicamente erróneos son: tamborilear los dedos en un podio o en una mesa; morderse los labios, fruncir el ceño, tocarse o rascarse alguna parte del cuerpo (típicamente el pelo), o inclinarse sobre una mesa, por nombrar algunos. Incluso no es inusual ver a personas sacarse los mocos de la nariz, para luego comérselos. Qué asco, ¿no?

La mayoría de estas acciones son manifestaciones físicas del nerviosismo. Lo grave es que realizan inconscientemente; sin que uno se dé cuenta. Por dicha razón, tengo la costumbre de registrar en video tanto los discursos de mis clientes como los míos propios (uno nunca está realmente a salvo de cometer errores). El registro audiovisual, permite conseguir una percepción fidedigna de nuestro lenguaje corporal.

Observarte, es la mejor manera de identificar los malos hábitos. Sabiendo cuáles son, podrás primero controlarlos. Luego, con mucha práctica podrás eliminarlos de manera consciente y planificada.

2. Autenticidad: ser siempre tú.

La mejor fluidez para dirigirte tanto a una como a mil personas, se consigue al ser natural y espontáneo. Me gusta citar a *Dale Carnegie* cuando dice: «*Una persona bajo la influencia de sus sentimientos proyecta su verdadero ser, actuando de forma natural y espontánea. Un orador que muestre interés, por lo general, resultará interesante*».

En pocas palabras, yo jamás presento, sino que hablo. Yo jamás vendo; converso. Los tiempos han cambiado y por lo mismo, el estilo para hablar hoy es muchísimo más informal que aquella actuación grandilocuente que caracterizaba a los oradores de décadas pasadas. El énfasis está en comunicar historias y en compartir ideas; jamás en el sermón o el alegato.

En lo personal, me desagrada conversar con quienes me hablan «desde arriba hacia abajo», como si estuviesen en un pedestal. O te pones a mi nivel o pierdes mi atención. Dado lo anterior, procura transmitir espontáneamente aquello que piensas, sientes y dices. El mejor ejercicio es mantener una autenticidad y naturalidad similar a la que demuestras cuando te diriges a tus amigos o familiares.

3. Fortalece la autoconfianza mediante la preparación.

Nada otorga mayor seguridad y autoconfianza, que prepararnos anticipadamente para presentar. Si me preparo bien, sé que puedo proyectarme hacia el público, externalizando aquellos puntos importantes en vez de omitirlos; lo que disminuye mi ansiedad. Sonaré coherente en vez de contradictorio; me veré sincero y entusiasmado.

Practica y ensaya tus textos hasta que sean parte de ti, pero no intentes memorizarlos. Esto puede ser contraproducente, pues el esfuerzo consciente de recordar cada palabra te pondrá nervioso y tenso. En su lugar, prepara tus textos lo mejor posible para que únicamente ejecutes un orden en el flujo de ideas. Eso asegura espontaneidad.

4. Eterna práctica y adorable falla.

Aprovecha cada oportunidad que se te presente para hablar en público. Mientras mayor sea la cantidad de asistentes, mejor aún. Lo importante no es quedarse en las palabras, sino que aprovechar de fallar tantas veces como puedas. Ya sabemos que la sumatoria de fallas y fracasos, es lo que finalmente crea y fortalece nuestra experiencia. Obsérvate a ti mismo(a), y permite que aquellos cercanos a ti te otorguen su *feedback*.

Tu postura al hablar

Una buena postura corporal otorga ventajas inmediatas. Permite que respires y hables, proyectando la voz de manera correcta. También ayuda a que incorpores el espacio físico necesario para poder gesticular y moverte adecuadamente; asegurando una total libertad de movimiento.

Conseguirla, no es nada complejo. Sin embargo, es importante no olvidarla, pues nos sirve incluso en aquellos momentos en que tenemos dificultades. Nos ayuda al enfrentarnos con críticas destructivas; al contestar preguntas capciosas; cuando nos dirigimos a un público poco cooperativo o desganado. Nunca se sabe.

Realicemos una primera aproximación de esa correcta postura física. Parémonos, con la columna recta pero no rígida. Separemos ambos pies, a una distancia de entre veinte a treinta centímetros. Luego, pongamos uno de ellos un poco más adelante del otro; para asegurar un balance corporal.

A las mujeres les cuesta un poco más conseguir esto que a los hombres. Muchas de ellas, tienen la tendencia a juntar los pies y comenzar a «hacer saltitos», o mecerse mientras hablan. No cabe duda de que son posturas femeninas, que proyectan delicadeza y estilizan. Sin embargo, ellas restan puntos al momento de enfrentarse a una audiencia. En el caso de las féminas, me conformo con que separen sus pies a unos veinte centímetros.

Luego, equilibremos nuestro peso uniformemente sobre las puntas de los pies; inclinando nuestros cuerpos ligeramente hacia adelante (nunca hacia atrás). Mantengamos el pecho en alto y entremos el estómago un poquitito. Nuestras rodillas, deberán quedar estiradas; pero no tensas.

Relajemos los hombros, pero sin dejarlos caer. Luego, dejemos que los brazos caigan de forma natural sobre los costados de nuestro cuerpo y con los dedos ligeramente doblados. Soltemos los brazos. La cabeza deberá estar recta; con el mentón en alto, pero jamás rígida.

Ahora, date un respiro profundo y distendido. ¿Te sientes a gusto? La idea es que así sea. Esta postura es de «inicio» o «reset». Una posición despierta y abierta a comunicar; relajada pero no descuidada. En alerta.

Si no sientes que esta sea una postura natural, entonces vuelve a plantar tus pies en el suelo; hasta que sientas equilibrio en el «centro de la masa corporal». Este se ubica entre la pelvis y la cintura.

No mantengas esa misma posición durante toda una presentación. Puedes moverte de un sitio a otro; pasearte y gesticular. Si sientes inseguridad o angustia, puedes siempre volver a ese estado de inicio.

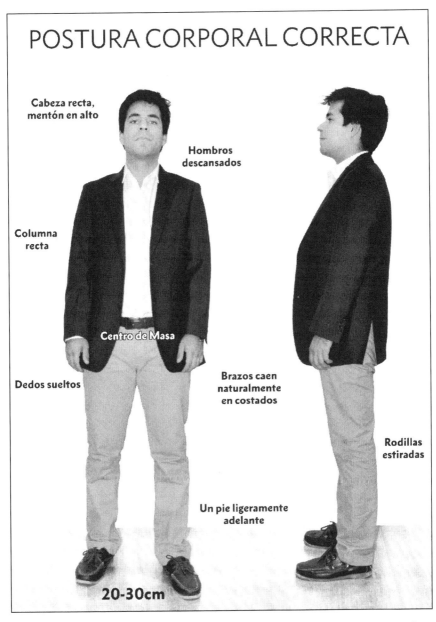

POSTURA CORPORAL CORRECTA

Cabeza recta, mentón en alto

Hombros descansados

Columna recta

Centro de Masa

Dedos sueltos

Brazos caen naturalmente en costados

Rodillas estiradas

Un pie ligeramente adelante

20-30cm

Figura 8: Ejemplo de una correcta postura corporal. En las mujeres, se recomienda mantener una mínima distancia de 20 cm entre sus pies.

Tu expresión facial y la sonrisa

Realicemos una dinámica para reforzar aún más tu autoconfianza. Necesito que imagines que por causas del destino, un accidente te dejó paralizado(a) desde tus pies hasta el cuello. Estás en una silla de ruedas y ni siquiera puedes hablar tan bien como antes. Resulta que hoy tienes una entrevista o una reunión de trabajo. Naturalmente, quieres causar la mejor impresión a quienes tengas que dirigirte.

¿Qué tienes a la mano entonces, para poder causar una buena impresión? Sin duda y en un caso tan extremo, tendrás que recurrir a los gestos que tu cara pueda hacer y tratar de sacarles el máximo partido.

Sin expresión facial, carecemos de pistas respecto al real significado de lo que quieres expresar. Tu rostro evidencia actitud, sentimiento y emoción al resto de la gente, y lo hace mejor que ninguna otra parte de tu cuerpo. Tu mensaje verbal se complementa al mostrar miedo, felicidad, asombro, enojo y una multiplicidad de sentimientos que condimentan el sentido del mismo.

Muchos pensarán que lo que menciono es algo tan obvio que ni siquiera vale la pena repetirlo. Si lo fuera, créanme que no tendríamos tantos problemas para comunicarnos sin que hubiese malos entendidos.

¿Da lo mismo si te digo «¡Ridículo(a)!» con una sonrisa genuina y entrecerrando mis ojos, que decírtelo con mi ceño fruncido?

Por supuesto que no. En el primer caso, es muy probable que no percibas que hay una ofensa. Incluso, podrías tomarlo como una muestra de confianza y cariño. En el segundo caso, las percepciones cambian. Al mostrar desprecio en mi mirada, sin duda sentirás que hay un ataque directo hacia tu persona. Yo te podría hacer sentir muy mal.

Tus gestos faciales son el fiel reflejo de lo que pasa en tu interior. Es a través del rostro y especialmente «por lo ojos», que los demás tratarán de encontrar la verdad de lo que dices. ¿Eres genuino, alegre, sincero(a) o apasionado(a)? ¿O quizás irónico(a), antipático(a) y mentiroso(a)?

Es muy importante estar consciente de que tus expresiones faciales generan un impacto positivo, negativo o incluso distractor en aquellos que te observan. Algunas expresiones son genuinas y te pertenecen, mientras otras, han sido adquiridas e imitadas de otras personas.

¿Te han dicho alguna vez de que tienes los mismos gestos de tu papá, tu mamá o los de un amigo(a)? Eso algo muy común, pues desde pequeños tenemos la tendencia de emular el lenguaje corporal y verbal de nuestros progenitores o nuestros amigos de la infancia. Importante es entonces identificar y conocer aquellos que genuinamente son parte de tu persona.

Algunos gestos involuntarios e inconscientes, evidencian nerviosismo, inseguridad e incluso falsedad o ironía.

Es inevitable. Ninguno de nosotros es perfecto e infalible. Hay personas que se pasan lengua por los labios; otras aprietan las comisuras de los mismos. Algunas enchuecan la boca al terminar una frase, mientras otras hacen muecas involuntarias o exhiben tics nerviosos.

Indudablemente, dichos gestos tienen el efecto de poner nerviosa a la gente; hasta el punto de distraerla del mensaje que quieres entregar.

¿Te ha pasado alguna vez que cuando conversas con alguien, no puedes contener tus carcajadas al observar sus gestos? A mí sí, y permíteme confesarte de que la sensación es terrible. Sin embargo, con el tiempo he aprendido a manejarme en circunstancias tan incómodas como esas.

Siendo más joven y encontrándome en los Estados Unidos, tenía el defecto de «apretar la mandíbula» una y otra vez, cuando mis profesores en la Universidad cuestionaban mis respuestas. Mis compañeros más cercanos, me señalaban lo nervioso que se me veía en dichos momentos. Yo por mi parte, lo negaba rotunda y tozudamente.

Todo eso cambió, cuando un amigo me mostró un video en el que aparecí hablando. Comprobé que dicho «mandibulado», era una verdad incuestionable. Ya no podía negarlo. Ese registro, me ayudó a detectar que sufría de bruxismo al dormir. Una condición propia del *stress* y la tensión de quienes son evaluados continuamente. «Ahora que conozco mis puntos débiles, puedo aprender a dominarlos», pensé entonces con regocijo.

En adelante, me prometí el practicar mis discursos frente al espejo, para tratar de aminorar dicha condición. Al mismo tiempo, me «haría cargo» de cualquier otro detalle que diera pistas a los docentes de mis inseguridades, falta de experiencia o de preparación.

Con el paso del tiempo y el auge de la tecnología, reemplacé el espejo por una *Webcam*. Hasta el día de hoy grabo, practicó y observo mis discursos de manera frecuente.

El hábito de «observarse uno mismo», me ayudó a enfrentar cualquier temor; a manejar adecuadamente mis temáticas y a desarrollar una creciente habilidad: transmitir confianza y control al dirigirme a cualquier persona. Dominarme a mí mismo, para luego «domar» una audiencia.

Si de audiencias se trata, las hay fáciles y complicadas. Más de las veces en tu vida, enfrentarás a personas que serán muy dificultosas de buenas a primeras. En aquellos momentos, lo más importante establecer un vínculo inmediato, y una de las claves para lograrlo está en sonreír.

En estos tiempos la sonrisa no es algo tan fácil de obtener, pues debe lograrse con naturalidad. Aquel que denote una sonrisa poco genuina de tu parte, podría pensar que estás actuando de manera superficial o hipócrita.

Tampoco se trata de andar sonriendo todo el tiempo. Si el contexto en el cual te estás mostrando es serio, eso te podría restar credibilidad.

Definiré la sonrisa con una descripción visual. «La sonrisa genuina es aquella que depende de la fuerza que muestran tus ojos».

No se trata de mostrar solo tu linda dentadura. La verdadera sonrisa hace que tus ojos se fuercen, mostrando arrugas o «patas de gallo» (si es que tienes edad para tenerlas). Una mueca de risa es evidente, cuando es capaz de «empujar» los músculos de tus párpados para que los ojos se vean encogidos, rasgados o «achinados».

Figura 9: Diferencias entre sonrisas fingidas y genuinas. Si se coloca el dedo pulgar sobre cada una de las expresiones de la modelo en la fotografía (tapando el mentón y la nariz), se puede demostrar que los ojos dominan la expresión de la sonrisa.

Realiza un ejercicio sencillo: mírate al espejo y sonríe. Mientras lo haces, intenta taparte el mentón y la nariz con una mano o con un sobre de papel. Luego observa tu mirada y pregúntate: «¿Puedo decir que estoy sonriendo con solo observar la expresión de mis ojos?»

Es cosa de mirar las «páginas de vida social» en los diarios y revistas, para percatarse de la sonrisa falsa o auténtica de los fotografiados. Tu sonrisa genuina, es la diferencia entre un buen retrato y uno grandioso.

Entremos en el plano del Marketing Personal. El buen uso de la sonrisa es tan significativo en el mercado laboral, que incluso gatilla la decisión de considerar o descartar un perfil en *LinkedIn* o en un *Curriculum Vitae*.

Estudios comprueban que en un 90 % tenemos la tendencia a elegir a las personas por el grado de confianza, amabilidad o sinceridad que proyectan en una fotografía, en un video o «en vivo y en directo».

Con una estadística tan dramática, es casi obvio que la mayoría de las veces nos inclinamos por quienes aparecen sonriendo. Luego, para definir nuestra selección, basta con poner unos dedos por encima de la foto, para mirar el detalle de cómo sus ojos nos comunican «su verdad».

Nos damos cuenta entonces que más que cualquier parte de nuestra cara, nuestros ojos son los que comandan la expresión. Por lo mismo, después de nuestra voz, son un baluarte de la comunicación efectiva.

El contacto visual

Si no me miras al conversarme, es imposible que te pueda tomar en serio. Así de sencillo. No importa a quiénes o a cuántos te dirijas; todos queremos sentirnos considerados y validados por quien nos está hablando.

En mi experiencia, no solo me ha tocado presentar sino que también estar «al otro lado de la mesa»; observando y escuchando con atención.

Debo reconocer que cuando un presentador es capaz de mirar a todos los asistentes de una reunión menos a mí, mi decisión será descartarlo de plano. Especialmente cuando soy yo quien finalmente toma la decisión definitiva respecto lo que presenta, vende o promueve. Me ha pasado en contadas ocasiones, pero sigue siendo un error garrafal que algunas personas persisten en cometer.

Tu contacto visual me basta como punto de partida para percibir si eres sincero(a) o no. Por necesidad, he trabajado la habilidad de olfatear y detectar a la gente esquiva o poco transparente. Es así como soy capaz de hacer preguntas «peligrosas» exprofeso, para ver si la persona que tengo enfrente, me quita o evade la vista al contestarlas. No me es difícil detectar «por los ojos», su falta de interés o de empatía; incluso, «huelo» su recelo.

Diversos estudios avalan que quienes establecen contacto visual con su audiencia, se les percibe como honestos, creíbles, amables y competentes. Entonces, es importante establecer un vínculo personal inmediato con las personas que nos están observando.

Cuando estableces contacto visual con las personas, luego influyes en su atención y en su concentración. Dicha concentración «te estimula para continuar estimulándolas». Cualquier inseguridad o nerviosismo que sientas al dirigirte a los demás, se contiene (y más aún, se supera) al percatarte de ellos también te están mirando. Después de todo, quienes te observan tienen algo en común contigo: son personas.

Las miradas directas representan una comunicación completamente bidireccional: un juego de emisores y receptores. Cuando eres capaz de «leer» a quienes te oyen, luego tendrás facilidad para responderte a ti mismo(a) las preguntas más cruciales. ¿Entienden lo que digo? ¿Mantengo su atención? ¿Lo estoy haciendo bien? ¿Quieren que siga hablando?

Si las respuestas de la audiencia son negativas, eso no implica rendirte, sino rápidamente adaptar tus palabras para generar la máxima empatía.

Tener un contacto visual empático, es mucho más que «pasear la mirada» por toda una sala. Significa concentrarse en tus oyentes y validarlos como individuos, para luego crear vínculos personales.

Sugiero que en tu día a día realices el siguiente ejercicio. Elige a cualquier persona y comienza a hablarle directamente. Mientras lo haces, trata de mantenerle la mirada durante un lapso de entre cinco a diez segundos. Tiempo suficiente para generar un vínculo incipiente.

Si hay más partícipes en la conversación, dirige tu mirada hacia ellos por la misma cantidad de tiempo y por turnos. Luego vuelve nuevamente a mirar a la primera persona con la que iniciaste. De esta manera, realizamos un «ciclo de turnos para validarnos mutuamente».

No es bueno «quedarse pegados con una sola persona». Recomiendo supervisar nuestra interacción visual con quienes te escuchan.

¿Te están escuchando? Si no te miran, es muy probable que no te estén escuchando realmente o se estén aburriendo. Si esto es así, entonces cambia el tono y volumen de tu voz para llamar su atención.

Mirada persuasiva: feminización facial

Uno de los grandes secretos de la mirada persuasiva, consiste en lo que se conoce como la «feminización facial». No es difícil comprobar este secreto, al observar fotos de perfiles profesionales en distintos medios; más todavía, en redes sociales como *LinkedIn*.

Las fotografías «dicen mucho» respecto a si un profesional parece confiable o aceptable de buenas a primeras. Como dije anteriormente: tan solo nos bastan segundos para hacernos percepciones iniciales.

En 2006, un prestigioso psicólogo de la *Universidad de Princeton*, *Alexander Todorov*, realizó un experimento revelador. Este señalaba que basta con dar un vistazo al rostro de ciertas personas, para predecir con un 70 % de precisión el resultado de un proceso de selección popular.

En dicho experimento (que un año después se concretó en un estudio), el 85 % de los encuestados se inclinó por elegir a personas con «mirada feminizada», pues las perciben como confiables e incluso más felices.

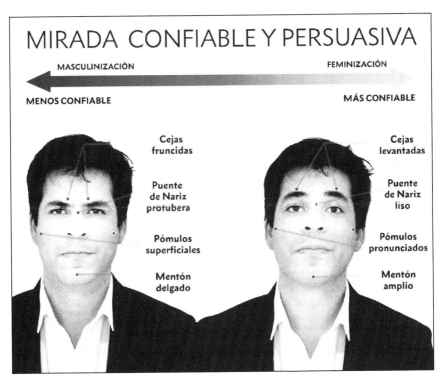

Figura 10: Un estudio de la *Universidad de Princeton*, reveló que ciertas miradas, pueden ser percibidas como más o menos confiables. Diversas características como la posición y ángulo de las cejas, son parte de un lenguaje de gestos que afecta la interacción humana.

Si lo meditamos por un momento, estas rápidas decisiones calificativas tienen una importante base histórica y evolutiva. La selección natural siempre privilegió la supervivencia. Es así como de nuestros ancestros, heredamos la capacidad decidir rápidamente si podemos confiar o no en alguien. El ejemplo más evidente de esta herencia es cuando decimos: «No tengo idea de por qué, pero esa persona no me dio buena espina».

Desde nuestra era primitiva, las mujeres han demostrado una capacidad de supervivencia muy superior a la del hombre. Esto, pues biológicamente están facultadas para engendrar, criar y proteger hijos; los que a su turno y dependiendo de su cercanía, generan un vínculo de confianza incondicional con su progenitora. Desde que nacemos, aquella persona con la que primero formamos un vínculo es nuestra madre biológica (o a falta de ella, con quién tome su rol). Por una cuestión de supervivencia, es a quien otorgamos nuestra mayor confianza.

Detalles tan diminutos como recordar a nuestra madre, nos pueden afectar todos los días en la selección de personas: en una entrevista de trabajo, al contratar un servicio, al atender a un cliente, al elegir una pareja, al ayudar a alguien en apuros o incluso en una elección política.

Personalmente, me río muchísimo observando las fotos de perfil de algunas personas en las redes sociales. Especialmente, aquellas que muestran miradas masculinizadas: con cejas fruncidas; con narices y pómulos rígidos. En general, se trata de rostros que denotan un cierto grado de agresividad o seriedad desproporcionada. Todo para mostrarse grandilocuentes; exhibiendo cierto grado de importancia o superioridad.

Casi puedes leer sus pensamientos al mirarlos. «Soy un chico seductor y de alto calibre». «Soy una ejecutiva inaccesible, y solo ciertas personas merecen contactarme». «Soy un gerente. ¿Entiendes? ¡Gerente! No te me acerques si no estás a mi altura». «Soy un líder que quiebra esquemas. No te me cruces si no estás de acuerdo conmigo». Podría seguir *ad eternum*.

En la mayoría de los casos, puedo entender el porqué de las poses de dichas personas. Posiblemente quieren ser reconocidas o validadas.

Al reunirte con gente que muestra dichos gestos, no es difícil detectar una gran variedad de inseguridades. No se están haciendo ningún bien con posar de esa manera. Raya para la suma, pierden miles de oportunidades al ser descartados de plano en una selección.

Mi sugerencia para ellos es simple: cambien el «caracho»; o al menos suban sus cejas un poquitito. Verán que la gente los elegirá más a menudo.

Nuestros gestos

Insisto en que somos más parecidos a los monos de lo que creemos. Dado lo anterior, es inevitable que nuestro cuerpo gesticule.

Un gesto es cualquier movimiento corporal que refuerce un mensaje verbal y que además cumple la inmediata función de transmitir nuestros pensamientos y sentimientos. Los gestos al ser visibles, aclaran nuestras palabras, proyectando énfasis y dramatismo en nuestras ideas. Transfieren nuestra energía a quien nos escuche, estimulando su participación.

Si de energía se trata, los gestos también nos sirven como un medio para descargar nuestra tensión o nerviosismo. Representan por excelencia, la forma más accesible y sofisticada de comunicación no verbal.

La mayoría de ellos se hacen con las manos y los brazos. Estos a su vez, también pueden acompañarse con las demás extremidades de nuestro cuerpo. Es fácil producir gestos muy elegantes, cuando combinamos nuestros movimientos con los hombros, el torso y la cadera.

Cuando sabemos ocuparlas de manera adecuada, las manos pueden transformarse en excelentes aliadas. Siempre disponibles en cualquier conversación o presentación. Sin embargo, existen personas que por falta de experiencia cometen graves errores muy a menudo.

Algunas se las meten en los bolsillos, mientras otras se las colocan detrás de la espalda. Otras, realizan movimientos distractores inconscientes, con el objeto de liberar sus tensiones nerviosas, sus angustias e incluso el pánico escénico.

Las personas que presentan más problemas, son aquellas que realizan movimientos rápidos o rígidos. Generalmente denotan agresividad; algo que sin duda se origina en el miedo.

Tan importantes son los gestos, que sin ellos las personas sordomudas no tendrían como ejecutar un lenguaje de señas. Una forma de comunicación que cada vez se ha hecho más presente en los medios; una herramienta de integración para las personas con discapacidad.

Tus gestos deben sugerir un significado preciso al público. En una sociedad cosmopolita cada vez más interconectada, el significado marca la diferencia entre el éxito y fracaso de cualquier interacción. En distintas culturas e incluso en distintas etnias, los gestos pueden tener distintos significados o proyectar una gran diversidad de intenciones.

El gesto específico que hacemos y el significado que le damos son producto de nuestra formación cultural. Por ejemplo, en las culturas occidentales, asentir con la cabeza de arriba abajo significa «estar de acuerdo». Sin embargo, en algunas partes de la India este gesto significa todo lo contrario. Así también, apuntar con el dedo índice para indicar aprobación o importancia, es considerado como un insulto en muchas partes del mundo.

Rememorando mis primeros años de estadía en Norteamérica, nunca olvido aquella ocasión en la que casi arruiné una cena de celebración con algunos amigos. Nos encontrábamos en un *restaurant* y no se me ocurrió nada mejor que apuntar con el dedo al anfitrión de la entrada, para indicarle que tenía una reserva. Dicho anfitrión era de origen pakistaní.

—¡Señor! ¡No vuelva a apuntarme con el dedo otra vez!—me dice con sus ojos enrojecidos de rabia.

—¿Pero qué pasa? —le respondo confundido y sin dejar de apuntarle.

—¡Dije que no vuelva a apuntarme con el dedo nunca más! ¿Me entiende? —replica casi gritando y agrega—. Siga haciéndolo y me daré el derecho de negarle el servicio.

Sin duda, situaciones como esa me desagradaban mucho. Aprecio cuando me atienden bien en cualquier parte. Sin embargo, acepté mi error. No tuve más remedio que explicarle que yo era un chileno recién llegado y que me sentía bastante ignorante respecto al significado de mis gestos en su cultura. Afortunadamente, dicha aclaración surtió el efecto esperado y nuestra percepción inicial se pudo arreglar.

Es recomendable tener precaución con el significado de tus gestos, incluso si se realizan inconscientemente. Deben ser visibles y significar lo mismo, tanto para el público como para ti. Los gestos funcionan mucho mejor, cuando reflejan el auténtico sentido de lo que dices.

¿Cómo utilizas tus manos en una conversación? ¿Cuánto gesticulas? ¿Cuál es el intervalo, distancia y velocidad de tus movimientos? No me cabe duda de que todos tenemos distintas respuestas para dichas preguntas. Y eso está muy bien. La diversidad es algo positivo.

No obstante, te hablaré de lo que se conoce como «*The Box*», para que lo utilices en tu arsenal de herramientas comunicacionales. Una técnica que en su momento, tuve el privilegio de aprender y practicar con versados especialistas. Un secreto muy bien guardado por las personalidades públicas que lo conocen y dominan.

«The Box»: el rango seguro de maniobras

Es bien sabido que cualquier gesto que se realice por encima de los hombros sugiere altura física, inspiración o exaltación emocional. Por el contrario, aquellos gestos que se ejecuten por debajo de los hombros indican rechazo, apatía o condena. Los que se realicen al nivel de los hombros (o cerca de ellos), sugieren tranquilidad y serenidad. Estos últimos son los que audiencia más quiere ver de ti en un primer momento.

Si hay poco movimiento, se te percibirá restringido(a) o limitado(a). Si por el contrario te mueves mucho, se te considerará avasallador(a) y hasta agresivo(a). «The Box» (o el Cubo), te ayudará mucho a controlar tus movimientos; proyectando seguridad y confianza en lo que expresas.

THE BOX
UMBRAL DE GESTOS CONTROLADOS

Figura 11: «*The Box*» o «El Cubo», marca el umbral físico de gestos que proyectan confianza y seguridad ante todo evento. Muy utilizado por presentadores experimentados.

Te ayudaré a «crear» un verdadero umbral físico que será «tu *Box*». Un espacio que permitirá que los demás te perciban en completo control y balance corporal cuando gesticulas. Para ello, realicemos un ejercicio.

Imagina que la parte superior de tu cuerpo, está rodeada por un cubo tridimensional invisible. Si lo miramos de frente, este cubo comienza un poco más arriba de tus hombros y termina justo debajo de tus caderas. De lado, este se extiende desde un poco más atrás de tu espalda, hasta completar la distancia de tu antebrazo, extendido desde el torso.

Este es el espacio dentro del cual puedes usar tus brazos y manos para expresarte. Una «zona o territorio seguro» para maniobrar cómodamente con tus gestos. Ninguna otra persona puede pasar por los límites de ese cubo. De hacerlo, posiblemente sientas invadida tu intimidad.

No importa si estás nervioso(a), complicado(a) o asustado(a) al dirigirte a una audiencia. El solo hecho de que ejecutes tus gestos «dentro del Cubo», hará que los demás perciban tu confianza, tranquilidad y control.

Las personas que dominan «El Cubo», conocen su importancia y utilidad; incluso en situaciones críticas. Me refiero a mandatarios políticos, líderes de opinión y aquellos especialistas que son capaces de «vender arena en un desierto». La mayor parte del tiempo, sus movimientos son controlados y con propósito. Esto, pues casi siempre están «dentro del Cubo». Y cuando no lo están, es intencional.

Cuando tus manos salen de dicho rango, es porque quieres expresar un argumento de manera más histriónica o enfática. Un ejemplo, es cuando pretendes recalcar algo que requiere máxima atención o concentración.

En algunas oportunidades, te puedes salir de los límites del Cubo. Especialmente, cuando estás enfrente una audiencia de cientos de personas o necesitas hacerte más visible en espacios físicos extensos.

Trata de mantener tus manos «dentro del *Box*» y comprobarás las ventajas y beneficios que este trae en tus presentaciones públicas. En cualquier tipo de entrevistas, como por ejemplo las de trabajo, el uso de gestos dentro de este umbral físico marca una gran diferencia positiva en las percepciones. Puede incluso lograr el efecto de impresionar mucho a tus entrevistadores, pues a primera vista demuestras dominio escénico.

Quizás es cuestión de tiempo para que te acostumbres a «tu Box». Pero si lo tienes presente, las interacciones que tengas con los demás mejorarán sustancialmente. Dentro del Cubo, tus manos y brazos ya no solo actúan como indicativos, sino que también como herramientas de autoconfianza.

Tipos de gestos

Tanto dentro como fuera de nuestro «*Box*», tenemos la libertad de aplicar un vasto número de movimientos que podrían calificarse como gestos, y que agruparemos en cuatro categorías.

Enfáticos: aquellos que acentúan y subrayan tus frases. Expresan pasión, convicción y seriedad. Los gestos enfáticos subrayan tus palabras. Indican seriedad y sabiduría en lo que dices.

Figura 12: Algunos gestos enfáticos. A la izquierda, el uso del puño cerrado para demostrar motivación y entusiasmo. A la derecha, el uso del dedo índice apuntando hacia arriba, para sugerir máxima atención a un argumento.

Figura 13: Un gesto enfático puede estar dentro o fuera del *Box*, dependiendo del tamaño de la audiencia. Cuando nos encontramos en un escenario espacioso y lleno de personas, podemos hacer que nuestro énfasis sea más visible; al traspasar nuestro límite.

Descriptivos: aquellos que ayudan clarificar tu mensaje y agregan riqueza a tus palabras. Sirven como soporte visual para que la audiencia comprenda mejor lo que dices. Especialmente, cuando realizas comparaciones y contrastes. Entre otras cosas, hacen referencia a formas, tamaños, funciones, movimientos, ubicaciones, cantidad y complejidad.

Figura 14: Algunos gestos descriptivos comúnmente utilizados en presentaciones. Actúan como verdaderos «sinónimos visuales» de lo que se quiere dar a entender.

Sugestivos: evocan ideas, emociones y apertura. Te ayudan a generar un ambiente específico o a expresar un pensamiento concreto.

Uno de los gestos sugestivos más utilizados es extender la mano abierta y dirigirla hacia la audiencia.

Cuando hacemos esto con nuestra palma hacia arriba, sugerimos «dar» o «recibir». Una palma hacia abajo puede expresar supresión, secreto, término o estabilidad. Algunas personas, realizan estos gestos de manera natural; sin ningún significado en específico.

Figura 15: Gesto sugestivo de extender la mano con la palma hacia arriba. Es importante evitar usar el dedo índice para apuntar.

Podemos mostrar la palma de la mano hacia arriba, para «entregar» una idea o «darle la palabra» a una o más personas de nuestra audiencia.

Si la palma de la mano está hacia dirigida hacia a la audiencia, sugiere decir «alto». También puede indicar repulsión, negación o aversión.

Si la mano está perpendicular a tu torso, tiende a sugerir mesura, límites en el espacio o tiempo, comparaciones o contrastes.

Cuando escondes ambas manos en tus bolsillos, pierdes prestancia al indicar ignorancia, poca seguridad o incluso arrogancia.

Los gestos sugestivos, debe ejecutarse de manera fluida y elegante; jamás rápida o desesperada. Es crucial evitar apuntar con el dedo índice.

Incitadores: se utilizan para gatillar una respuesta esperada por parte de la audiencia. Involucran movimientos que sean fácilmente imitables por los demás. Con ellos «dices lo que quieres que suceda en tu audiencia». Ello implica que tú eres quien debe dar el primer ejemplo de lo que buscas.

¿Has asistido a algún evento en donde el *speaker* sea capaz de «generar olas» con su audiencia? Pues de eso se trata.

Generalmente, se ocupan para motivar a los oyentes a desarrollar ejercicios participativos como: aplaudir, mirase entre ellos o incluso saltar. También generan respuestas dramáticas o humorísticas: los «¡Oohs!», los «¡Wows!», los «¡Awws!» y por supuesto, las carcajadas de la audiencia.

Figura 16: Gestos incitadores que evocan entre otras cosas: incertidumbre, grandeza, burla, reconocimiento y ánimo.

Hago un paréntesis aquí. Si pretendes contar un pequeño chiste para quebrar el hielo de una audiencia, más te vale que sea divertido. He visto como algunas personas han arruinado su presentación, tan solo por realizar gestos o comentarios que resultan fomes, fuera de contexto o de mal gusto.

Si quieres «levantar» audiencias utilizando el humor, te recomiendo que primero «aprendas a reírte de ti mismo(a)». Esto quiere decir que si vas a burlarte de alguien, parte por ti primero.

104

Utilizar a cualquiera que no seas tú para «divertirse» y sin ningún consentimiento, es a simple vista una falta de respeto. Podría arruinar no solo tu credibilidad; también tu discurso, tu negocio e incluso tu empleo.

Si vas a valerte del buen humor, ante todo es necesario que esa rutina para «quebrar el hielo» sea ensayada y revisada con un tercero. Alguien que te diga sinceramente si le hace gracia. De lo contrario, abstente.

El próximo paso: dominar tu Lenguaje Corporal

Independiente de los movimientos y gestos que se utilicen según la ocasión, es inevitable y natural que cada persona tenga un estilo distinto. Es decir, lo que funciona para mí quizás no sirva para ti. No obstante, puedo entregarte algunas sugerencias genéricas que estoy seguro, podrás tomar con provecho y cautela.

Primero que todo, recuerda siempre sacarle partido tu autenticidad. Aquello que expreses, independiente del escenario o audiencia que enfrentes, debes dirigirlo con naturalidad. No pretendas presentarte ante las personas con la típica «máscara» que la gran mayoría usa. Es muy notoria, te resta puntos y peor aún, no te distingue.

En ese sentido, ni se te ocurra copiar los gestos o estilo de otra persona; menos aún, seguir al dedillo o memorizar un manual de discursos. De hacerlo así, es probable que los demás «te vean muy complicado». Se te percibirá como una persona poco espontánea, pues aquellos gestos que no encajen con tu esencia se verán artificiales.

Si eres una persona reservada y tranquila, en ningún caso ajustes tu personalidad. Lo importante es que siempre hagas un esfuerzo por expresarte y que los demás vean que estás tratando de hacer las cosas bien.

Lo segundo es la coherencia. Si aprehendes, entiendes y dominas el tema del que estás hablando, tu expresión corporal se ejecutará mano a mano con el contenido.

La concordancia entre tus dichos y movimientos resulta crucial cuando llega ese momento en el que debes contestar dudas y consultas por parte de aquellos que se dieron el tiempo de escucharte. Les debes eso.

Si hay coherencia, entonces tus gestos podrán verse «elegantes»: suaves y acordes al tiempo. Cualquier gesto tiene tres partes: la preparación, el recorrido y el retorno. Durante la preparación, tu cuerpo comienza a moverse anticipándose al propio gesto. El recorrido es el gesto mismo y el retorno es cuando vuelves a una postura balanceada de inicio: un *«reset»*.

Estas tres partes deben ejecutarse suavemente, para que solo el recorrido sea aquello que resalte en la audiencia.

El recorrido se ejecuta junto con decir la palabra correcta; ni antes ni después. Sin embargo, la preparación puede iniciarse mucho antes que el recorrido. De hecho, puedes conseguir un efecto impactante al comenzar el gesto unos segundos antes y luego mantener la preparación hasta el momento exacto del recorrido. El retorno supone simplemente, dejar caer las manos suavemente a cada lado y «dentro de tu *Box*». Ese retorno no tiene por qué ser un movimiento rápido; es un calmado «*reset*».

Por último, es necesario que ese «buen manejo» corporal se transforme en un hábito que se practique constantemente.

Sería un completo mentiroso si te dijera que no he cometido errores en el pasado y que no los cometeré en el futuro. «*Shit Happens*». Puedo estar cansado, agobiado, enfermo, presionado e incluso triste.

Nadie es perfecto, y sin duda habrá momentos en los que nuestras limitaciones y problemas saldrán a flote a ojos de los demás. Somos personas y eso nos hace vulnerables, nos guste o no. Aquel que se diga «bueno» hablando en público sabe que eso es así. Lo importante es reconocer internamente cuando eso pasa y no quedarnos en la negación.

Es en circunstancias difíciles cuando aplico algo que he denominado «*Entropía Positiva*». Entropía, es una palabra que proviene de la termodinámica. Es la proporción entre un incremento de energía interna frente a un incremento de temperatura del sistema o de sus condiciones.

Si te falta energía, la mejor opción es obtenerla de aquellos que te rodean. Quienes te escuchan te responden, ya sea con palabras o con gestos; te «lanzan energías». Independiente de que dichas energías sean positivas o negativas, aliméntate de ellas. La idea de la Entropía Positiva, es que la cantidad de energía entre tú y la audiencia sea proporcional.

Gracias a esto, puedo decir que contadas veces, cuando estoy con problemas, me encuentro en mi mejor momento para hablar. No solo enfrento a una audiencia, sino que me «prendo», me adapto y me sostengo; aún en las peores condiciones. Es como si te encendieras, al igual que una llamita de fuego, cuya energía es inagotable y que el viento no puede extinguir. Es ahí cuando te dominas y lo proyectas a quien sea.

Como esa pequeña flama incólume, ahora debes convencerte de que humanamente hablando, estás al mismo nivel que cualquiera.

6
A un mismo nivel

"No sé tu nombre. Solo sé la mirada con que me lo dices."
—Mario Benedetti

EN EL JUEGO DE la vida, es claro que muchos desean triunfar. Y triunfar puede interpretarse de distintas maneras: fama, riqueza, autorrealización o libertad; por nombrar algunas alternativas. Lo importante es que en ese juego, definas con algo de exactitud aquello que estás buscando obtener.

Somos pocos sin embargo, a quienes nos gusta disfrutar más de la experiencia que la vida nos otorga. Esto, pues nos damos cuenta de que el camino para ganar es el premio en sí mismo.

En ese sentido es que nos atrae relacionarnos y compartir con otros jugadores, que llegaron a competir junto a nosotros por ese gran trofeo del éxito. Unos con más o mejores herramientas; otros con menos. Algunos quieren compartir sus armas, mientras otros quieren utilizarlas para obtener ventaja; pasando a llevar al resto. Una gran cantidad, resiente a los aventajados y quiere hacer trampa: robando, coludiéndose, sobornando o sometiendo. Lo vemos día a día en las noticias del diario y la televisión.

Como todo juego, la vida tiene reglas que nos rigen a todos, y aparentemente, con un mismo nivel de igualdad. ¿Entonces dónde se encuentra esa igualdad en este mundo tan injusto?

La respuesta es muy sencilla: todos los jugadores son seres humanos. Ninguno puede volar. Somos tan vulnerables, que basta un virus o un cáncer para sacarnos del juego. En ese sentido, debes convencerte de que por nacimiento todos estamos insertos el juego y que por naturaleza (nos guste o no) jugamos en un mismo nivel.

Tu nombre es tu arma

En un mismo nivel, el nombre es algo con lo que todos nacemos y sin duda, es una marca para el inicio de nuestro camino de vida. No obstante, es algo que no tenemos la capacidad de elegir desde un comienzo, pero que legalmente sí podemos cambiar (al menos por una vez).

Algunos nombres suenan bien; otros, mal. Pero realmente se trata de un asunto de percepciones. En Sudamérica por ejemplo, el nombre no tiene tanta importancia como si lo tiene el apellido. «¿De qué familia provienes?». Décadas atrás, esta era una de las primeras preguntas disimuladas que la gente hacía para saber tu apellido.

En Chile, los apellidos que llevan los *family offices* más conocidos pueden ser: Solari, Matte, Ibáñez, Vial, Larraín, Luksic o Angelini. Ellos representan las estirpes más tradicionales y económicamente poderosas.

También sobresalen los apellidos que proceden de Norteamérica o de Europa Occidental: McMaster, McAllister, Holzmann, Sommerville, Edwards, Subercaseaux, Hoffman o Halpern. Estos últimos suenan tan bien, que el ciudadano promedio cree que están relacionados con artistas de cine o con poderosas familias extranjeras.

Si tu apellido está vinculado o es parecido a los nombrados, entonces siéntete a gusto. ¡Felicidades! Ni siquiera tengo la necesidad de decirte que lo menciones cada vez que puedas. Ya tienes un punto a tu favor. Una tremenda ventaja dentro de sociedades históricamente arribistas y elitistas.

Tanto así, que generalmente, a los menos afortunados, les gusta estar relacionados con «gente de buen apellido». ¿Por qué ocurre esto?

Quizás porque les otorga poder. O tal vez porque tienen esperanzas de algún día subir un peldaño en lo económico y social.

Por dicha razón, no es de extrañar algunos de nosotros (que no tenemos apellidos rimbombantes), experimentemos algo así como un «oculto complejo de inferioridad». Esto sucede por ejemplo, cuando mencionamos nuestro apellido criollo en eventos, fiestas, reuniones sociales o incluso en entrevistas laborales.

Si esto te sucede a ti, hagámonos cargo inmediatamente. Para ello utilizaremos una poderosa sugerencia del Marketing Personal: «Aprender a reírte de ti mismo(a) en las situaciones desventajosas».

Como soy partidario de la formación experiencial, es necesario que me involucre. Así que tomemos mi apellido como ejemplo y te contaré una historia completamente verídica.

Contreras... Mucho se ha conjeturado acerca del significado de este apellido: «cuevas contrarias» o «encuentro». Páginas y más páginas, hablan de su origen en el Pueblo de Burgos, Santo Domingo de Silos, España. La pregunta más obvia: ¿a quién diablos le importa esto?

Casi sesenta páginas de la guía telefónica de Chile, mencionan el apellido Contreras. ¡Sesenta y con letra microscópica! Es uno de los apellidos más comunes y corrientes en mi país de origen.

Por lo demás, no es un apellido que cuente con un promisorio posicionamiento. Tipo(a) que aparece en las noticias robando, violando o asesinando, como una maldición tenía que llamarse Contreras. Gran «trabajo de fidelización» han hecho algunos con mi apellido.

Cuando era tan solo un adolescente, tartamudeaba al decir mi apellido. Las dos sílabas «tre-ras», se me transformaban en un verdadero trabalenguas; un calvario para presentarme a los demás.

Durante los ochentas y siendo alumno de un Colegio circunscrito al barrio más pudiente de Santiago, algunos de mis compañeros solían hacerme burlas por el apellido. «Eres más chileno que los porotos», me decían. Acomplejado por ello, trataba de decir mi apellido rápidamente para que pasara inadvertido. Ese era nada menos que el origen de un *hándicap* verbal que mantuve desde entonces. El tiempo pasó, hasta que ocurrió ese «gran evento de cambio». Un suceso que marcaría un antes y un después, al mencionar mi nombre.

Me encontraba un día en el *Club de Polo San Cristóbal*. Un centro social y deportivo de alto *pedigree*. Tenía 21 años en ese entonces y en ningún caso era uno de sus socios contribuyentes. ¿Cómo estaba yo allí?

Mi padre (con el mismo nombre que yo), era socio del Club Naval en Viña del Mar. Por ser su hijo, tenía derecho a un «intercambio» con el *Club de Polo*, para poder asistir cuando se me diera la gana.

Era algo realmente genial, considerando que ser socio de dicho establecimiento es hoy por hoy algo casi prohibitivo. La incorporación a su plana, implica comprar un paquete de acciones por un equivalente a $80 millones de pesos (unos $100.000 dólares). El filtro era considerable.

Grandes decisiones sobre negocios y el futuro del país, se toman en ese lugar. Especialmente, en un sector específico del camarín de hombres: el sauna. Un lugar de relajación y distención, en donde los más altos ejecutivos, políticos y gerentes se reúnen en completa confianza; luego de un partido de tenis o de Polo.

En ese contexto, me encantaba ir al sauna todos los fines de semana. Lo hacía no solo para limpiar los poros de mi piel, sino que además para disfrutar de un privilegio que muchos de aquellos altos dignatarios solían tener: afeitarse dentro de este. Una práctica muy agradable y efectiva para quedar con un mentón impecable y libre de vellos. Ello se debe a que las fuertes temperaturas del sauna, funcionan mucho mejor que la más moderna crema de afeitar. Sin embargo, dicha práctica hasta el día de hoy está absolutamente prohibida por reglamento interno.

Muchos de los socios estaban al tanto de dicha prohibición. No obstante, algunos de los más importantes, hacían caso omiso de la misma. Frecuentemente al entrar en el sauna, podía observar al menos a tres de ellos, más entrados en años, afeitándose muy cómodamente y sin ningún inconveniente. Nadie, absolutamente nadie era capaz de reprenderlos.

«¿Si ellos pueden hacerlo, por qué yo no?», fue lo que pensé en ese momento. Lógicamente comencé a imitarlos.

Hacer caso omiso de la prohibición, se transformó en costumbre; y la costumbre, se convirtió en «una nueva política».

Cierto sábado en la mañana, me encontraba completamente solo en el sauna; afeitándome como de costumbre. Todo iba de maravilla hasta que un hombre cincuentón y de muy buenos *looks*, aparece abriendo la puerta de aquella «cámara de calor».

Como cualquier socio que va a entrar a un sauna, venía de ducharse en el camarín con el torso desnudo. Tan solo una toalla blanca cubría el resto de su cuerpo. Al ver que yo estaba «rasurándome», su cara se desfigura de enojo e inmediatamente, comienza a reprenderme por mi gran osadía.

—¡Ah, no! —me grita y luego agrega—. Esto es realmente inaceptable... ¡Una verdadera rotería! ¿Quién te crees al afeitarte dentro del sauna, cuando está estrictamente prohibido?

Yo permanezco en silencio, mirándole fijamente y sin dar ninguna explicación. El hecho de decir la palabra «rotería», con un tono completamente ofensivo e inquisidor, fue suficiente como para desanimar cualquier diálogo posible con él.

Me mantuve quieto, observándolo sin decir nada, por unos segundos más; para luego seguir afeitándome como si nada.

—¡Hablaré inmediatamente con la Administración del Club! —me advierte en tono amenazante—. Considera tu membresía suspendida después de esto. ¡No volverás a poner un pie más dentro de nuestro Club!

El hombre da la media vuelta y se retira con paso firme; demostrando su más profundo descontento. Sin duda iba a cumplir con su promesa de aniquilar mi entrada en «su prestigioso Club».

A pesar de sus amenazas, no me detuve un segundo en lo que ya estaba haciendo; ni siquiera demostré remordimiento alguno.

Aunque estuviese arrepentido y se lo dijera a este señor, era claro que él no querría escuchar explicación alguna acerca de cómo yo no era el único que desobedecía las reglas.

Me quedé al menos unos veinte minutos más, disfrutando del relajo del sauna. Después me bañé y me vestí sin ningún inconveniente. En el intertanto, me encontré con otros socios que me saludaron muy cordialmente; como si nada hubiese pasado. Pensé afanosamente que el altercado había quedado en el olvido. Pero estaba muy equivocado.

Al llegar a la salida del Club y justo en el *lobby*, veo a esta persona parada junto a un par de funcionarios de la Administración. Los tres me miran simultáneamente, esperando a que yo pasara cerca de ellos (la puerta de salida estaba justo enfrente). El personaje que me reprendió, me sonreía irónicamente; muy seguro de que «este podía ser mi fin».

Por mi parte, no me intimidé. Comencé a avanzar por el pasillo a paso seguro y sin complejos. La sonrisa del hombre se comienza a evaporar al verme llegar completamente serio, con una postura derecha y caminando energéticamente.

—Don Oscar —me dice uno de los funcionarios del *lobby*—. El «señor aquí» indica que usted se estaba afeitando en el sauna, vulnerando la prohibición que el Club tiene para con sus socios. ¿Me puede dar alguna explicación?

Yo le sonrío y le contesto:

—Muy bien. ¿Y les han dicho lo mismo a los demás socios honorarios? ¿Saben ustedes que también hacen lo mismo que yo?

—Don Oscar —me replica el funcionario—. Usted sabe bien que eso no es excusa. Aquí hay reglas que dicen claramente que…

El hombre, aquel que me recriminó, irrumpe en la conversación alzando la voz y dejando la delicadeza del diálogo en la irrelevancia:

—¿Acaso no sabes quién soy yo? —me dice con un tono completamente altanero y desafiante.

«¿Sabes quién soy yo?». «¿Sabes de qué soy capaz?». Esas eran las típicas frases que se ocupaban aquel entonces; para tratar de declarar un verdadero duelo entre caballeros. Intuí en ese mismo instante que este personaje haría uso de su apellido como una especie de «arma letal».

—No. No sé quién eres tú —replico, sin cambiar un ápice de mi postura y mi mirada.

—Soy «Nombre» Edwards Larraín, gerente de...

El hombre no alcanza a terminar su aguda presentación, cuando una reacción en cadena se gatilla física y racionalmente en toda mi persona.

Mantengo mi postura corporal completamente estable y relajada. Acto seguido, le extiendo mi mano para estrechársela; mirándolo fijamente a los ojos: serio, pero en ningún caso mostrando algún tipo de enfado.

—Oscar Contreras —declaro con un tono de voz profundo, resonante y articulado; dejando mi mano abierta extendida en el aire, para que mi «contrincante» me la diera.

El personaje se quedó estático por algunos segundos; completamente desorientado por el gesto amistoso de presentarme y querer darle la mano.

De manera automática, como si estuviese escrito en algún código de su ADN, este señor procede a estrecharme la mano. Una gran paradoja entraba en el juego. Un hombre con tan buenos apellidos, no podía quedar como un «roto» o más bien como un maleducado enfrente de quienes nos observaran.

Nos estrechamos las manos y mantuvimos la mirada. Un adulto ya en sus cincuenta y tantos, contra un joven en sus veintes. Ambos apretamos nuestras manos con una firmeza sofisticada, en señal de fortaleza, seriedad y coherencia. Tan solo escuchó mi nombre. No le di ninguna explicación acerca de quién era yo. ¿Qué sacaría con dársela? Yo no era nadie. Tan solo un «hijito de papá», haciendo uso y goce de la membresía del club. Bastó ese gesto, para que cualquier explicación fuese irrelevante.

Mi lenguaje corporal y mi habla, enviaron varios mensajes subliminales en menos de dos segundos. «No me interesan tus apellidos, ni tus títulos». «Solo te dije mi nombre, pero mejor no preguntes quién realmente soy». «Tú y yo, estamos al mismo nivel, y competimos en una misma arena». «¿Por qué molestarse, si vamos a salir heridos los dos?». «¿Quieres insistir o dejamos nuestro disgusto hasta aquí?».

Tan pronto como terminamos de darnos la mano, aquel «gerente de lo que sea» se quedó pasmado y mirándome de pies a cabeza. Luego «ojeó» a los funcionarios, quienes observaban expectantes este episodio desde sus puestos; a menos de un metro de nosotros. Les hace un gesto, levantando sus dos manos abiertas y no más arriba de sus hombros. Al mismo tiempo, les pone una cara muy peculiar: mostraba una leve sonrisa de relajo y sus ojos entrecerrados. «No se molesten», fue lo que les dijo sin decirlo.

Luego se retiró, saliendo por la puerta principal hacia el parque en donde se encontraban los estacionamientos. Nada, absolutamente nada pasó. Nadie ganó; nadie perdió. No hubo guerra. Pero sí hubo un «pacto subliminal» para evitarla.

En adelante, no volví a afeitarme dentro de ese recinto nunca más. No solo decidí esto por evitar futuros conflictos de esa índole. Me di cuenta de que también era necesario hacer un cambio en mi forma de actuar.

Efectivamente, existía una regla. Una norma de convivencia que no estaba respetando. Era necesario que me adaptara a ella, no solo por mi bien, sino que por el de cualquier otra persona que sintiera desagrado. Independiente de que existan muchos otros que decidan desobedecer.

Fue entonces que descubrí que el nombre, a falta de mejor expresión, no es tan solo una marca: es un arma. Pero una de doble filo. Actúa a tu favor o desmedro; dependiendo de las circunstancias, pero más aún del contexto en el cual te halles participando.

El nombre es el primer enunciado de «tu tarjeta de presentación personal». Tan poderoso que si se sabe decir correctamente, es capaz de dejar a la mejor tarjeta de negocios en la más completa irrelevancia. Eso, si somos capaces de anunciarlo sintiéndonos fuertes, calmados y confiados.

Había algo más que aportó en cómo se dieron las cosas. Siendo tan joven todavía, me percaté de que «hice algo desconocido» con mi voz, que influenció notoriamente a todos cuantos me rodearon en ese momento.

Además y sin saberlo, utilicé el «*Box*» (el Cubo) y las miradas para causar un efecto esperado. Naturalmente y por primera vez, fui capaz de generar un fuerte soporte proyectivo a cada una de mis palabras.

Hablaremos de la voz más adelante. Por lo pronto, si sabes el cómo decir tu nombre, tendrás que tener muy clara la importancia que este tiene.

Dado lo anterior, resulta crucial el ser recíprocos, al recordar los nombres de los demás y considerarlos como algo muy importante. Son un enunciado de confianza e integridad.

Sin importar el nombre o apellido que tengas, ambos pueden ser memorables según cuales hayan sido tus actos. Hechos fácticos que establecen una base para la igualdad y la tolerancia.

Igualdad y tolerancia

Se lo he dicho a todas las personas que me conocen: «No me importa quién eres, ni de dónde vienes. Siempre estarás a la misma altura que yo». Eso al menos, en un comienzo. Esta frase es en sí misma un llamado a la integridad y a la coherencia inicial que yo podría establecer con cualquiera.

En vez de tanto complicarse la vida, mejor acepta que nadie es mejor, ni peor que tú; solo diferente.

Podemos ser diferentes en edad, en profesión, en educación y en experiencia. Es un hecho de la vida; completamente natural. Sin embargo, existe algo en donde yo sí puedo establecer diferencias, y tiene que ver con la rectitud, la confianza, la integridad y la coherencia que proyectas.

En pocas palabras, te consideraré un símil si al igual que yo, «haces lo que dices que vas a hacer»; si eres capaz de cumplir con tus promesas.

No importa si se trata del presidente de la República, del gerente general de una Multinacional o de un líder político, carismático o religioso. Si ya perdiste ese miedo a la autenticidad, entonces sugiero que seas capaz de ver a cualquier persona de igual a igual. Si logras lo anterior, entonces la «tratarás exactamente como te gustaría que te trataran a ti». Me refiero a esa mínima «Regla de Oro» del Marketing Personal.

Los «dones» o «señores», ya son cosa del pasado. La última vez que yo traté de «don» a alguien, fue al decano de una Universidad; cuando solo tenía 24 años. Y permíteme decirte que dicho trato me sirvió de muy poco para obtener beneficios.

Otorgar pleitesías o títulos a alguien que tú apenas conoces, inmediatamente produce el efecto de disminuir tu prestancia. Algo que en Chile se conoce como «agachar el moño».

Ese tipo de trato, te coloca en una situación desventajosa frente a cualquier conversación, discusión o negociación. Ello, pues estás reconociendo anticipada o equivocadamente, que la persona que tienes enfrente es superior a ti. Si persistes en ensalzarlo con esos «títulos nobiliarios injustificados», lo único que conseguirás es que dicha persona te otorgue la atención que demandas; pero no aquella que mereces.

En mayo de 2015, me senté a conversar con un altísimo y «poderoso» directivo; muy conocido en Chile. Un hombre tremendamente mediático, avasallador y por lo demás, uno de los hombres más ricos del país. Lo llamaré «Herbert», para contar la historia de cómo fluyó la conversación.

—Muy bien «Herbert» —le dije mientras abría mi *notebook*—. Es importante que revisemos...

—¿¡Como que «Herbert»!? —interrumpe el hombre, gritando y golpeando la mesa violentamente—. ¡Es «don Herbert»!

Lo miré fijamente y en silencio; sin intimidarme. Analicé su «mirada de halcón», acentuada por sus frondosas cejas. Observé sus canas blanco-amarillas, despeinándose por su calor corporal. Leí sus manos entrecruzadas y sus piernas temblando debajo de la mesa. Me estaba desafiando, para establecer una pequeña gran ventaja en la negociación.

Después de unos segundos de análisis, le devuelvo mi mirada con naturalidad. Pronto le contesto:

—«Herbert»

Si su nombre es tan bueno como una marca, entonces ¿por qué forzarme a anteponer el «don»? No importa cuán famoso sea; no soy su empleado. Y aunque lo fuese, tampoco soy su esclavo servil. Además, salvo por las menciones de otros conocidos, apenas lo conozco. ¿Y si yo le obligo ahora a tratarme de «don» también? ¿Qué me diría?

Ante mi respuesta directa desafiante, este personaje (quien fácilmente podría ser mi papá) se queda perplejo por unos segundos. Lo observo llevándose su mano derecha a la cabeza, para quitarse el sudor de la frente. Luego toma un fuerte suspiro y me esboza una leve sonrisa.

—Bueno... Te escucho —señaló, bajando su tono de voz.

La conversación siguió en adelante sin problemas, aunque en reuniones posteriores, finalmente desistí de seguir negociando con él.

Sus abogados quisieron que firmara una cláusula de exclusividad con mi empresa. Algo para lo cual, mi respuesta será siempre un rotundo «no». No va con mi esencia el acceder a prácticas tipo *spin-off* con ningún cliente. Cuestión de rectitud y consistencia. No me equivoqué.

Así como la de muchos otros países, la primera línea de la *Constitución Política de la República de Chile* nos dice algo categórico. «Las personas nacen libres e iguales en dignidad y derechos». ¡Listo! ¡Sin titubeos!

En un mundo tan desigual, es muy difícil que la mayoría de las personas conozca sus derechos. Sin embargo, entiendo la razón del porqué las clases de Educación Cívica en gran parte de los Colegios de mi país, han sido eliminadas. Quizás se ha evitado que el ciudadano común, al menos pueda informarse de su derecho legítimo a la igualdad y tolerancia.

Si nuestros «padres fundadores de la patria» estuviesen vivos hoy, quizás estarían muy desilusionados; al presenciar la ligereza con la que se ha tratado nuestra igualdad ante la ley. Cada vez menos personas la están haciendo valer en el día a día. Peor aún, veo muy pocos abogados defendiéndola ante un Tribunal Constitucional. Si fuésemos más claros y prácticos, todo lo que nos afecte como consumidores o trabajadores, se solucionaría muy rápidamente.

Hay dos elementos fundamentales y trascendentes que todos queremos obtener: reconocimiento y respeto. Ambos se buscan con distinta intensidad y dependiendo de la etapa de longevidad en la que nos encontremos. Los más jóvenes buscan reconocimiento, pues quieren encontrar y abrirse espacio en un mundo competitivo. Los más adultos, más que sentirse reconocidos, buscan que se les respete su huella o ese «gran papel protagónico» que jugaron en el pasado; su aporte a la vida.

Si no solo entendiésemos de respeto y reconocimiento en nuestro trato diario, sino que además los practicásemos de forma adaptativa, nuestras relaciones con los demás serían mucho más sencillas. Respecto a este punto, mi sugerencia es muy directa. Sé tolerante con las diferencias y aprende a escuchar atentamente a los demás. Cuesta, pero se puede.

En ese mismo nivel, mantén siempre tu cordialidad, respeto y sinceridad. Tu etiqueta de negocios debe ser incuestionable.

Ahora bien, si a quien tratas de esa manera no le agradas o no te trata como un igual, entonces piensa en alejarte para no malgastar tu tiempo. Quizás estés frente a un ególatra o un narcisista, quien no solo no querrá escucharte, sino que además no te tomará en cuenta y será incapaz de reconocer tu valor. Tratando con personas así, jamás podrás proyectarte.

Ese trato despectivo para con los demás, es lo que ocurre típicamente con aquellas personas que pudieron surgir (o escapar) rápidamente de una realidad socioeconómica menos ventajosa. Algunas personas los definen cómicamente con el inglesismo de «new rich»; o injuriosamente, como «aspiracionales». Términos nuevos, quizás políticamente más correctos que los ofensivos conceptos de «roto» o «roto con plata», tan utilizados en el Chile de los ochentas. Yo prefiero hablar de «gente sacrificada».

Como todo en la vida, los hay agradables y muy desagradables. Los que son encantadores demuestran sencillez, al nunca renegar de su pasado más humilde. Reconocen el pueblo o barrio periférico en donde se criaron; la escuela pública en donde se educaron o la pobreza de la que escaparon.

Son portadores de una historia de sacrificio que les permitió surgir; mediante el trabajo duro o sus estudios. Estaban abiertos a tomar con fortaleza aquellas pocas oportunidades que la vida les otorgó.

Tengo clientes y mentores con pasados similares, los que hoy por hoy se han convertido en importantes dignatarios y directivos; destinatarios de un ventajoso poder económico. Ha sido trabajando con ellos, que me he dado cuenta de la genuina y auténtica calidad humana que demuestran. Su preocupación por ayudar a esa gente que partió igual que ellos; su apertura a dar confianza y oportunidades a los demás. Tienen la humildad de contar sus historias como un libro abierto y son generosos al compartir las vivencias de ese duro camino recorrido. Son líderes por su propia mano.

El haber estado «abajo» y luego «arriba» en mi historia de vida (aunque por otras razones), me ha permitido generar excelentes relaciones con ese tipo de líderes. Los veo a ellos y me veo a mí mismo, cuando partí desde cero en los Estados Unidos, tratando de prosperar. Son bellísimas personas, incluso más valiosas para mí que cualquier «contacto de alto nivel» que pudiese tener hoy en día.

De lo que sí me tiendo a alejar, es de aquellos que tuvieron ese mismo tipo de transformación, pero que al triunfar se avergonzaron de su pasado más humilde; para luego renegarlo o dejarlo escondido en una caja fuerte.

Más siento lástima de aquellos «déspotas resentidos», que no solo lograron con éxito enterrar sus orígenes humildes en las arenas del triunfo, sino que además sacaron partido de su nuevo «status»; para transformarse en maltratadores, castigadores, «negreros», manipuladores y hostigadores. Debido al sufrimiento y el *stress*, la cantidad de sociópatas en potencia, hoy ha aumentado de manera galopante.

«Como yo sufrí, entonces debo hacer sufrir a los demás». «Cómo a mí me trataron mal, entonces tú debes pasar por el rigor, para que una persona como yo te tome en serio».

Para qué hablar de la gente arribista y mal agradecida. Esa que te llora sus desdichas cuando le prestas tu hombro, y que luego apoyas hasta que logra salir de sus problemas. Todo, para que años después te reniegue desde «sus altas alturas»; pretendiendo nunca haberte conocido.

Sí... Lamentablemente existen personas de dicha calaña, incapaces de otorgar solidaridad y empatía a quienes estuvieron igual que ellos. Los hemos visto en *realities* de televisión, en la política, en las empresas y en los medios. Bien se dice que «de todo hay en la viña del Señor».

117

A «ese tipo» de gente la veremos por doquier. Pensamos que ojalá pudiésemos hacer algo para que cambiaran. Nos toca es convivir con ellos y tolerarlos. Pero nos quedemos de brazos cruzados. Es importante generar buenos hábitos en nosotros mismos para cambiar y ser mejores. No porque todos sigan «la moda de ser arribistas», significa que tú tengas que seguir el mismo patrón de comportamiento.

La gran pregunta es si vas a permitir que la gente arribista influya en los resultados de tu vida. La respuesta, espero, debiese ser un tajante «no». Pero no tiene por qué tratarse de un «no» agresivo, vengativo o resentido. Tan solo un «no» tolerante y relajado.

Cuando realmente «estás a un mismo nivel», debieses entonces estar tranquilo(a), porque fuera de lo que ya conseguiste, no demuestras una necesidad de validarte a cada minuto. No tienes necesidad tampoco, de hablar a espaldas de los demás.

La necesidad de validación constante, es el punto débil de los arribistas que pretenden sentirse mejores que tú. El hecho de que tú no admires su estatus o sus riquezas, los descoloca. El que no reconozcas sus nombres célebres o rimbombantes, los inquieta hasta el punto de llevarlos a la neurosis. Si pasan a ser completamente irrelevantes en tu vida, sus inseguridades salen a flote y eso «los quiebra».

La gente arribista que depende de su fama, jamás nunca podrá estar realmente tranquila y feliz; por mucho que digan lo contrario en eventos sociales, fiestas o incluso en su *Facebook*.

¿Qué tienen en común el arribista, el déspota y el antisocial? Aparte de llevar vidas miserables, comparten algo que ya traté en su momento: tienen miedo. Cuando aparentan es porque temen; cuando te gritan es porque tienen terror. Si te quieren causar daño, es porque internamente aborrecen su vida. Piénsalo, es completamente lógico.

Ya te comenté que la forma más fácil de tratar con gente así, es alejándote. Sin embargo, permíteme otorgarte otro dato clave. Existe otro camino más difícil que puedes tomar si te consideras valiente: ayudarlos. Tan solo pregúntales a qué temen y podrías tenerlos fielmente de tu lado.

¿Tanto así? Absolutamente, pues ocultan la más delicada sensibilidad y pasión. Al final son personas iguales que tú, pero confundidas.

Cuando estás seguro(a), calmado(a) y tranquilo(a), eres capaz de «abrir sus puertas» para que ellos te cuenten su verdad. Y entonces, podrás decidir si tienes enfrente a un posible aliado; siempre a tu mismo nivel.

Cuestión de prioridades: nuestro foco

Una de las máximas con la que actualmente trabajo mis negocios, es la siguiente: «No otorgues prioridad a alguien que solo hace de ti una opción más». Es una regla tajante. Hasta el punto que puede ser considerada por muchos como avasalladora y hasta arrogante. Pero me ahorra tiempo.

Durante los meses de junio y julio de 2015, interactué con el gerente general de una conocida empresa que se dedica a realizar conferencias de innovación. Todo partió con un e-mail directo a mi bandeja de entrada.

En él, decía que mi *Curriculum Vitae* había llamado mucho su atención. Y dado lo anterior, estaba pensando en mí para un cargo de *Business Manager*. Sin embargo, él quería que yo investigara su página web y que además le diera *feedback* sobre la misma y sus servicios. Condicionaba su oferta a que yo diera pistas ex-ante sobre «cómo darle mayor valor a su empresa».

Una cosa que jamás he vuelto a hacer, es dar ideas o propuestas por e-mail a gente desconocida. Me cuido las espaldas, pues está lleno de aprovechadores «botados a importantes» que se dan el lujo de pedir ideas de un séquito de «esclavos»; obteniéndolas absolutamente gratis y sin esfuerzo. Algo que muchos manipuladores maquillan con el nombre de «*Crowdsourcing*». Además, fuera de los libros y artículos en revistas, me da flojera escribir lo que puedo definitivamente conversar en una reunión.

Contextualizando... Ya había pasado mucho tiempo desde que esta persona había recibido mi contacto por trabajo; algo así como ocho meses. Tiempo durante el cual yo ya había tomado la decisión definitiva de no emplearme nunca más para nadie y de emprender bajo mis términos.

Así que en vez de malgastar mi tiempo, escribiendo e-mails eternos, decidí llamarlo directamente a su celular. El tipo contesta el teléfono con una voz adormecida y desganada.

—¿Aló?

—Aló, «Sebastián», ¿cómo estás? —saludé de manera cordial y animada (como siempre lo hago)—. Hablas con Oscar Contreras. Decidí llamarte directamente, pues me escribiste hablándome de sobre tu necesidad de apoyo para crecer tu negocio.

Se produce un silencio de casi cuatro segundos y obviamente intuí lo que me contestaría a continuación.

—¿Oscar?... ¿Oscar Contreras? —repite dos veces con un tono inquisitivo, para luego rematar—. No recuerdo haber conversado contigo.

—Lógico, es la primera vez que hablamos —le expliqué—. Sin embargo, me escribiste anoche preguntándome por *feedback*. Y es por eso que decidí llamarte directamente. Me parece interesante lo que haces, pero prefiero hablar contigo directamente, ya que tiempo no me sobra.

—¡Ah! ¡Sí! Ahora recuerdo —despierta su voz—. Lo que pasa es que anoche les escribí a otras diez personas más sobre el mismo asunto.

«Así que soy una opción más para él», pensé. Era lógico que el hombre estaba reclutando, así que no podía esperar mayor atención. Pero sí un mínimo: el recuerdo de mi nombre.

Fue entonces cuando este directivo comenzó a hablarme sin parar acerca de su negocio; tratando de venderme su idea. Su nivel de facturación sonaba atractivo, pero al mismo tiempo dudoso.

—Quiero que me escribas un e-mail, una vez que investigues mi sitio web. Indícame cómo podrías aportarme valor para mejorarlo —me ordenó—. Espero que me lo envíes mañana a primera hora, para evaluarlo y decidir si me sirves o no.

Obviamente, se notaba que el tipo no sabía con quién estaba tratando. Quienquiera que me dé órdenes, me debe pagar por anticipado. Cualquier voluntariado, nace de una genuina atracción o de mis ganas.

—A ver, a ver estimado —le contesto en tono condescendiente—. Te quiero aclarar que no me interesa trabajar para ti. A lo que si estoy abierto es a juntarme contigo, para ver si podemos explorar posibilidades comerciales conjuntas. Tengo mis propios negocios, y decidí llamarte para ahorrarme la lata de escribir. ¿Sabes a qué me dedico?

Claramente, el directivo no tenía idea; no investigó. Acto seguido, tuve que explicarle brevemente de qué se trataban mis servicios; y junto con ello, darle una pincelada rápida sobre mi historia profesional.

—Interesante *approach* Oscar —me responde—. Sin embargo, no me queda claro para qué sirve lo que haces No veo qué valor pueda tener comparado con la innovación y la tecnología.

—Justamente —replico—. Entre otras cosas, se trata de apoyar a directivos como tú, para que no cometan errores tan básicos como responder mal una llamada telefónica y más aún, olvidar el nombre de un prospecto en menos de ocho horas. No te lo reprocho, pero sí te resta puntos con cualquier otra persona, a la hora de hablar sobre tus negocios. El Internet sirve mucho, pero lo importante es lo que viene después. ¿Captas ahora? Estoy decidiendo «si tú me sirves» también.

Se produce un silencio de cinco segundos en el teléfono. Si me cortaba, era una buena señal: «Evitar toparme a alguien problemático en mi camino». Sin embargo, se produjo el efecto contrario.

—Tienes razón, ahora que lo pienso —contestó—. Perdóname si te ofendí de partida. Lo que pasa es que estoy tan colapsado de «pega», que justamente busco a alguien que me ayude a gestionar.

De ahí en adelante, tuvimos nuestra primera reunión en una cafetería. Una conversación interesantísima, que duró alrededor de un par de horas.

Al terminar, le entregué mi tarjeta y él quedó con la tarea de redactar los puntos de acuerdo entre ambas partes. Seguramente, generaríamos un convenio; un *agreement* más formal. «Llámame», le dije.

La segunda vez que nos reunimos, lo invité a almorzar. Y rápidamente comencé a observar patrones conocidos y desventajosos. El dueño de la empresa no había redactado los puntos de acuerdo y sin lo anterior, no tenía las bases para generar un convenio escrito. Ya comencé a notar una grave falencia: su evidente desorganización.

Le insistí una vez más al respecto. Él se disculpó y prometió que la próxima vez me enviaría una carta de acuerdo. Sin embargo, al terminar nuestra reunión, una pregunta que él me hizo, comenzó a enviarme señales negativas evidentes:

—Oscar, ¿me podrías dar nuevamente tu número de celular para anotarlo en mi *iPhone*?

A cualquiera puede olvidársele el teléfono de alguien. A pesar de pasarle mi tarjeta, es muy probable que no haya tenido el tiempo de dejarlo anotado en su *smartphone*. Obviamente, accedí a dárselo nuevamente y con suma amabilidad. «¡Que no se te pierda esta vez pues!», le dije.

La tercera reunión, en realidad fue un *kick-off* en la oficina de este tipo, y en donde él comenzó a delegarme tareas; intentando fijar metas.

—¿Tienes el convenio escrito para que lo firmemos? —pregunté.

—Pucha, no lo tengo todavía —me contestó con tono desganado—. Pero te propongo algo. Concentrémonos en contactar prospectos y cerrar acuerdos con clientes. El acuerdo lo «hacemos en el andar».

Esa respuesta me bastó para desconfiar en su integridad. No solo no cumplió con lo prometido, sino que comenzó a modificar los puntos de un *agreement* de manera unilateral. La señal era muy clara. No iba a llegar lejos trabajando con este tipo de persona. Lo peor estaba por aparecer al terminar nuestra reunión:

—Oscar, ¿me podrías dar nuevamente tu número de celular para anotarlo?

Una estaca final que bastó para matarme el interés de contactarlo en el futuro. El tipo no solo era incumplidor: era desorganizado y olvidadizo.

Sin embargo, no puedo negar que al conocerlo, me pareció una persona notoriamente inteligente: un brillante Ingeniero Civil. Con una visión atractiva, pero que fácilmente se desinfla debido a su errático actuar. Su amplísimo conocimiento y título profesional, de poco le sirvieron.

Gran parte de la inteligencia, comúnmente se trata de exhibir en el conocimiento que uno posee. Incluso algunos cometen el error de sobrevender dicho conocimiento en sus currículos; ocultando sus más profundas inseguridades. Ese no es «el tipo de inteligencia» que al menos yo busco para generar proyectos y concretarlos.

Tampoco se trata de aquello que se denomina como «Inteligencia Emocional». En tus relaciones con los demás podrás ser una estrella; pero te creeré más cuando me muestres coherencia y compromiso.

El nivel de inteligencia

Hazte una pregunta. Si te comparas con aquellos que te rodean, ¿dirías que tu C. I. (Coeficiente Intelectual) es superior al promedio, en el promedio o menor que este?

Sin anticipar resultados, me imagino que gran parte de mis lectores, contestará que su C. I. es superior o mejor que el promedio. Si es así, entonces tengo noticias. No somos tan inteligentes como creemos que somos. Así es. Pero no por las razones que pensamos.

Existen tres cosas que determinan la inteligencia y la primera de ellas es el ambiente en el que uno se encuentra.

Bill Gates es para muchos un genio, ¿no? Si es así, entonces hagamos un ejercicio. Imaginemos colocar a este prócer tecnológico a convivir con una tribu de jíbaros en la selva amazónica.

Nos daremos cuenta de que *Bill Gates*, se nos transforma rápidamente en «*Bill*». Será como cualquier tipo, tratando de sobrevivir. Probablemente esté desesperado por volver a su casa. O quizás vivirá el miedo constante de ser mordido por una anaconda o decapitado por un miembro de la tribu.

Los papeles se invierten. Será el jefe de la tribu, quien tendrá el carácter de prócer. Sin duda y dentro de los kilómetros a la redonda, será este nativo la persona más respetada. Esto, por ser poseedor del conocimiento y la experiencia para sobrevivir tanto él como los miembros de su tribu, en condiciones adversas. Pero si llevamos a esta «eminencia» a recorrer las calles de San Francisco, nos daremos cuenta de que estará tan perdido como *Bill* pudiese estarlo en la selva.

Lo segundo que determina la inteligencia es la organización. Si uno pregunta a la gente por la calle a quién considera más organizado, la gran mayoría dice: abogados, doctores, ingenieros, etc. Si preguntamos a quiénes consideran más inteligente, nuevamente contestarán con profesiones: doctores, abogados, ingenieros, etc.

El punto al que voy, es que la organización cuenta; mucho más, si implica coherencia y compromiso con nuestras acciones y decisiones.

En último lugar, y por lo pronto el factor menos relevante de todos es el C. I. Muchos alguna vez se lo han medido con un *test*. Disfrutamos mucho cuando obtenemos puntajes altos; no así cuando estamos por debajo del promedio. Algunos incluso, no querrían mencionar que tienen un deficiente C. I., pues los expone a ser descartados para un cargo. Las mediciones nos hacen sentir «etiquetados»; o peor aún, relegados.

Cuando tenía cuatro años, una psicóloga muy entusiasta le informó a mi mamá que yo tenía un «C. I. extraordinario». En tan solo minutos, una «experta» me catalogó y me etiquetó como «superdotado».

Sin esperar mucho tiempo más, la «especialista» recomendó que se me enviara a un Colegio para «niños con habilidades avanzadas». Gracias al cielo, mis padres se negaron rotundamente y decidieron inscribirme en un Colegio normal. Pero en este, no estaría exento de situaciones complejas.

Desde *prekínder*, eso que llaman tener un C. I. alto, me trajo una gran cantidad de problemas en la relación con mis compañeros de curso.

Yo ya sabía escribir y sumar, sin que nadie me lo hubiese enseñado. Los niños que se sentaban a mi lado, rápidamente «me relegaron» a los últimos asientos de la sala de clases. No querían que yo destacara o llamara la atención. Ellos me veían como una competencia.

Durante toda mi juventud, jamás me percaté de ser una persona con pensamiento divergente; capaz de desarrollar muchos talentos a la vez.

Ni siquiera mis más cercanos supieron en «dónde colocarme». En mi historia de vida, tuve que abrirme camino por mí mismo; en un mundo plagado de «etiquetas», envidias y rivalidades.

Las supe identificar, para después adaptarme a ellas y conseguir mis objetivos. Dado lo anterior, nunca fui un «asistencialista». Me refiero a esa persona que «pide favores» todo el tiempo, o que depende de otra para conseguir sus metas. Cuando digo que voy a hacer algo, es porque primeramente me siento capaz de hacerlo solo. Desde pequeño y con esa actitud tan tozuda, me hubiese sido imposible perseverar si no hubiese puesto foco, compromiso y coherencia en mis anhelos.

Si ya pude escribir un primer libro, con 372 páginas sobre mi vida y dentro del plazo autoimpuesto de menos de un año, eso no demuestra otra cosa que foco. El mismo que ahora puedo exhibir mientras escribo *B2U*. Con un claro compromiso de terminar lo que empecé.

Si tú eres de esas personas que dicen estar siempre distraídas y tienen problemas para concentrarse en sus actividades, te puedo decir que tu inteligencia cognoscitiva y emocional no tiene nada que ver con la causa. Podría argumentar que tu problema tiene que ver con el ambiente en el que te desenvuelves y con tu capacidad de organización.

Para sentirte al mismo nivel de los demás, mi sugerencia es demostrar foco para generar acción; coherencia para generar reputación y compromiso para perseverar. Es así como superas a todo el resto y te pones a la altura de aquellos que generan cambios importantes en el mundo. Tu alto o bajo C. I., es completamente irrelevante en todo esto.

Si alguna vez viste la película «*Forrest Gump*», te podrás dar cuenta de que una de las principales lecciones de la historia es que «la vida es como una caja de bombones». Nunca sabes qué bombón te tocará. Pero sin importar cuál te toque, hasta un «tonto» de bajo C. I. como *Forrest*, te demuestra que con foco, coherencia y compromiso se llega muy lejos.

Cuestión de coherencia y compromiso

He escuchado a algunos chilenos decirme literalmente y hasta con garabatos: «El 90 % de la gente en Chile es como las huevas, pues no cumple lo que promete». Intuyo que en otros lugares de Latinoamérica, se escuchan expresiones similares y tan fuertes como esa. Opiniones que para mi gusto, resultan descabelladas e irrespetuosas.

No obstante y sin tener datos estadísticos a la mano, podría decir que el 90 % de las personas en el mundo no muestran coherencia en sus actos y decisiones. El 10 % restante (y en el cual me quiero incluir) simplemente «tratamos de generarla». Ello pues a pesar de nuestros esfuerzos, contadas veces nos equivocamos y cometemos errores.

¿Te han cancelado una reunión de negocios? ¿Te han pospuesto una entrevista laboral a última hora? ¿Te han dicho que «sí» a algo, para luego decirte que «no» repentinamente? Situaciones como estas, se repiten múltiples veces y en todos los aspectos de nuestras vidas.

Constantemente lo repito en mis conferencias: me desagrada mucho la palabra «URGENTE». Más aún si viene de la boca de un directivo. Inaceptable, cuando viene incluida en el asunto de un e-mail corporativo.

En contadas ocasiones, me he parado enfrente de un séquito de gerentes de emblemáticas empresas para lanzarles la siguiente pregunta:

—¿Ustedes son gerentes, no es así?

Por lo general, los directivos se miran unos a otros, para luego asentir con sus cabezas. Efectivamente lo son, sin duda alguna. Sin embargo, comienzo a percibir confusión cuando les dirijo la siguiente pregunta.

—Entonces, todos ustedes se podrían definir como personas estratégicas, ¿no es así?

Los asistentes nuevamente se miran entre ellos. Algunos ríen, pues creen que se trata de una más de mis «tretas escondidas»; esas que utilizo a menudo en mis dinámicas de equipo. Se toman más tiempo en responder, pero al final todos me dicen que sí. Algunos de ellos a viva voz; otros, nuevamente asintiendo con la cabeza.

Luego lanzo mi tercera pregunta:

—¿Quién de ustedes ha puesto la palabra «URGENTE» en un e-mail corporativo? Por favor, que levante la mano.

Es entonces cuando la gran mayoría de ellos levanta su mano; reconociendo que ya lo han hecho y quizás en más de una ocasión.

Hay tres o cuatro que ya me conocen y que se llevan la palma de su mano a la frente. Intuyen lo que voy a contestar.

—Entonces para mi gusto, ninguno de ustedes es un gerente. Y si los estuviera entrevistando para un puesto de tal magnitud, tendría que descartarlos por incoherentes.

Es al desafiarlos, cuando algunos de ellos se ríen; otros sin embargo, se enojan pues se sienten un poco heridos en su ego. No obstante, cuando les explico a lo que voy con ese interrogatorio, entienden a qué me refiero y su ánimo se suaviza.

No hay casi nadie que yo conozca, que no haya querido ser gerente alguna vez. Pocos lo logran y muchos jamás. Yo también lo deseé cuando era más joven y afortunadamente pude lograrlo. Pero lo hice partiendo desde abajo y siendo un «don nadie» en un país extranjero.

En Chile específicamente y más que nunca, muchos dicen llamarse gerentes, CEO's, directores o «mandamases»; cuando en realidad no lo son o no entienden la esencia del puesto.

Y es que al decirnos estratégicos, aseguramos encontrarnos al menos una docena de pasos más adelante que nuestros colaboradores. Tenemos la certeza de saber hacia dónde queremos ir.

Es como si nos encontráramos en la punta del mástil de un barco perdido en altamar. Ayudados por un catalejo, para encontrar tierra firme y salvar a nuestros tripulantes de su perdición.

Nuestra certeza, no solo sirve para dirigir el camino. También debe servirnos para anticipar los riesgos y obstáculos que puedan aparecer.

Sin generalizar, existe un alto número de directivos que estando al tope del mástil de sus empresas, tiene el descaro de pedirle a sus «subalternos» que miren y avisen cuando una «catástrofe» se acerca.

—Se avecina un iceberg —dicen los de abajo.

—Ya lo sé. Continúen —contesta el directivo.

—¡El iceberg está muy cerca, se nos aproxima! —advierten los de abajo.

—¡Dije que ya lo sé! Sigan adelante —dice el directivo, molesto.

—¡Chocamos con el iceberg! ¡Sálvese quien pueda! —gritan sus subalternos, mientras toman sus pertenencias desesperadamente.

—¡Por la cresta! ¡¿Por qué nadie me avisó?! ¡¿Cómo pueden ser tan irresponsables?! —grita el directivo, reprendiendo a sus colaboradores.

Extrapolando esta analogía con la realidad, nos damos cuenta de que situaciones similares se repiten todo el tiempo. Cambiemos ese iceberg por uno de nuestros grandes clientes. «Chocamos» con ellos porque no los vemos y si tenemos peor suerte, perdemos nuestros «barcos» para siempre.

Eso que llaman «alta dirección», me lo tomo con un grano de sal. No me cabe duda que muchos gerentes son capaces de escalar su nivel de conocimiento, hasta las altas alturas de los procesos y las metodologías.

Ya está demostrado que los sistemas no sirven de mucho, si es que somos negligentes con aquello que es básico y no tan obvio: nuestra coherencia. La gran mayoría la da por sentada y después se queja de la «pésima atención a clientes»; algo que actualmente se expande como una enfermedad. Sin entender todavía que sus síntomas decantan desde la altura de lo estratégico, hasta las venas de lo operativo.

Así vemos como más de algún gerente, ni siquiera sabe manejar un calendario correctamente; acostumbra a ser impuntual o no tiene idea de cómo administrar su tiempo. Aquel que es menos aventajado, todavía no aprende a contestar el teléfono o un e-mail correctamente.

Podría decir que un porcentaje menor de estos directivos se escuda siendo «breve y autoritario» en sus mensajes. Y lo que realmente sucede es que nunca en sus vidas lograron aprender a escribir correctamente. Temen exponer sus debilidades en el uso de la ortografía y gramática. Suenan secos y planos, y en peor medida, déspotas o despreocupados. Esto lo maquillan como «habilidad directiva» y hasta se enseña en sus empresas.

Otros simplemente «se han quemado» con sus clientes; arruinando su reputación. ¿Así esperan que sus subalternos les crean y se motiven?

Las oportunidades de prosperar en la vida y en los negocios no se pierden por adaptar tal o cual metodología; se pierden porque no tomamos en cuenta el buen hábito de mostrar coherencia. Esa misma coherencia que depende y se interrelaciona con dos cosas fundamentales: nuestro foco y compromiso en aquellas cosas que nos gusta realmente hacer.

Si no eres capaz de disfrutar tu trabajo, dificulto que puedas ser realmente bueno en él. Y no me refiero a «sobrevivir» en un cargo, sino que a sobresalir en él.

Sonará duro lo que te voy a decir, pero hoy no es necesario confiar en nadie. Si basas tu trabajo y tu vida en aquello que llaman confianza, entonces créeme que es muy probable que te desilusiones, sufras o lo pases realmente mal.

La lealtad, tan significativa y trascendental, quizás la encuentres con suerte al interior de tu familia. Si te cuesta creerlo, pregúntale a tu mejor amigo si «te seguiría hasta la muerte». Sin duda va a titubear encogiéndose de hombros o te sonreirá nerviosamente, para luego deshacerse en explicaciones. En pocas palabras, te dirá que lo siente mucho, pero «no».

Hoy en día, es muy difícil encontrar confianza; mucho menos lealtad. Tan solo confórmate con obtener un mínimo de coherencia. En pocas palabras, que alguien cumpla con aquello que promete.

Me resulta cómico cuando algunos directivos mencionan que «alguien no da el ancho» en aquello que hace.

¿De verdad esperan que alguien pueda dar el ancho? Por mi parte, solo espero que «me den el corto»: una base de coherencia.

Cada vez que reviso los resúmenes profesionales de diferentes *currículums*, suelo detenerme en frases trilladas. Esas que ya se agotaron para la justificación de «habilidades directivas». Muchos dicen ser responsables; ordenados; líderes en el hacer; con visión estratégica; con orientación a clientes; proactivos; meticulosos; carismáticos; etc.

Muy bien... Pero todas esas cosas son esperables y obvias en cualquier cargo directivo; ¿o no? Tanto así que ni siquiera tendríamos por qué mencionarlas. Sinceramente, preferiría que en vez de ofrecer lindas o sofisticadas palabras, habláramos con nuestras acciones.

Hoy en día ya sabemos que «el papel da para mucho». ¿Cuál es entonces tu genuina ventaja diferenciadora?

Para manejarse en «un alto nivel», el primer paso es vencer el miedo a enfrentarse a las barreras idiosincráticas que pululan en la sociedad.

Puedes derribar el arribismo cuando muestras autenticidad. Marcas tu presencia, cuando te das cuenta de que en el factor biológico humano, eres exactamente igual a cualquiera; no importando cuán «importante» sea o parezca. Sin embargo, dar este primer paso no es suficiente, pues solo abre las puertas de una favorable percepción inicial.

Si quieres sostener esa gran percepción de tu persona en el tiempo, el mínimo requerido es ser coherente y cumplir con lo que dices que vas a hacer. Y la piedra base de esa coherencia, está en la exquisita capacidad para organizar tu tiempo.

La «falta de tiempo» es y ha sido la excusa por excelencia para justificar la incoherencia. Y para salir de ese embrollo, sugiero que seas categórico e implacable. Si eres coherente, entonces no tienes por qué perder tu tiempo por el solo hecho de que otra persona no sepa manejar el suyo. No tienes por qué pagar por la incoherencia de otro.

Cuando somos coherentes, ya podemos entrar en terreno fértil para generar nuestro «propio nivel». Y sobre dicho nivel construimos integridad, civilidad, actitud, disciplina y finalmente, una ética genuina de trabajo que nos caracteriza y distingue.

Una sustancia profesional que en adelante, hará que los demás no solo te reconozcan, sino que se esmeren para poder «estar a tu misma altura».

7
La voz de una deidad

"Cuando hables, procura que tus palabras sean mejores que el silencio."

—Proverbio Indio

NO HAY PRIMERA IMPRESIÓN positiva que sobreviva a un pobre uso de nuestro Lenguaje Verbal. Puedes mostrarte ante mí y ante muchos otros con un aspecto triunfal. Pero si tu tono de voz es aburrido (o «de pito») y tus frases son poco moduladas o con muletillas, tu supuesta influencia se desvanecerá en una mala broma.

¿Qué es aquello que algunos hacen tan bien para captar la atención en el teléfono o al presentar un proyecto en una videoconferencia? ¿Cuál es aquel ingrediente que nos otorga una notoria ventaja en una negociación?

Si no tenemos una voz adecuada, es imposible proyectar una primera buena impresión, menos aún, cuando no estamos presentes físicamente y los demás tan solo pueden oírnos.

La voz es una herramienta fundamental para las comunicaciones; más lo es todavía, cuando la utilizamos en alianza con el movimiento de nuestro cuerpo. Es uno de los proyectores físicos más importantes de nuestro *B2U*. Representa el Marketing Personal a oídos del mundo.

Muchas personas no pueden demostrar su mejor habla, cuando la tienen plagada de malos hábitos. No debe extrañarnos que un gran porcentual de individuos no tome en cuenta su Lenguaje Verbal. Unos pocos, quizás nunca en su vida podrán desarrollar su potencial. Es triste.

Es crucial encontrar y practicar tu mejor habla, si es que quieres convertirte en un excelente orador, comunicador o negociador.

Una voz convincente no solo es necesaria en un escenario. He conversado «uno a uno» con contadas personas que han salido de esos famosos y baratos «cursos para hablar en público». Escuchándolos me he llevado una desafortunada sorpresa. Y es que una voz buena y controlada, debe permitir tu mejor relación con las personas, sin importar su número.

«Quien mucho abarca, poco aprieta», nos señala aquel conocido refrán. Puedes dirigirte a una o a cien mil personas; lo importante es lograr un buen resultado, con al menos las primeras cinco que estén frente a ti.

La voz refleja nuestra personalidad con un lenguaje propio y natural; algo que destaca nuestra esencia y autenticidad (y cada uno tiene la suya). Al involucrarla con nuestra cordialidad, prestancia y seguridad, nos puede ayudar a conseguir ascensos, concretar «ventas», ganarnos el respeto de los demás y de paso, mejorar notoriamente nuestro *networking*.

Me imagino que mucha gente habrá escuchado todo esto en más de una ocasión y no es nada nuevo. Personalmente, me aburre. Sin embargo, hay algo que pocos «especialistas» reconocen. Una voz bien entrenada también puede ser utilizada como una herramienta de comando, elemento de presión, arma de sometimiento e incluso como una trampa de manipulación psicológica.

No me refiero a esos tonos de voz planos, ásperos o poco amigables, los que obviamente producen rechazo y apatía; esas voces que ahuyentan a quienes tratan contigo. Quienes hacen eso, son simplemente unos tarados.

Hablo de ciertas técnicas bastante exclusivas que permiten comunicar de manera aparentemente positiva y hasta simpática, con el solo objeto de «instalar un comando» en la mente de quienes te escuchan; generando obediencia y hasta sumisión. Aquellas técnicas que yo llamo cómicamente como «las del Libro Negro»; artes ocultas; *neurocoaching* experimental.

Encontrándome en Norteamérica, no fui parte, pero sí objeto de «extraños entrenamientos vanguardistas» con ciertos mentores. Dichos programas existen y son de poca demanda. Su costo dejaría a cualquier «entrenamiento» o «*coaching*» como una ganga. Solo están disponibles para aquellas empresas que tengan el dinero suficiente para generar verdaderos «hombres de negro»; que representen y negocien sus intereses.

En Chile, todavía no sé de ninguna empresa que se haya atrevido a invertir tales cantidades en tales programas. «No existen». Por lo pronto, se remiten a subcontratar a tipos como yo para que hagan «un trabajo».

He sido testigo de cómo algunos que deciden acompañarme en una negociación, «terminan sin ropa». Ya sea porque se mueren de miedo; ya sea porque se atarantan. Así también, he tenido que corregir a ciertos políticos renombrados, que antes parecían verdaderos niños con déficit atencional frente a las cámaras.

Dado lo anterior, no te voy a hacer perder el tiempo leyendo las típicas tonteras que cualquier persona con dos dedos de frente puede copiar desde el Internet, ver en *YouTube* o leer en un manual. Leer y mirar es barato; practicar es caro.

De un infinito espectro de cosas que se puede aprender, me propongo mostrarte solo aquello que puedas utilizar hoy mismo. No me importa si lo consideras bueno o malo; positivo o siniestro. Tienes todo el derecho de sacar tus propias conclusiones.

En ese sentido, te propongo como desafío aprender a identificar y reconocer tus propios malos hábitos al hablar. Ese será el primer paso para poder deshacerte de ellos y mejorar notoriamente tu Marketing Personal.

Lo más probable es que con las sugerencias que te otorgue a continuación, puedas en una primera instancia desarrollar ese tipo de voz que produce una reacción positiva. Potenciando tu autenticidad y proyectando tus principales cualidades. Para las siguientes instancias, se necesita práctica o programas experienciales como los que yo realizo.

En lo particular, me encanta rescatar los cinco elementos de una voz poderosa, enunciados por *Conor Neill*. Un destacado especialista, escritor y catedrático irlandés, que realiza emblemáticos cursos de oratoria en la *Escuela de Negocios del IESE* en Barcelona, España. *Conor*, es un gran mentor y motivador de personas; quien no solo es capaz de expresarse con distinción y elegancia en su idioma nativo, sino que también en el español.

Con la intención de que los recuerdes fácilmente, he sintetizado y «traducido» estos cinco elementos, con la sigla: «*PARIS*». Ellos son:

1. La **P**ausa
2. La **A**rticulación
3. La **R**espiración
4. Las **I**nflexiones
5. La **S**onoridad (Resonancia)

La pausa

Día a día, escucho como mucha gente habla más «a la carrera»; apurada y hasta atarantada. Algunos perciben que podrían «sonar» más inteligentes o «expertos» al decir las cosas rápidamente. Conductores de noticias se atarantan; presidentes tartamudean en un podio.

Por otro lado y contra toda expectativa, he podido escuchar a charlatanes e incluso delincuentes vociferando declaraciones tan bien elaboradas, que causan el mayor impacto en las personas y los medios.

Lo que marca la diferencia en esos dos extremos, es esa inigualable sensación de tranquilidad y seguridad que se proyecta a través del uso de las pausas en el lenguaje verbal.

No puedo cambiar el hecho de que hables muy rápido o muy lento. Tu velocidad y ritmo, tiene que ver con tu costumbre y con tu rutina de vida. Como somos seres que imitamos, la velocidad también se determina por la gente con la que interactúes en tu entorno. Sin embargo, es un buen hábito evitar hablar muy despacio o muy rápido, ya que esto puede afectar tu articulación, limitar tus inflexiones y alterar el timbre de tu voz.

Una persona que habla muy rápido, hace que su información «se vierta» de manera apresurada; por lo que es muy común que sus oyentes se frustren y «se desconecten».

Un buen ejemplo es lo que ocurre cuando uno habla con personas de mayor edad. El caso más típico, es cuando un papá le dice a su hijo: «¿Podrías repetir lo que dijiste? ¡No te entendí nada!».

Asimismo, una persona que habla muy lento, puede no percatarse de que a su audiencia le es tedioso (o incluso lastimoso) prestarle atención.

Todo lo anterior sucede porque en realidad pensamos a una velocidad mucho mayor de la que hablamos. El escuchar frases demasiado lentas nos distrae. Y cuando las escuchamos más rápido de lo que podemos absorberlas en nuestras mentes, nos sentimos abrumados por la cantidad de información. Sea uno u otro el caso, los argumentos nos resultan incompresibles, aburridos o sin brillo.

Si se utilizan de una manera adecuada, nuestras pausas en el hablar provocan «una magia especial instantánea» en quienes nos escuchan.

Cuando las ocupamos para expresar nuestros argumentos, la gente percibe que los estamos pensando racional y sensatamente. Es como si cada una de nuestras palabras quedara «enchapada en algún metal». Son imborrables; estamos hablando muy en serio.

Cuando hablamos en serio, nuestras frases causan un interés. Y ese mismo interés, permite que las personas «tengan hambre» por saber lo que vamos que decir a continuación.

Es allí cuando podemos utilizar una pausa más larga para generar no solo interés sino también expectación. Pero si la pausa es demasiado larga, generamos agonía. Por lo mismo, una larga pausa puede ser utilizada como un elemento de presión en las conversaciones y mucho más en las negociaciones. No decir nada por un buen rato «puede decir más» que mil explicaciones (o mil excusas).

Daré un ejemplo clásico, pero esta vez en lo que respecta a las relaciones sentimentales y no a los negocios.

Cuando yo era más joven, una mujer me interesó lo suficiente como para que fuese mi pareja. Lógicamente, la invité a pasar una velada en un muy buen *restaurant*, para tratar de concretar una relación.

Me conozco bien. Siempre he sido una persona que prefiere no hablar de temas triviales y busco lo mismo de aquella persona que me esté acompañando. A esta mujer ya la había observado en otras ocasiones, compartiendo la mesa con «amigos» hombres, que no hacían otra cosa que hablarle hasta el cansancio.

Ella se reía mucho con ellos, conversando de temas que por lo general me resultaban irrelevantes. Por lo mismo, sus sentimientos hacia esos amigos no eran más que de simpatía o a lo más un profundo cariño; algo completamente respetable. Era claro que de salir con ella, la posibilidad de terminar tan solo como un amigo debía ser descartada desde el comienzo.

Finalmente, llegó ese día tan esperado para nuestra cita. Estando ya en la mesa de aquel *restaurant*, ella no hacía más que hablarme y hablarme, como si estuviese desesperada de que se le acabaran los temas.

Yo por mi parte la escuchaba atentamente, mirándola a los ojos y riéndome; pero solo cuando algo que ella dijese genuinamente me causara gracia. Era realmente fácil seguir su conversación. Solo tenía que escuchar y parafrasear sus argumentos para que inmediatamente ella me diese más detalles de sus historias y anécdotas.

Terminé mi plato y me fijé que el de ella todavía estaba sin terminar. Había hablado tanto rato, que se había olvidado de comer.

Fue en ese momento cuando sin todavía entender el poder de las pausas, realicé esa gran intervención que me permitió «cerrar el trato».

—Tu comida se está enfriando —le dije con una sonrisa confianzuda.

—¡Bah! —exclamó ella, con un gesto de sorpresa—. Tienes razón. No me di ni cuenta de que tenía el plato servido. ¿Por qué no me cuentas algo interesante sobre ti mientras avanzo con mi plato?

En dicha época, ese tipo de preguntas me colocaba en una verdadera encrucijada. No me agradaba que me pidieran hablar; me incomodaba. Prefería que las conversaciones fluyeran.

—¿A ver? Voy a pensarlo —le contesto entre risas—. Déjame primero observar cómo comes tu comida, para ver si mi inspiro.

Ella me queda mirando asombrada. Probablemente porque le di una respuesta bastante avasalladora. Su boca por poco deja de masticar.

—¡Ay, no seas tan pesado! —me contesta muy simpática—. Ahora no voy a poder concentrarme, porque me vas a estar mirando todo el tiempo.

En ese preciso momento, se produjo una larga pausa en nuestra conversación. Nos quedamos mirándonos fijamente; manteniendo una sonrisa fluida y natural.

Los segundos en ese tipo de pausas, parecen interminables. Con el paso de ellos, la sonrisa de mi invitada comenzó a esfumarse y sus ojos comenzaron a demostrar preocupación. Sus mejillas se pusieron rojas.

Generalmente y en situaciones como las que describo, las personas en Chile dicen algo así como: «Pasó un angelito por aquí». Un relleno verbal, para explicar o disuadir un largo silencio de manera simpática y cordial. Eso no ocurrió en este caso, sino que todo lo contrario. Yo continué mirándola fijamente unos segundos más; los suficientes como para que ella se sintiera presionada (o coqueteada). Luego retomé la conversación:

—Es una pausa —le anuncio, manteniendo mi sonrisa—. No me suele ocurrir esto en una conversación. Por alguna razón que no puedo describir, me siento muy cómodo compartiendo esta pausa contigo. Como en casa.

Eso último que le dije, bastó para demostrar mi interés. Fue ella quien ahora se adueñó de la pausa de la conversación. Se quedó en silencio.

Las cosas podrían salir muy bien o muy mal. Si yo no le interesaba, ella diría algo estúpido para salir del paso. En caso contrario, volvería a sonreír para demostrar que se sentía cómoda conmigo. Y así lo hizo.

Esa misma noche y tan solo en una primera salida, concreté más que muchos de sus pretendientes en semanas de coqueteo. Tiempo más tarde, ella me confesó que nunca nadie le había producido una atracción tan inmediata. Me dijo que «esa pausa» fue la que terminó por embrujarla.

Si has de considerarte un(a) excelente orador(a), entonces conllevas la siguiente cualidad: no tienes miedo del silencio. Un poco de silencio puede ser tu mejor amigo en un sinnúmero de situaciones.

De encontrarte nervioso(a), tienes todo el derecho de hacer una pausa. Un tiempo necesario para reunir y conjugar bien tus pensamientos, o bien permitir que la angustia se disipe. Si manejas bien tu lenguaje corporal, el silencio no hará otra cosa que proyectar seguridad y completo control frente a cualquiera que te escuche.

La pausa nos ayuda también a crear «anticipación» para lo siguiente que vamos a decir. Dicha anticipación permite que las personas retomen y reenfoquen su atención en tus palabras.

Da lo mismo el país en el que te encuentres. Es un hecho de la vida el que casi todas las personas tienen miedo al silencio. Por ello intentan combatirlo con muletillas vocales como «eeh» y «aah». En el caso de Chile: «o sea», «¿cachay?», «¿me *entendís*?», «digamos», «¿cierto?», etc.

Te sugiero que en vez de usar esas muletillas, generes el hábito de llenar esos silencios con «la pausa en sí misma». Es decir, reconocer y aceptar el silencio. ¡Disfrútalo!

El silencio nos permite atraer a nuestra audiencia en un nivel casi subconsciente. Si no dices nada por un momento, las personas se preguntarán «qué pasa». Es ahí cuando las puedes «enganchar» con lo siguiente que vas a decir. Solo ten en cuenta que si tu velocidad es muy rápida o muy lenta, en vez de «engancharlas», las podrías perder.

Es importante hablar con tiempo y no contra el tiempo. Si de velocidad se trata, puedes lograr hablar eficaz y eficientemente. Esto, si te ubicas en un intervalo de entre 120 y 150 palabras por minuto. Es un umbral óptimo. Nos permite evitar los tonos aburridos; manteniendo la calma suficiente para que se te entienda. Si escapas de dicho rango, estarás en problemas.

Te recomiendo hacer un ejercicio rápido. Si tienes un escrito, discurso o artículo a la mano, intenta leerlo en voz alta para identificar si tu velocidad se encuentra dentro del umbral adecuado. Luego, dependiendo de su contenido, ensaya cambios de ritmo con el uso de pausas, para insertar emotividad o sentido a tus argumentos.

Pronto te darás cuenta de cómo ese simple e influyente poder que tiene la pausa. Nos otorga gratuitamente grandes beneficios, en cualquier tipo de interacción. La pausa es clave. Tan sencilla, que cualquier persona puede llegar a dominarla con distinción.

La articulación

El olvidarnos de la pausa, la mayoría de las veces trae como consecuencia el balbucear las palabras. Digo la mayoría de las veces, pues existen personas que independiente de su velocidad al hablar, ya tienen el hábito de pronunciar mal. Es algo que en principio tiene que ver con el contexto social en el que nos desarrollamos: el Colegio, los amigos, el barrio, la familia y también el vocabulario.

La articulación dice relación con la clara pronunciación y enunciación de las palabras. Incide directamente en la calidad de los sonidos que emitimos al dirigirnos a otros.

Una pésima articulación, no solo puede descolocar a una audiencia; también puede cansarla. Es tan notoria que en contextos públicos, profesionales o de negocios, nos puede bajar varios peldaños desde ese «mismo nivel» en que queremos estar. Lo que digamos sonará dudoso.

Sea cual sea el idioma que estés ocupando, este se te debe entender claramente. Esto es más imperativo si es que te encuentras en una situación en la que se necesita hablar articuladamente.

No puedo pretender que en una celebración, te tomes un par de tragos con tus amigos y mantengas tu articulación ¿no es cierto? Todo depende del contexto. Pero eso no es excusa para olvidar mantener buenos hábitos en el hablar. Analógicamente, la articulación se parece a un traje que «uno se pone y se saca», dependiendo de la situación o de las circunstancias.

Para lograr una articulación adecuada, los sonidos que emites al hablar deben estar bien sustentados en tu respiración (más adelante hablaremos de ella). Dichos sonidos deben también ser completos, en el sentido de formarse correctamente; desde su inicio hasta el final.

Existen muchísimos ejercicios para mejorar la articulación. Sin embargo, enumerarlos y clasificarlos a cada uno, restaría foco a nuestra práctica constante. Por ello, prefiero ir al grano inmediatamente con un ejercicio clave, que puede servir para generar cambios fáciles e inmediatos.

La gran mayoría de las personas cree que los labios, la mandíbula y la lengua, trabajan coordinada y simultáneamente al hablar. Esto no es así. Física y mecánicamente, se les puede trabajar de manera independiente.

Coloca las palmas de tus manos en ambos lados de tu cara; cubriendo tu mentón. Luego, intenta decir todas las vocales sin mover en absoluto tu mandíbula.

Si pido que cubras tu mandíbula con ambas manos, es para que te des cuenta de si estás moviéndola de alguna manera cuando intentas decir: «a», «e», «i», «o», «u».

Figura 17: Ponerse las dos manos en el mentón, es una buena forma de detectar si es que estamos moviendo la mandíbula, al ejercitar la articulación vocal.

No existe ningún impedimento físico para que tan solo sean tus labios los que se muevan al hacerlo. ¿Difícil? Claro que lo es, y se debe a la costumbre de creer que no se puede. Inténtalo y practícalo varias veces hasta que lo logres. Con eso, ya somos capaces de desconectar nuestros labios de la mandíbula y la lengua.

Ahora desconectemos la lengua de los labios y la mandíbula. Pone las palmas de tus manos nuevamente a cada costado de tu mandíbula y pronunciemos lo que se conoce como «sílabas dentadas».

Abre tus labios relajadamente y tratando de no moverlos, di lo siguiente: «a-na-na-na-na», «a-ta-ta-ta-ta-ta». Estás pronunciando sílabas dentadas, puesto que las «enes» y las «tés» solo dependen del choque de tu lengua con la parte trasera de tus dientes (específicamente tus paletas).

Ahora que comprobamos que tanto la lengua como los labios y la mandíbula actúan de manera separada, podemos enfocarnos en el motor principal de la articulación: la mandíbula.

Intenta ahora abrir la boca lo más que puedas. Ello implica un trabajo físico que depende en un 80 % de la apertura de tu mandíbula, seguida por un 20 % de esfuerzo por parte de tus labios. A menos que seas un «genio de las caras» como ese célebre actor llamado *Jim Carrey*, es muy poco probable que puedas abrir tu mandíbula en su máximo ángulo, sin que tus labios no tengan que abrirse también. En ese sentido, podríamos decir que «los labios siguen a la mandíbula».

La mandíbula desempeña un papel fundamental en lo que respecta a nuestra capacidad de articular adecuadamente. Por otra parte, ayuda a que hablemos con una voz más grave. Si te empeñas en abrir la boca un poco más que de costumbre, notarás de inmediato una gran diferencia.

Lo paradójico es que no todo el mundo entiende este *tip* o dato clave. Incluso a muchos que lo entendemos, se nos olvida. Especialmente, cuando nos disminuye o perdemos el control sobre nuestros músculos. Esto nos pasa cuando estamos cansados, tensos o estresados. También cuando nuestro organismo se encuentra con «algunas copitas de más».

No todos pueden «abrir la boca igual que los demás»; ergo, no articulamos de la misma manera. El cómo lo hacemos, depende de nuestra particular configuración maxilofacial.

Por ejemplo, aquellas personas cuyos dientes tienen un tamaño proporcional al de sus labios y cuyos maxilares superiores e inferiores se encuentren alineados, son las que menos anomalías tienen para articular.

No obstante, existen otras que sí requieren hacer un mayor esfuerzo. Esto ocurre por ejemplo, con la gente que tiene lo que se conoce como «submordida». Esta se produce cuando su mandíbula inferior sobresale o se proyecta hacia adelante. Los dientes inferiores se superponen al maxilar y a los dientes superiores. Ello produce disonancias en la articulación. La más típica de todas, ocurre cuando las «eses» suenan como «zetas». Cuando este problema sucede al revés, hablamos de «sobremordida».

Otra desarmonía que es bastante notoria, ocurre cuando los dientes superiores de una persona son tan grandes que obstaculizan su voz. Esta se escucha como si la boca estuviese tapada; como si se estuviese «hablando entre dientes». Esto último es más problemático, ya que la gente percibe que uno miente o se queja; cuando realmente no es así.

Independiente de cuál sea nuestra configuración física para articular, la sugerencia es «siempre esforzarnos por abrir más la boca mientras hablamos». Lo ideal es que la distancia entre el labio inferior y superior, sea de entre uno y dos dedos de ancho. Con ello templamos la mandíbula.

Un ejercicio que te ayudará a practicar esta sugerencia, es colocar tu dedo índice frente a tu boca, mientras realizas un discurso mirándote en un espejo. Si tu boca se mantiene abierta con al menos un dedo de distancia, notarás una dramática diferencia en tu articulación.

En mi caso, necesité práctica y tiempo para acostumbrarme; hasta que finalmente logré articular con dos dedos de distancia (el dedo índice y el del medio juntos). Y sin sonar «siútico», raro o extremadamente ridículo.

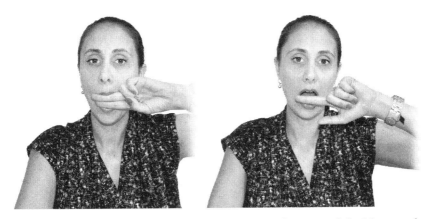

Figura 18: A la izquierda, se muestra el diámetro máximo de apertura de los labios con dos dedos de distancia. A la derecha, se muestra el sugerido: de un solo dedo de diámetro.

Si tus labios ya logran tener una buena distancia, es hora de aflojarlos. Debes lograr que su movimiento sea coordinado, flexible y natural.

Luego, debes procurar que tu lengua «esté en su sitio» y que no obstruya tus palabras. A diferencia de la mandíbula y los labios, la lengua es más inconsciente. Muchas veces se mueve y sin que se lo ordenemos. Debemos lograr que ella actúe en equilibrio con sus demás aliadas.

Tu boca entera ha de «envolver» tus palabras; como si fuesen un exquisito bocado. Sus partes y músculos, deben entrenarse y ejercitarse. Tal como lo haría un atleta o un deportista antes de competir.

Y para ser buenos en cualquier deporte, jamás podemos permitirnos «perder el aliento». Debemos aprender a respirar correctamente.

La respiración

«Sin respiración no puede existir voz». Esta declaración es simple y categórica. Para producir una buena voz, es necesario contar con una respiración profunda y controlada. Ella se sustenta en una «bocanada» de aire; cuya intensidad y estabilidad, determinan tu timbre vocal.

Gran parte de las personas respira de una mala manera. Hinchan el tórax, en vez de expandir el estómago. Quizás por mala costumbre; quizás porque les preocupa su apariencia física. ¿Engordo cuando respiro?

Los hombres, queremos pensar que tenemos ese «*six-pack* abdominal de ensueño». Las mujeres por su parte, quieren sentir que tienen una «cinturita plana y bien formada».

Independiente del género, muchos tienden a «hundir el estómago», para tratar de pasar inadvertidos respecto a su figura.

Permíteme entonces descartar ese mito. Respirar de una manera adecuada, en nada afecta a tu figura. Al menos no a simple vista. La respiración no solo incide en tu timbre de voz, sino que en todo lo demás.

Es típico observar a personas a las que se les «escapa el aire» que queda de reserva, cuando terminan con una frase. Al no haber tomado una pausa para inspirar, no tienen más remedio que apurar el ritmo de sus palabras. Eso merma sus pausas y su articulación. Pero es mucho más grave todavía, cuando los ves echar por tierra su calma y seguridad; al arruinar sus inflexiones y volumen por no respirar bien. Es tan notorio, que incluso algunos que se dan cuenta de ello, se desesperan tanto que comienzan a tartamudear o a subir sus tonos.

Respirar de forma incorrecta es la principal causa de que el volumen de nuestra voz sea deficiente. La mejor prueba de aquello está en la creciente costumbre de utilizar micrófonos (tanto manuales como los de solapa o «*lavaliers*») para hablar en público; cuando no es realmente necesario.

Si yo necesitara un micrófono para dirigirme a un salón con menos de cincuenta personas, quiere decir que no estoy bien entrenado en oratoria.

He realizado presentaciones con decenas a hasta miles de asistentes. En todas ellas, la distancia y la acústica definen si uso un micrófono o no.

No obstante, hay algo que jamás olvido: estar consciente de mi respiración diafragmática; no solo para hablar de la manera correcta, sino que para estar absolutamente relajado y en completo balance corporal. ¿De qué se trata esto de la respiración diafragmática y cómo funciona?

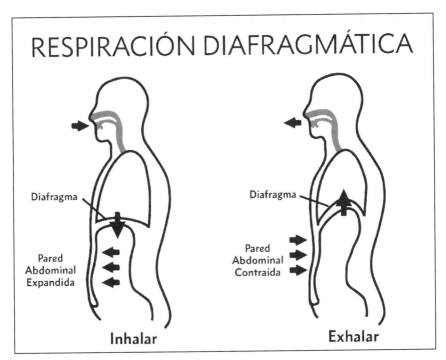

RESPIRACIÓN DIAFRAGMÁTICA

Diafragma

Pared
Abdominal
Expandida

Inhalar

Diafragma

Pared
Abdominal
Contraida

Exhalar

Figura 19: Ilustración de una correcta respiración diafragmática. Al inhalar, diafragma se fuerza hacia abajo, permitiendo que el aire pase por la tráquea y expandiendo la pared abdominal hacia afuera. Al exhalar, el diafragma se relaja y producto de ello, la pared abdominal se contrae, hasta llegar a su posición normal.

El diafragma es un músculo alargado que separa la cavidad torácica de la abdominal. Este se sitúa justo debajo de los pulmones y es el verdadero responsable de nuestra respiración. Si no lo tuviésemos, sin duda moriríamos asfixiados. Por lo demás, el diafragma es el que controla el flujo de aire a medida que sube hasta nuestros órganos vocales.

Al inhalar, la pared abdominal se expande y entonces, el diafragma con «forma de cúpula o campana» se aplana. Cuando exhalas, el diafragma se relaja y la pared abdominal se contrae. El diafragma en relajación se alza, empujando el aire fuera de los pulmones. Y es ese aire que exhalamos el que permite la producción controlada de nuestros sonidos al hablar.

A medida que el aire es expulsado hacia arriba, las cuerdas vocales se separan momentáneamente, permitiendo que el aire circule entre ellas.

El flujo de aire y la elasticidad de las cuerdas vocales, posibilitan que estas vuelvan a cerrarse. Todo esto produce vibraciones en las mismas; lo que se conoce técnicamente con el nombre de «fonación».

¿Has escuchado ese cómico sonido del orificio de un globo cuando lo desinflas? Nuestro sonido vocal se produce de manera muy similar.

La presión interna del aire sube por tu garganta, boca y la nariz. Esto produce un cambio en la densidad del aire externo (fuera de tu cuerpo). Estos cambios de presión generan ondas sonoras, que se transmiten y propagan hasta llegar a los oídos de quien te escucha.

A menos que tengamos un talento innato o hayamos sido entrenados en locución, canto y deportes, es muy probable que respiremos pésimamente; y sin siquiera percatarnos.

Ya que la respiración diafragmática ocurre casi completamente por debajo del tórax, es cosa de observar el movimiento de tus hombros para delatar si lo estás haciendo bien. Si estos se alzan al inhalar, no estás consiguiendo un movimiento abdominal profundo, natural y correcto.

Realicemos un ejercicio práctico para lograr una correcta respiración. Algo que no requiere de ninguna condición especial y que incluso podría «salvarte» en situaciones adversas.

Me gustaría que cierres los ojos y te concentres. Imagina que justo debajo de tu diafragma y en el centro de tu abdomen, tienes un globo que está conectado directamente con tu boca; a través de un largo, ancho y sólido conducto. Algo así como una cañería. Luego di lo siguiente:

«Me llamo (tu nombre) y soy una persona exitosa».

Exhala todo el aire de los pulmones. Fuérzalos, hasta que no puedas sacar más de ese aire hacia el exterior.

Nuevamente, comenzarás a inhalar y mientras lo haces, concéntrate en ese globo imaginario. Queremos inflarlo y expandirlo lo más que se pueda; que el aire entre directamente a través de esa cañería y sin obstáculos.

Si lo prefieres, puedes poner una mano encima de ese «globo», para que sientas como se agranda.

Cuando ya no puedas inhalar más y ese «globo» se haya expandido al máximo, mantén ese aire durante unos cinco segundos como mínimo.

Luego empieza a botar el aire, lenta y tranquilamente; hasta que nuevamente te quedes sin una gota de él.

Vuelve a repetir la misma dinámica una vez más. Si comienzas a sentir algo así como «un calor» en el cuerpo o en uno de sus lados (derecho o izquierdo), es completamente normal. Tus tejidos corporales se están oxigenando y de paso, tu cerebro está siendo beneficiado.

Repite una vez más el ejercicio. Inhala profundamente. Pero esta vez, cuando no puedas llenar más de aire ese «globo», vuelve a repetir la frase: «*Soy (tu nombre) y me considero una persona exitosa*».

Si has hecho todo esto adecuadamente, notarás como tu voz se ha vuelto más grave. Habrá bajado de entre uno a dos tonos, y se escuchará más profunda, tranquila y confiada. Al mismo tiempo, lograrás otra cosa muy importante: te sentirás más relajado(a).

Como muchos saben, la respiración profunda y enfocada es una de las bases de la hipnoterapia. Una dinámica que incluso se utiliza en la programación neurolingüística. No obstante y para tu tranquilidad, no estoy buscando hipnotizarte, sino que posibilitar el entendimiento de la respiración como pilar fundamental de un buen orador.

Ahora bien, no creas que debes llenar los pulmones al máximo cada vez que digas una frase; so pena de que la gente crea que algo raro te pasa. Lo importante es que estés muy consciente de tu respiración mientras hablas.

Cada vez que recites un párrafo relativamente largo y contundente, preocúpate de inhalar suficiente aire. Para que no te falte cuando estés por terminarlo. Algo muy similar hacen los cantantes, cuando deben aumentar su volumen o generar un poderoso «falsete» en un escenario.

Recuerda que para una buena respiración, la pausa es fundamental. Si la omites, pierdes la oportunidad de respirar correctamente.

Pocas o cortas pausas, implican pocas o cortas respiraciones. Como un efecto de «bola de nieve», se genera una creciente falta de aire; la que terminará por pasarte la cuenta durante tu exposición.

No tengas temor de tomar todas las pausas que necesites para respirar. Acuérdate que ellas generan interés en la audiencia. Aportan al desarrollo de una muy bienvenida anticipación en tus frases. Un «gancho» atractivo.

La mejor forma de practicar todo esto, es leer en voz alta una buena cantidad de párrafos escritos. Si puedes, graba tu voz en un video o en un archivo de sonido y luego escúchate. No te grabes solo una vez, sino que varias veces. Crea al menos cinco versiones de tu lectura, y verás cómo cada una de ellas será distinta a la primera (y ojalá mejor).

Hoy más que nunca, los computadores vienen equipados con todas las herramientas que necesitas para poder desarrollar una excelente práctica diaria: tarjetas de sonido, *webcams*, micrófonos y *software* de grabación. No hay excusa que valga para no intentar practicar.

143

Las inflexiones

Cuando queremos proyectar «poder» en nuestra conversación, las inflexiones son nuestras grandes aliadas para lograrlo.

Quizás habrás escuchado que en distintos países de Hispanoamérica, la gente habla más o menos «cantadito». Así, un Peruano habla más «cantadito» que un Chileno; un Chileno habla con menos sonsonete que un Argentino; o un Cubano «canta» diferente sus palabras a como lo haría un Norteamericano. Podríamos enumerar un sinnúmero de casos.

El hecho es que todas las personas se hablan utilizando notas musicales. Ellas reciben el nombre de inflexiones o variaciones tonales.

Si se usan bien y con variaciones, estas inflexiones nos permiten transmitir melodía, vitalidad, certeza y estilo a nuestros dichos. Pero si se utilizan mal y de manera monótona, con palabras planas y secas, podríamos terminar con una audiencia aburrida o poco convencida.

Imaginémonos un concurso de canto con un gran público presente; como aquellos que vemos en televisión. Es lógico (y lo hemos visto) que aquellos cantantes que desafinan no solo serán descalificados, sino que incluso abucheados por quienes los escuchen. Lo más trágico, es que algunas personas desafinadas ni siquiera saben que lo son.

Algo similar podría sucederte si es que no practicas cómo entonar tus palabras con quienes te rodean. Si tu voz es chillona, estridente o desafinada, entonces deberás trabajar su tono; para que en lo posible logre ser claro, fuerte y variado. ¿Estás seguro(a) de que tu rango vocal realmente agrada a los demás? ¿Te has escuchado hablando?

Puedo decirte que un buen orador sabe variar su voz, hasta lograr más de una veintena de notas distintas. Ese rico abanico vocal lo utiliza no solo para manifestar emociones o intenciones, sino que más importante aún: proyectar énfasis, datos y certeza a sus palabras.

Quizás parezca un poco obvio, pero conozco gente que de verdad tiene la costumbre de hablar monótonamente; igual que un robot de alguna película de los ochentas. No se dan cuenta de lo tedioso que resulta para cualquiera el tener que escucharlos.

Si alguna vez te quedaste dormido en el Colegio o en la Universidad, mientras escuchabas la «aburrida» clase de un profesor, es muy probable que su monotonía en el habla haya sido la causa. Cuando un docente no utiliza bien sus inflexiones, dificulta que sus alumnos entiendan qué parte de su materia puede ser importante o verídica.

Existe una gran variedad de inflexiones posibles en el habla humana. Por lo pronto te facilitaré las cosas, enumerando solo tres que son claramente identificables o reconocibles; y que puedes practicar en este mismo instante.

1. Inflexión Enfática
2. Inflexión Certera o Autoritativa
3. Inflexión Analítica

Inflexión Enfática: consiste en subir nuestro tono de voz, utilizando una nota más alta para recalcar una palabra. Es un cambio notorio, que puede modificar el significado o incluso la intención de una oración.

Para demostrarlo, realicemos un ejercicio simple utilizando la siguiente oración: «Yo no dije que él se comió el sándwich».

Utiliza el siguiente cuadro, y lee cada oración subiendo una o más notas en la palabra que está marcada en negrita.

Yo no dije que él se comió el sándwich. ➡ Otra persona lo dijo.

Yo **no** dije que él se comió el sándwich. ➡ Proclamas que no lo dijiste, efectivamente.

Yo no **dije que** él se comió el sándwich. ➡ Comunicando de otra manera no verbal.

Yo no dije que **él** se comió el sándwich. ➡ Quizás fue ella, o ellos, u otro.

Yo no dije que él **se comió** el sándwich. ➡ Hiciste otra cosa con el sándwich

Yo no dije que él se comió **el** sándwich. ➡ No ese sándwich sino otro, o muchos.

Yo no dije que él se comió el **sándwich**. ➡ Se comió otra cosa que no es el sándwich.

Figura 20: Cuadro ejemplar de Inflexión de Énfasis.

Si realizaste juiciosamente el ejercicio, podrás darte cuenta de cómo el significado de una simple oración, puede cambiar tan drástica o radicalmente. Cuando resaltamos una palabra (o incluso una sílaba) con una nota más aguda, permitimos que nuestros oyentes jerarquicen la importancia de algún elemento específico de nuestra frase.

Un ejemplo bastante común, consiste en el énfasis puede utilizar un profesor o un conferencista, para remarcar un punto importante de su exposición: «Y **esta es** la clave de todo»; «Es **así** como...»; «La fórmula nos de**muestra** que...», etc.

Inflexión Certera o Autoritativa: es aquella que consiste en bajar una nota, justo al final de una oración o párrafo. Proyecta certeza y convicción en aquello que se está diciendo. Este es uno de los mayores secretos en el habla influyente; muy utilizado por autoridades y directivos.

Basta con escuchar alguno de los discursos que el expresidente *Barack Obama* ha realizado por televisión, para darnos cuenta del increíble uso que él hace de esta técnica. Cuando el exmandatario termina una frase, frecuentemente genera una nota grave. Gracias a eso, la gente y los medios, perciben que lo que él está diciendo es definitivo o categórico.

Sus seguidores incluso, sienten que sus palabras son una «verdad incuestionable»; o que poseen una altísima credibilidad y seriedad.

Analicemos por ejemplo, una importante declaración que *Obama* expresó en un *speech* realizado en agosto de 2009:

*«Lo que no entienden los cínicos es que el terreno que pisan **ha cambiado** y que los argumentos políticos estériles que nos han consumido durante demasiado tiempo **ya no sirven**».*

Aclaro de antemano que no soy seguidor ni contrario a *Barack Obama*. Tan solo reconozco de esta frase lo que él entendía como la «actitud de los catastrofistas». Me refiero a aquellos que no creían posible enfrentar la crisis económica y valórica, ocurrida durante el último trimestre de 2008.

No propongo que lo que dijo el exmandatario sea una «verdad absoluta». Pero sí surtió efecto, al transmitir la sensación de que él sabía qué es lo que no debía hacer, cuáles eran los errores que él no debía cometer y quiénes son las personas con las que él debía apoyarse.

Sin duda lo que él buscaba, era establecer un vínculo de confianza entre el pueblo y su gobierno. Y para ello utilizó una Inflexión Certera; la que en este caso, pasó a tener un matiz autoritativo. Subliminalmente, entregó mandatos. «Métanse en cabeza que **hemos cambiado**». «Mis argumentos **son válidos** y **debemos seguirlos** al pie de la letra».

De esta manera, reconocemos al menos dos o tres «comandos» que van camuflados dentro de su frase.

Las oraciones instalan una idea en nuestras mentes. Pero es aquella inflexión grave y presente al final de cada una, la que las transforma en «elegantísimas órdenes». Algo completamente imperceptible, para aquellos incautos que pueden ser influenciados para seguir y obedecer.

Si extrapolamos la Inflexión Certera a nuestra vida diaria y al ámbito laboral, te darás cuenta de que puedes «crear tantas órdenes» como quieras. Sin necesidad de ser desagradable, cargante o incluso déspota.

Para darte un ejemplo, digamos que quieres pedirle prestado el teléfono celular a una persona. Al respecto, observa el siguiente ejemplo.

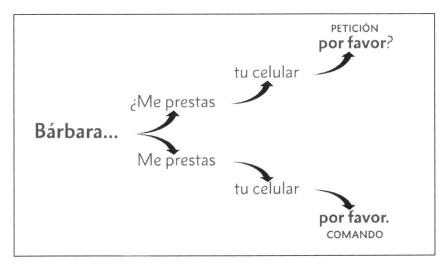

Figura 21: Ejemplo de uso de la Inflexión Certera, para instalar una orden.

Si subimos nuestras notas al verbalizar nuestra petición, «cantamos» una pregunta. Y con ello, dejamos dos alternativas sujetas a la discreción de quien nos escuche: puede acceder o denegarnos tal petición.

En cambio, cuando bajamos nuestras notas al finalizar la pregunta, la transformamos en un «comando» (una orden). Subliminalmente, damos a entender que la respuesta que esperamos es solo una: «Sí, por supuesto».

No dejamos abiertas las alternativas. Tenemos un requerimiento y este debe obedecerse bajo nuestros términos.

La Inflexión Certera, se ha convertido en una de las herramientas mejor utilizadas por grandes directivos. Me refiero a aquellos que más que gestionar personas, son capaces de llevarlas de la idea a la acción. Las motivan no solo de manera elegante, sino que también seductora.

Si has visto la película «*Star Wars*», recordarás que uno de sus personajes más emblemáticos y temidos era *Darth Vader*. Sus fanáticos, no solo lo rememoran por su traje oscuro y máscara de gárgola, sino que todavía más por su única, grave y elegante voz; interpretada por el célebre actor *James Earl Jones*.

Su voz inconfundible, permitió que muchos los diálogos que interpretó para el personaje se hayan transformado en objeto de culto. Si escuchamos atentamente a *Darth Vader*, notaremos que utiliza las Inflexiones Certeras en casi todo el libreto.

No estoy diciendo que uses todo el tiempo una voz grave o «en *off*» (tipo *Radio FM*). Podrías sonar extraño si es que no es tu voz natural.

Lo que sí propongo, es que practiques la Inflexión Certera en la vida diaria o en tus conferencias, para agregar un ingrediente categórico a tus dichos. No solo generarás confianza en aquellos que te oyen, sino que además te sentirán sereno y en control de tus palabras.

Inflexión Analítica: consiste en mantener una nota (o máximo dos), al entregar un conjunto de detalles, datos o especificaciones. Es aquella «nota intermedia» que generamos conscientemente en nuestra exposición.

Este tipo de «no inflexión», es tremendamente utilizada cuando entregamos instrucciones específicas para alguna receta o postulado. También, cuando mencionamos detalles que aportan, pero que no son categóricos para definir una idea.

Ya sabemos que la gente que receta demasiado, cansa y aburre. Por lo mismo, sugiero que la Inflexión Analítica se use de manera dosificada; siempre antecedida o seguida por una Inflexión Enfática o Certera.

En el siguiente ejemplo, podemos mezclar inflexiones, para dar una receta de «cómo cocinar una exquisita torta de chocolate»:

NOTA ALTA   NOTA BAJA

Para hacer una exquisita torta de chocolate necesitamos:

- **Tres tazas de harina.** MONÓTONO
- **Un sobre de cacao en polvo.** MONÓTONO
- **Una taza de leche.** MONÓTONO
- **Dos cucharadas de aceite.** MONÓTONO
- **Tres huevos.** NOTA ALTA INDICANDO QUE ES EL ANTEPENÚLTIMO DATO
- **Y dos tazas de azúcar.** NOTA BAJA PARA INDICAR QUE ES EL ÚLTIMO DATO

Figura 22: Mezcla de inflexiones con monotonía, al dictar una receta.

Para poder ejecutar tus inflexiones de manera correcta, es muy importante que seas capaz de practicar tus textos, leyéndolos en voz alta. Un ejercicio muy recomendado, es hablar utilizando el dedo índice para dibujar una «curva de entonación imaginaria». Un apoyo visual que en principio, podría ayudarte en esos primeros ensayos que realices.

Figura 23: Ensayando la mezcla de inflexiones con un «gráfico imaginario».

Algunos excelentes conferencistas tienen la costumbre de hacer anotaciones en sus textos. En ellas definen qué inflexiones y pausas utilizarán en determinados momentos de su presentación. También aprovechan de darles un vistazo cuando ocurren pausas naturales: como la risa de la audiencia, un aplauso o un momento de silencio; después de un importante énfasis.

En mi caso particular, me gusta improvisar. El hacer anotaciones, es más cuestión de gustos. Pero no te guíes por mí. Si necesitas un esquema o alguna otra forma de recordatorio por escrito, adelante. Pero no permitas que este sustituya tus ensayos o merme tu práctica constante.

Por una cuestión de tiempo, tus comentarios deben ser breves, con palabras sencillas o símbolos que indiquen claramente la secuencia de tu mensaje. De lo contrario, te podrías distraer y tu gran discurso, bien podría irse al tacho de la basura.

La sonoridad o resonancia

Es indudable que nuestras inflexiones dependen en gran medida del volumen que pongamos en nuestra voz. Asimismo, dicho volumen debe ser el adecuado para «llegar» efectivamente a nuestra audiencia, durante todo el transcurso de nuestra presentación o conversación.

Ya indiqué que en lo que a mí respecta y dependiendo del tipo de salón en el que me encuentre, no necesito un micrófono para dirigirme a menos de cincuenta personas. Ahora, si me encontrara con las narices tapadas por un resfriado o con una suave bronquitis, es muy probable que «corra» para conseguirme uno antes de hablar.

Todos tenemos volúmenes de voz distintos. Unos más bajos; otros más altos. Pero existe un factor fundamental que dice relación con la proyección de nuestra voz. Me refiero a la sonoridad, resonancia o amplificación. Ella permite que tu volumen de voz se multiplique de manera exponencial; independiente del lugar físico en el que estés.

Una buena analogía para explicar la resonancia, es el funcionamiento de la guitarra clásica. Un instrumento hecho de madera y cuya ejecución tonal, depende del uso que hagamos de sus seis cuerdas.

La guitarra posee una verdadera «caja» con forma de torso femenino y un agujero acústico en su centro. Sus cuerdas pasan precisamente por sobre dicho agujero y gracias a eso, su sonido es capaz de proyectarse y expandirse dentro de una distancia razonable.

Tan importante es la caja de resonancia en la guitarra, que de no existir, apenas oiríamos alguna nota. No importa cuán fuerte pulsemos sus cuerdas. Su sonido natural y puro, se perdería por falta de amplificación.

Exactamente lo mismo sucede con la resonancia en la voz humana. Ella consiste en el aumento o modificación de los sonidos mediante su canalización o transferencia. Las ondas sonoras creadas por la vibración de nuestras cuerdas vocales, viajan hacia la parte superior de la garganta; luego a la boca y a veces, a la nariz. A medida que las ondas rebotan contra estas estructuras, se fortalecen y amplifican. De cierto modo, retumban.

Las diferencias en las voces de la gente, se justifican por el variado tamaño de sus cuerdas vocales y por cómo manejan la resonancia que se produce en sus gargantas, boca y fosas nasales. Es así como muchas veces oímos decir que existen personas que «hablan más con la garganta», mientras otras tienen una «voz nasal». También se habla de aquellas que tienen «una voz profunda»; como la de los eximios locutores radiales.

La resonancia se puede entrenar, pero con ciertas limitaciones físicas; determinadas en un principio por la edad y el tamaño de una persona.

Me han preguntado bastante si los hombres pueden tener mayor resonancia que las mujeres, por tener una voz más grave. Basta con ir al teatro para escuchar una buena ópera, y te podrás dar cuenta de que el género no tiene nada que ver.

La voz femenina de una cantante soprano, puede tener exactamente el mismo nivel de resonancia que la voz de un tenor masculino. Independiente del género, un cantante o intérprete de ópera profesional está muy bien entrenado para proyectar su voz. Ensaya lo suficiente como para «llenar acústicamente» un espacio físico *ad hoc*.

Dado lo anterior, es completamente posible entrenar nuestros músculos para modificar el tamaño, forma y tensiones en la superficie de la faringe y la cavidad bucal. Así también, podemos utilizar las fosas nasales de forma completa o parcial; o bien cerrarlas.

Para comprobarlo, basta que realices una prueba sencilla. Tápate la nariz con tus dedos índice y pulgar, mientras estás hablando. Al hacerlo, notarás inmediatamente cómo la resonancia de tu voz se pierde; hasta el punto en que la gente a tu alrededor «percibirá o sentirá» menos de la mitad de tu volumen normal.

Lógicamente, las enfermedades respiratorias como la gripe o la bronquitis, son peligrosas para un presentador. La obstrucción de sus fosas nasales y/o garganta, lo obligan a forzar sus cuerdas vocales más allá de lo necesario, para compensar su volumen y resonancia.

Existen múltiples ejercicios que uno puede realizar para proyectar la voz. De todos ellos, puedo recomendarte uno bastante simple y efectivo. Su finalidad es «sacar tu voz» fuera de la garganta y lograr que ella retumbe expansivamente, en cualquier lugar encerrado.

Siéntate cómodamente en el *living* de tu casa, o en el despacho de tu oficina. Luego respira diafragmáticamente, unas dos o tres veces.

Relájate y concéntrate. Proyectar tu voz requiere control mental y muscular. Debes «pensar» en tu voz hacia afuera; no hacia adentro.

Imagina que tu tórax pudiese funcionar de manera similar a la caja acústica que utiliza una guitarra. Físicamente no son iguales, pues nuestro pecho no es hueco; pero de todas formas, pretende que así es.

Para sentir las vibraciones de dicha caja, necesito que pongas las palmas de tus manos en el pecho, justo debajo de tus clavículas.

Figura 24: Practicando la resonancia, al traspasar nuestros sonidos hacia el tórax.

A continuación, no vamos a decir ninguna palabra que requiera que utilicemos los músculos de nuestros labios, lengua o mandíbula. Los dejaremos aislados y relegados por el momento; todo con el objeto de que nuestra garganta se encuentre relajada.

Inspira profundamente y prontamente, produce el siguiente sonido: «¡Hmmmmm!». Un ronroneo gutural e interno. Como si fueses un león que ruge; pero con tus labios completamente cerrados.

Mientras lo haces, quiero que trates de que ese «¡Hmmmmm!», haga vibrar tus labios. Verás que es no es fácil que eso suceda. Cuando sientas un cosquilleo en ellos, la resonancia estará bien concentrada en tu boca.

Luego repite el sonido una vez más. Pero esta vez, intenta que la vibración se produzca en tu garganta. Siente esa garganta expandirse; sin sacar tus manos del pecho.

Ahora, por última vez, repite ese «¡Hmmmmm!» lo más fuerte que puedas; haciendo vibrar tu garganta. Ahora intenta transferir la vibración, desde tu garganta hacia el pecho.

Si las palmas de tus manos sienten la vibración, entonces lo estás haciendo bien y vas por buen camino. Tus oídos además, debiesen percibir cómo tu voz comienza a retumbar en las paredes que te rodean.

Si realizas este ejercicio como un hábito, no solo mejorarás tu resonancia, sino que además la resistencia de tus cuerdas vocales; al dirigirte a una audiencia durante largos períodos.

Cuando tienes ese «don de la palabra»

Recapitulemos. Una voz poderosa, se consigue al converger cinco elementos: pausa, articulación, respiración, inflexiones y sonoridad. Sugiero que experimentes y juegues de manera frecuente con todos ellos. Te darás cuenta de lo entretenido que puede llegar a ser.

Experimenta las técnicas vocales y prueba tus propias combinaciones; ya sea solo(a) o acompañado(a). Lo mejor de todo, es que los resultados pueden comprobarse inmediatamente; partiendo hoy mismo. Tan solo requieres interactuar con otras personas en tu vida diaria. No cuesta nada.

Eso sí, permíteme recordarte que la motivación de tus cambios de voz debe surgir del contexto de tu discurso. Demuestra sinceridad cuando seas franco, humor cuando te diviertas y emoción cuando así lo sientas.

No te olvides de utilizar las pausas. Permite que tus oyentes tengan la oportunidad de asimilar lo que digas. Asimismo, usa el silencio para que ellos sientan apetito de ponerte atención.

Una buena práctica que puedo sugerir, es grabar tu voz mientras ensayas. Puedes hacerlo hasta que lo que escuches sea de tu agrado.

La grabación de tu voz podría sorprenderte (quizás negativamente) en un principio; y eso es completamente normal. Acostúmbrate a ella, pues dicha voz grabada (tanto analógica como digitalmente), es la que en realidad se escucha en público. No es la voz que «tú te escuchas».

Ahora bien, al combinar los distintos elementos de una voz poderosa, podríamos generar un sinnúmero de estilos diferentes. Los mejores *speakers*, siempre adecuan el mensaje a sus audiencias. Dado lo anterior, es importante que nos centremos por un momento en el contexto, sentido y objetivo de aquel estilo que quieras seleccionar para tu discurso.

De seguro, siempre tendrás algo que decir al dirigirte a los demás. Pero, ¿por qué habría de importarles lo que tú dices?

Es aquí cuando te recomiendo que «antes de tomar la palabra», eso que vayas a decir pase la prueba del «¿Y qué?» (*So What? Test*).

Al dirigirte a tus receptores, sugiero que tengas consideradas las siguientes tres preguntas: «¿Qué quiero que sepan?»; «¿Qué quiero que sientan?»; «¿Qué quiero que hagan?».

Para contestar a dichas preguntas, necesitas informarte bien acerca de la audiencia a la cual te vas a dirigir: sus preocupaciones, sus intereses y motivaciones. Si te esmeras en conocer a tus receptores, ellos mismos te considerarán efectivo(a); porque «entenderán que los entiendes».

Creo que estarás de acuerdo conmigo cuando sugiero que si no tienes algo relevante que decir, mejor no digas nada.

Existen personas con un exquisito talento para hablar; pero cuyos temas lamentablemente, llaman la atención o motivan a pocos. Así también, hay quienes tienen una atractiva historia que contar, pero que carecen del talento (o la práctica) para verbalizarla de manera efectiva.

Independiente de la situación de cada cuál, lo recomendable es conseguir un constante alineamiento entre la calidad de nuestras temáticas y la ejecución de nuestro lenguaje verbal y no verbal.

Quizás te vaya bien al dirigirte a una audiencia o al negociar con una contraparte; tan solo por encontrarte en el lugar preciso y en el momento adecuado. No obstante, la realidad muchas veces puede enfrentarte o «enfrascarte» en contextos adversos; cuyas posibilidades sin duda jugarán en tu contra. Todo puede suceder; no puedes confiarte.

Es por ello que para salir victoriosos en escenarios tanto optimistas como pesimistas, es importante que nos centremos en nuestra capacidad de comunicarnos asertivamente.

Hablar bien o exponer un contenido motivante es siempre bueno; pero no es suficiente. Para lograr ser comunicadores integrales, debemos mostrarnos efectivos al expresar nuestros verdaderos puntos de vista; con suma seguridad y distinción.

8
Táctico asertivo

"Lo más importante que aprendí a hacer después de los cuarenta años, fue a decir no cuando es no."

—Gabriel García Márquez

NOS EXIGEN SINCERIDAD, PERO se ofenden si dices la verdad. Entonces... ¿Te ofendo por sinceridad o te miento por educación? ¿Soy auténtico al mostrarme asertivo? ¿Qué significa realmente ser asertivo?

Encontrándome en Norteamérica, tuve la oportunidad de investigar y entrenarme por necesidad en eso que se denomina comúnmente como comunicación asertiva. La aproveché al máximo. Especialmente, cuando me tocó actuar representando intereses comerciales, o al «negociar» grandes acuerdos. Ciertos «encargos» que dejaron muy conformes a mis representados; a ojos y oídos de sus *stakeholders* y la prensa.

Ya de vuelta en Chile sin embargo, me di cuenta de que aquello que muchos llaman Asertividad, poco tiene relación con lo que me tocó vivir en los Estados Unidos. No solo tenemos diferentes culturas o distintas formas de abordar una conversación. Tenemos lenguajes que difieren.

Personalmente, considero que ante todo evento, la lengua española es más compleja para decir las cosas claramente, si la comparamos con la lengua inglesa. Por ello, decidí explorar algunas nociones de Asertividad, de la mano de algunos destacados especialistas latinoamericanos.

Encontré buenos aciertos en algunos postulados. Pero como me lo temía, muchas de sus recetas exhibidas me parecieron de fantasía; al contrastarlas con la realidad de lo que sucede cuando una persona común se dirige al público medio.

Expresando nuestro parecer

Cuando te abres al mundo para decir lo que piensas, no debes tener miedo; sino más bien tacto y por sobre todo perseverancia. El 98 % de las personas en el mundo te dirá que «no», pues creerá de buenas a primeras que eres un «don nadie» y que mereces poco o nada en esta vida.

Lamentablemente, la sociedad en su conjunto está educacional y culturalmente condicionada para ser reactiva; jamás proactiva. Su repuesta de buenas a primeras es reaccionar imposibilitando cualquier cambio o acción. Ya sabemos que tiene miedo de aquello que no conoce. Ergo, se queja porque no te conoce y le parece justo que tú te quejes también.

El 2 % restante, representa a tu círculo de confianza; aquellos que genuinamente creen en ti. Personas que te darán fuerza para abrirte camino «cuchillo en boca», en una selva sobresaturada de negatividad.

Así que sin que te sientas identificado(a) ni ofendido(a), permíteme mostrarte lo que realmente se piensa de ese 98 %, conocido por muchos como «Publico Medio» o *«Mainstream»*. Ese mismo que hagas lo que hagas, se transformará en tu receptora, contraparte; amiga o enemiga.

El público medio es deshonesto. Cuando pide honestidad, lo que realmente quiere es que alguien le diga lo que quiere oír. Que le expresen aquello que refuerce las arraigadas creencias de una mayoría.

El público medio es ignorante. Esto significa que incluso si la verdad se le presentara tan clara como el agua, no podría reconocerla o aceptarla. Esto, pues muchas personas viven «en negación» de los hechos.

El público medio es hipócrita. A muchos les gusta dejar buenas pero falsas impresiones de manera intencional; para luego liderar a los demás hacia una verdadera trampa de apariencias. Todo estará perfecto y reluciente, hasta que llega ese día en que te dicen: «Pensé que tú eras diferente»; como si tú les debieses algo. El famoso *«Coaching* Coercitivo».

El público medio es estúpido. Más aún cuando necesita creer en «expertos». Incluso es capaz de mostrar una fe ciega en ellos, al evangelizarlos gratuitamente como dueños de «una gran y única verdad». Su verdad básicamente consiste en creer cualquier cosa que les sea conveniente para apoyar intereses creados, o deseos egoístas.

Todo esto no lo digo solo yo. Lo saben los medios, los políticos, los científicos y cualquier persona que ocupe cargos de autoridad.

En ningún caso estas son aseveraciones ofensivas, sino que representan la realidad de lo que ocurre hoy en día. En cierto sentido tangencial, todo esto se traduce en la gran cantidad de injusticias que vivimos o de las que nos enteramos todos los días; en cualquier parte del mundo.

No podrías ofenderte ni tampoco desanimarte si declaro que tú tanto como yo, pudimos (y podemos) muchas veces tomar el rol de público medio; por participar o actuar de tal o cual manera. Es esperable, porque realmente no pertenecemos al público medio, sino que asumimos un rol temporal dentro del mismo. Bien dicen por ahí que «quien se sienta libre de pecado, lance la primera piedra». Todos somos seres humanos.

El hecho de que creas en Dios o seas ateo(a), no tiene ninguna importancia para lo que te contaré. Una simple historia que denota un factor bastante común en la cultura de los países latinoamericanos: los ímpetus por «ganar como sea» y a costa de la pérdida del resto.

Un pasado Domingo de Pascua de Resurrección, fui a misa con mi familia en una conocida parroquia, ubicada en un sector bastante «pudiente» de Santiago de Chile. Un lugar supuestamente plagado de «gente bien»; la cual en su mayoría (creo yo), debiese genuinamente tomar en cuenta la importancia de valores como la humildad y la solidaridad.

El Sacerdote tiene la empática costumbre de hacer que los niños de entre tres y diez años pasen al altar, justo antes de terminar la misa. Todo con el objeto de que participen, explicarles algunas buenas prácticas y darles la bendición. Algo poco usual para la típica formalidad ecuménica.

En dicha ocasión y como nunca antes, el Padre tenía una sorpresa guardada para ellos. «¡Niños! Tengo exactamente mil huevitos de chocolate para regalarles a todos ustedes», dijo alegremente, mientras sostenía a vista de todos los presentes, un pesado canasto. Podía contar a no más de treinta niños aglomerados a su alrededor.

Las instrucciones del Sacerdote fueron muy claras: «Una vez que les dé la bendición, saldré afuera de la Iglesia con el canasto, y quiero que todos los niños formen una fila ordenada para repartirlos. Por favor, hagámoslo con calma y sin atarantarse, pues con mil huevitos alcanzará para todos».

Pues bien. Al finalizar la misa, envié a mis hijos Isidora y Oscar a ponerse a la fila; juntos de la mano, para recibir sus huevitos.

En la espera, no alcanzo a cruzar un par de frases con otras personas, cuando veo a mis hijos regresar con caras desanimadas.

Isidora me dice: «Papá. No quedan más huevitos. ¡Parece piñata esta cuestión! Los niños me empujan con garabatos y hay gente grande que los está sacando. Me da mucha lata...».

«¡Imposible!», contesté y de inmediato los tomé de la mano para acompañarlos de vuelta a la repartición. Y lo que presencié al regresar, me dejó atónito. Eran como animalitos; no los niños, sino más bien sus papás.

Hombres y mujeres adultos que estiraban su largo brazo, pasando por arriba de los más pequeños y sacando groseros puñados de huevitos para llevárselos a sus propios hijos. «¡Aquí los tengo niños! ¡Aquí tengo hartos!», gritaban algunos, mientras los lucían capturados entre sus dedos.

Tuve un *lapsus* en ese momento. Se me vinieron a la mente los graves casos de corrupción que han sacudido a la política y al empresariado de muchos países como el mío, en el último tiempo. Es horrible darse cuenta de que el «Caso Huevitos», a pesar de ser más simple, no dista mucho de ellos en sus causas. «El grande se come al chico, y el chico lo emula».

Lo peor, es que esto tiene muy poco que ver con el Colegio o con el Jardín Infantil. Lugares en donde se supone, les enseñan a nuestros hijos acerca de civilidad y la importancia de compartir. Tal parece que la mala clase viene de la crianza y más directamente, del ejemplo de los padres.

Alguien me podría decir que soy exagerado en mi punto de vista. Que tan solo se trata de huevitos de chocolate; algo tan sencillo y simple...

Él punto no es quejarse porque mis hijos no hayan conseguido huevitos de pascua; es cosa de ir al supermercado y comprar más si necesito. Se trata del hecho exponencial de que como personas y en cientos de años, no hemos cambiado un ápice nuestra mentalidad de conseguir lo que queremos como sea; transgrediendo al resto. Eso que se conoce como mentalidad de «*Winners*».

Descoloca el constatar que dicha mentalidad comienza desde nuestra niñez. Muchos la disfrazan con el nombre de «chispa» o «viveza»; como si se tratara de un talento en nuestra cultura reminiscente de lo patronal. Pero no del patrón fino, sino que del patrón de fundo. Ese mismo que en antaño creía tener derecho a todo, incluso a ajusticiar punta de fusta o patadas, a quienes no estuviesen de acuerdo con sus ambiciones.

Hoy ese patrón de fundo, fue igualado (e incluso superado) por gente que a pesar de sufrir injusticias, se educó y prósperó.

Lamentablemente unos contados se superaron, con el solo anhelo de transformarse en aquello que juraron jamás ser. Un nuevo tipo de patrón de fundo. Más sofisticado, pero no menos violento de palabra y resentido.

Por sus actos, uno intuye lo que piensan. «Como tú te aprovechaste de mí, ahora llegó mi turno de aprovecharme del resto». «Tomaré aquello que me pertenece, aunque sea a punta de codazos».

En un mundo cada vez más competitivo, global y notoriamente estresado, se nota esa «estampa cada vez más fina». En vez de trabajar por el bien común, nuestras comunidades se han vuelto transgresoras y negligentes del mismo. Algunos de sus líderes han sido cobardes e injustos.

Hemos sido tanto víctimas como victimarios de distintas instituciones que han fomentado el aprovechamiento a costa del público medio.

El fiasco de las *AFP (Administradoras de Fondos de Pensiones)*; las coberturas dudosas de las *Isapres (Instituciones de Salud Previsional)*; la colusión de grandes empresas; las Universidades tránsfugas y las «Empresas Piramidales». Todos son ejemplos evidentes de esta «Cultura *Winner* Agresiva», que se soporta institucionalmente para ganar ventaja.

Nos llenamos de entidades que afectan el bolsillo y la calidad de vida de muchos. Y lo hacen sin asumir ninguna responsabilidad social; sin cumplir con sus promesas; sin humanidad. Una agresividad amparada por la ley.

Para qué hablar de aquellos males que son comunes en los Poderes del Estado. Muchos de sus representantes son reactivos y no propositivos.

Las leyes no actúan (o derechamente no se crean) sino hasta cuando muere gente en una catástrofe o llegan las cámaras de televisión para hacer evidente la corrupción, negligencia o desfachatez de unos cuantos altos dignatarios. Y es en momentos como esos, cuando el público medio se conforma o se queja de las respuestas *«light»* de estos intocables.

Si hablamos del comportamiento de las personas en general, la cosa en ningún caso se pone mejor.

En un semáforo y con flecha verde para doblar a la izquierda, es indignante observar cómo algunos autos de la fila del medio, cortan el paso de los que van en el carril correcto. Todo por «ser los primeros».

Un fajo de billetes botados en la calle, es como una piñata para siete de cada diez personas que lo recogerá sin devolverlo. Siempre y cuando, no haya cámaras o testigos oculares a su alrededor.

Así también nuestra sociedad en conjunto, pasa a llevar a los más ancianos y desposeídos; sin respeto y sin remordimientos. Y aunque estos últimos prosperaran, igual les ponemos el pie encima. ¿No es el colmo que los pensionados tengan que pagar las contribuciones de sus propiedades ya saneadas, con los limitados ingresos que poseen?

Nuestra supuesta prosperidad, sin duda tomó matices del modelo norteamericano. Pareciera que casi todos los anhelos se reducen a lo material. Muchos quieren construirse una casa con piscina en un gran terreno; obtener dos autos *SUV*; tener a los niños en un buen colegio particular bilingüe; y ojalá contar con dos empleadas de casa particular.

Pero sabemos que lo material no es suficiente. El hecho de saber que estamos siendo «pasados a llevar» constantemente, incluso mediante la violencia y el delito, nos fuerza a aislarnos. Por tanto, todo este «reducto material» debe ojalá quedar circundado por cercos eléctricos, dotados de alarmas y guardias de seguridad. Anhelamos una «Isla de la Fantasía» en donde no nos molesten, no nos roben, o derechamente no nos jodan.

Nos hemos vuelto miedosos de perder lo que tenemos. Atarantados por llegar antes que todos para obtener más. «Vamos por más», es el *jingle*.

Lo más grave, es el habernos transformado en cómodos antisociales. Tanto así que para algunos, la máxima forma de afiliación está en los asados «que no queden muy lejos del hogar». Incluso, el estado de ánimo para la semana, se define por el resultado de un partido de fútbol.

Dejémonos de culpar tanto a las instituciones y sus representantes por darnos esas «respuestas tan sublimes». Mejor observemos nuestro propio conformismo, cuando damos exactamente el mismo tipo de respuestas. «Total todo el mundo lo hace». «Hay que aguantar nomás». «¡Será pues!».

Nos queda pendiente la pregunta del millón: «¿Cómo nos defendemos, para después sobreponernos a esta realidad?». Pero antes de adentrarnos en la respuesta, hagamos «un doble *clic*» a ese público medio.

Pasivos, agresivos y conformistas

A partir de esa trivial historia de Pascua de Resurrección, podríamos enumerar una multiplicidad de ejemplos de cómo se transgreden los derechos de los demás. Tantos, que llenarían las páginas de este libro.

Si hay algo importante que la historia nos enseña, es que en cualquier caso de injusticia social existen tres tipos de conductas notoriamente visibles: la Pasividad, la Agresividad y el Conformismo. Las primeras dos son conocidas en la psicología con el nombre de «conductas pendulares»; siendo el Conformismo, una novedosa adición de mi parte.

Los Pasivos: son aquellas personas que presentan la conducta disfuncional de descuidar los límites propios, permitiendo que los derechos de los demás se antepongan. Tienen miedo a defender sus intereses y en cierta medida, son reacios a generar cambios que les favorezcan o les permitan prosperar.

Un ejemplo, son los individuos que se quedan callados o son frecuentemente interrumpidos, al querer expresar sus puntos de vista. También se consideran aquellos que soportan el maltrato físico o verbal.

Los Agresivos: son aquellas personas que presentan la conducta desadaptada de descuidar los límites ajenos en pos de obtener una ventaja personal. Habitualmente, no demuestran respeto, interés o consideración por los derechos del otro.

La persona déspota en su trato con los demás, es un clásico ejemplo de agresividad. Así también, la gente que grita o que apura de mala manera; que interrumpe y que no muestra calma en sus acciones. Sus extremos son la violencia tanto física como verbal; como herramientas de manipulación.

Los Pasivo-Agresivos: aquellos que han sido Pasivos por mucho tiempo y que son llevados a un límite de resistencia, pueden volverse Agresivos; incluso de la peor manera.

Un ejemplo por excelencia, es aquella mujer que asesina a su pareja por ser víctima de un constante maltrato físico. Cuando se le pregunta por qué lo hizo, esgrime razones como esta: «Ya no podía tolerarlo más».

Otra situación que se repite en el clima laboral, ocurre cuando un «empleado» es constantemente presionado de mala manera por su jefe. Llega un día en que el empleado aprovecha una reunión para decir a viva voz y enfrente de todos, que su mandamás es «un hijo de puta». Podría sugerir que el desenlace no será nada bueno para quien actúe así.

Múltiples ejemplos demuestran porqué la Pasividad y Agresividad son conductas de tipo pendular. La selección de la conducta por parte del individuo, actúa como lo hace el péndulo de un reloj. Puede «irse» a los extremos fácilmente y dependiendo de la situación.

Es realmente esclarecedor constatar que tanto los Pasivos como Agresivos, tienen su base en lo mismo: el Miedo del que tanto hablamos anteriormente. Ese que por siglos, se ha encargado de condicionar las mentes y culturas. Un temor que nos limita con barreras inexistentes.

161

La sumisión tiene su origen en el miedo a enfrentar un hecho, con el objeto de evitar o posponer un daño físico o psicológico.

Por su parte, la agresión y la violencia tienen su base en el miedo a la pérdida por no confrontar, con el objeto de adelantar o asegurar una ganancia propia; para no parecer o quedar disminuidos frente al resto.

Los Conformistas: se trata de una subclase de Pasivo-Agresivos que están amparados institucionalmente y por las normas, para actuar de manera pendular. Según mi punto de vista, estos son aquellos de los que más hay que cuidarse y tener precaución.

Me imagino que muchas veces en tu vida, habrás escuchado la frase leguleya: «El procedimiento se ha realizado conforme a la ley». Pues bien, se trata de personas que soportan el *statu quo* o imponen un cambio en el mismo, amparándose en normas que en determinadas circunstancias, pueden ser completamente incoherentes con el sentido común.

Su ventaja está en la ignorancia de la ley por parte del ciudadano promedio; por lo que sus acciones muchas veces resultan «impredecibles».

Como ejemplo emblemático, no se me olvida una causa legal que «estremeció los corazones» y los medios en Chile, durante el 2013.

Un carabinero llamado *José Luis Paredes*, decide huir y darse a la fuga hacia un paradero desconocido, junto a su niñita de tres años («Grillito»).

Un funcionario policial cuya función es resguardar el orden público, paga un alto precio para evitar que el Tribunal de Familia del *SENAME (Servicio Nacional de Menores)* le quite la custodia de la menor. En conformidad con la ley, es denunciado por desacato y secuestro.

Resulta que «Grillito» les había sido encomendada a él y a su pareja, en calidad de «familia guardadora» (sustitutos temporales de padres adoptivos), por el plazo máximo de dos años y medio. Y como se espera de cualquier persona que cuida y sostiene a un niño responsablemente, uno de los amores más grandes terminó por florecer: el amor filial.

Durante meses y sin éxito, agotaron todos los recursos posibles para adoptar a la menor; incluso, con el consentimiento de sus verdaderos progenitores biológicos. Sin embargo, la normativa chilena impide que los «guardadores» se queden con los niños que cuidan. Y como agravante, la pareja no cumplía con el requisito de estar casada por más de dos años. Pero no importando cuan «buenos» hayan sido, la ley debe cumplirse.

Días antes de «esconderse de la ley», los medios televisivos mostraban a un joven policía profundamente acongojado y «estresado». Un «padre» que sollozaba ante las cámaras por el porvenir de su niña; y de paso, por el destino de su hijo que estaba por nacer. Y es que toda esta situación, naturalmente causó dificultades en el embarazo de su pareja, quien tuvo que ser hospitalizada para no arriesgar sus siete meses de gestación.

Durante mucho tiempo, el carabinero actuó sumiso ante la ley. Pero cuando ello ya no le sirvió de nada, tuvo que tomar una decisión extrema: llevarse lejos a la niña que robó su corazón.

A pesar de no saber su paradero, los medios lograron entrevistar a José telefónicamente. Cuestionado sobre su razón de llevarse a «Grillito», él les respondió: «Ojalá a los jueces se les ablande el corazón»; «Cada día es más difícil separarse, no sé cómo nadie piensa en el daño que le van a generar».

¿Quién tiene la razón aquí? O mejor dicho, ¿a quién decidimos apoyar? ¿Al tribunal actuando agresivamente y conforme a la ley, para arrestar al funcionario y quitarle a la niña por la fuerza? ¿O nos inclinamos por el sentido común, apoyando al hombre que actúa agresivamente, llevado por su buena fe y un profundo sentimiento paternal?

Afortunadamente, esta situación terminó bien para todos. Cual fuese un excelente drama cinematográfico.

La pareja recibió una prórroga del plazo por parte del *SENAME*; para poder casarse legalmente y cumplir con los requisitos pendientes para la adopción de la niña. No obstante, fue necesario un «remezón mediático» para presionar a un organismo a optar por el sentido común.

Esta no es una situación aislada solo a Chile. En los Estados Unidos, el sistema inmigratorio ha sido responsable de destruir a familias completas.

Hijos que nacieron en territorio estadounidense, han sido separados de sus padres, inmigrantes ilegales, siendo estos últimos deportados.

Lamentablemente, y aún con toda la cobertura mediática que se puede esperar de casos así, las instituciones terminaron actuando en conformidad con la ley y en desmedro de unos pocos.

Ahora tomemos el caso del «funcionario de la ley», pero a la inversa. Las redes sociales en Chile, «viralizaron» un video en *YouTube* en el cual se muestra a una señora de unos cincuenta años, que vendía refrescos en un carrito ambulante y en un sector periférico de la ciudad de Santiago.

Tres carabineros se bajan de un furgón policial, que se detiene justo enfrente de su carrito.

Dos de ellos se acercan a la ella y le preguntan: «¿Tiene permiso municipal para vender comida en la calle?». La mujer les dice que no; pero lo hace de mala manera. Y no es para menos, se trata de una persona humilde y sin mucha educación, que solo busca sustento para sobrevivir.

Ante esta actitud, los funcionarios policiales no solo le indican que debe retirarse, sino que además optan por tomar el carrito por la fuerza y botarlo en plena calle. Sus líquidos comenzaron a derramarse por doquier.

La mujer gritaba de espanto y el «cazanoticias» que grababa la escena con su teléfono celular, increpaba a los policías haciéndoles ver la injusticia en su actuar. Los carabineros, ni se inmutaron. Permanecieron silenciosos frente a la cámara. ¿Desobediencia civil *versus* abuso de poder?

¿Son injustas todas estas situaciones? A mí me parece que sí. Pero la respuesta concreta, depende de nuestra definición de justicia.

La realidad nos muestra que en ninguna parte del mundo estamos a salvo de actuar tanto como víctimas o victimarios, en situaciones similares.

¿A quién culpamos? ¿Es necesario culpar? ¿Cómo evitamos que nos pasen a llevar? ¿Si salimos a la calle a protestar, lograremos algo?

Las protestas multitudinarias, podrían funcionar. Pero en el corto plazo no son muy efectivas. Son un imán para gente pasiva que se torna agresiva «por acompañamiento». El inicio de un grupo de presión.

El problema radica en que los grupos de presión, podrían ser el semillero de «lideres agresivos» y populistas. Los menos auténticos, aprovechan la oportunidad de «subirse al carro», en pro de obtener reconocimiento, fama e incluso riqueza. Todo a costa del tumulto de que los defiende y enaltece como íconos, dirigentes o potenciales políticos.

Una gran mayoría que necesita mantener sus empleos, dice no tener tiempo para participar en manifestaciones. El miedo, el conformismo y la negligencia de una mayoría, abren la puerta para que los menos aptos y más agresivos, lleguen fácilmente al poder. Pero para transgredir a otros.

En fin, la objeción de conciencia en pro de nuestros derechos es un tema larguísimo de tratar. Nuestra facultad de elegir la conducta adecuada frente a un caso particular, tiene muchísimos matices.

Sugeriré entonces lo que considero más simple y práctico. Si somos capaces de ser auténticos, concentrémonos en ser asertivos. Perdamos temor a decir lo que realmente nos molesta o lo que nos pasa. Pero sin pasar a llevar los límites del resto. Con buenas maneras y sin herir.

La Asertividad

Optaré por una definición sencilla. La Asertividad es nuestra capacidad y talento para expresar lo que queramos sin complicarnos, pero sin tampoco tener que herir u ofender a los demás.

La psicología la define como una conducta adaptativa intermedia entre la pasividad y la agresividad. No obstante, mi experiencia utilizándola en la vida y en los negocios, me ha llevado a sostener que además de ser una conducta, se trata de una elección de la misma. Un camino alternativo que puedes tomar para no «tragarte tus palabras» y sentirte libre de expresarlas; sobre todo en situaciones adversas.

Si la incluimos en un cuadrante conductual, la Asertividad se nos muestra como una «conducta adaptativa y funcional de liberación». Con ella, soy capaz de respetar tus derechos y defender los míos. Incluso puedo negarte cualquier cosa, sin que te sientas ofendido.

CUADRANTE CONDUCTUAL

DEFIENDO TUS DERECHOS

Pasivo
«Dejo que los derechos de los demás se antepongan a los míos. No me atrevo a defender mis derechos».

Asertivo
«Respeto tus derechos, pero defiendo también los míos y si tengo que decirte "NO" a algo, lo hago».

NO DEFIENDO MIS DERECHOS

DEFIENDO MIS DERECHOS

Pasivo-Agresivo
«No me atrevo a defender mis derechos, pero no quiero que abuses de mí. Por eso evito encontrarme contigo, aunque por detrás te critico. Podría no aguantar más y explotar».

Agresivo
«No me interesan tus derechos y los míos se anteponen a los tuyos. Yo consigo lo que quiero».

Conformista
«Estoy en el medio. Solo observo y acepto que las cosas son como son. Actuaré pasivo o agresivo, según si las normas me lo permiten».

NO DEFIENDO TUS DERECHOS

Figura 25: Cuadrante conductual que describe las distintas conductas, destacando a la Asertividad como una conducta adaptativa. Se ejemplifica lo que puede decir o pensar un individuo, al elegir actuar de tal o cual manera. Se propone al Conformista como una subclase del Pasivo-Agresivo.

Se ha querido proponer a la Asertividad como un elemento de la Comunicación Estratégica. Al respecto, discrepo de manera categórica. La Asertividad es en sí misma una herramienta absolutamente táctica, que puede ser ocupada por cualquier persona; sin importar su cargo o nivel educacional. No es un elemento de planificación, ni tampoco un mecanismo para generar soluciones en el largo plazo.

Para lograr ese largo plazo se necesita no solo hacer un conjunto de cosas, sino que «hacer esas cosas bien»; la máxima de cualquier táctica con probabilidades de éxito.

A un mismo nivel, todos nosotros somos capaces de actuar como asertivos comunicadores de opinión. Ninguna situación, salvo el terrorismo o la amenaza de muerte, tendría por qué mermar nuestra capacidad de ser absolutamente categóricos con respecto a lo que nos parece y lo que no. Todos dicen ser capaces, pero pocos lo logran en la práctica.

En ese sentido, no es difícil comprobar que a los latinoamericanos les complica mucho decir que «no» a algo.

Muchos habitantes de países como el mío, más de las veces se sienten ofendidos cuando alguien les niega algo. El «no» en ese sentido es prácticamente prohibitivo, y muchas veces se quiere reemplazar con una frase más conciliadora. Como por ejemplo: «Sí, pero...».

No es de extrañarse que por lo mismo, otras culturas nos consideren un poco incoherentes en negociaciones o bastante débiles en la preventa. Para qué hablar de la atención al cliente, la cual cada día está más desvirtuada, al contar con personas que sencillamente «no tienen trato».

La gente se da «muchísimas vueltas» para lograr expresar sus deseos de manera clara y categórica. Estamos invadidos por una especie de terror a caer en la pasividad o agresividad más flagrante. Nos comemos nuestra opinión para «quedar bien con el resto». ¿Pero qué es «quedar bien»?

Por ese «quedar bien», lo que realmente estamos haciendo es evitar enfrentarnos a un problema. Posponemos lo que queremos realmente decir, para un tiempo indeterminado. «Ahí lo vemos». «Lo conversamos». «Te cuento más adelante». «Llámame la próxima semana».

Al posponer la verdad, hacemos perder el tiempo a los demás y de manera egoísta. Nuestras respuestas reales podrían llegar a quedar tan pendientes, que de ser presionadas, estas podrían desvirtuarse en aseveraciones cargadas de urgencia, agresividad o incluso violencia verbal.

Nuevamente me acuerdo de «*Star Wars*». Quizás habrás oído una frase muy conocida de *Yoda*, el gran maestro *Jedi*, al hablarnos de la facilidad con la que un aprendiz puede ser seducido por el «lado oscuro de la fuerza». Ella decía: «*El miedo es el camino hacia el lado oscuro. El miedo lleva a la rabia. La rabia lleva al odio. Y el odio, lleva al sufrimiento*».

Esta frase de *Yoda* no es nada nuevo. *George Lucas*, rescataba muchas frases sabias de religiones como el Budismo. ¿Aplica esta en nuestra vida?

Preguntémosle a cualquier cliente de una prestigiosa tienda de *retail*, sobre qué siente al esperar que le contesten un requerimiento urgente, y no recibir respuesta alguna durante un largo período.

Sin duda, sentirá ansiedad; pensamientos negativos que comienzan a generar miedo. Miedo a ser víctima de una negligencia. Ese temor se transforma con el tiempo en odio; y ese odio se traduce en la más completa frustración. Frustración que podría gatillar una actitud agresiva o la más amarga pasividad. De ambas maneras, se trata de un sufrimiento.

Así, la costumbre del miedo, ha limitado nuestra capacidad de expresar nuestras críticas: uno de los pilares más importantes de la Asertividad.

La crítica asertiva

Cuando recién comencé a trabajar en *Electronic Arts*, me sentía muy ofendido por el hecho de que uno de mis superiores me diese la espalda continuamente y al momento de conversarle.

Se trataba de un jefe trabajólico; de aquellos que se encuentran frente a un computador casi todo el tiempo y temen distraerse.

Era algo que realmente me molestaba; algo que no estaba seguro de cómo abordar. No obstante, recuerdo haber tenido algo de entrenamiento en Asertividad durante ese período; por lo que decidí ponerlo a prueba.

Una mañana, me dirigí a su cubículo y lo llamé calmadamente:

—¿Clark?

—¿Qué quieres, Oscar? —me contesta mi jefe, volteando levemente su cabeza hacia la derecha, pero sin mirarme.

Tal como lo supuse, el hombre persistía en darme la espalda. Sin exaltarme, proseguí a darle un *status report*.

—Estamos finalizando la entrega para hoy a las 12:00 p. m. Partimos la mañana muy bien, con un 100 % de progreso. Nos reuniremos a las 11:15 a. m., para verificar los entregables. Esperamos tu asistencia.

—Muy bien —contesta Clark, sin mover su cabeza—. Estaré presente.

El personaje continuaba dándome la espalda y fue entonces cuando me envalentoné para realizar una humilde intervención. Lo único que tenía en mente era generar un cambio progresivo en su manera de comportarse.

—¿Hey, Clark?

—¿Qué necesitas ahora? —contesta el directivo, sin voltearse.

—Clark, por favor date vuelta —le pido amablemente—. Necesito decirte algo muy importante.

El hombre gira su silla lentamente, cual fuese el comandante de una nave espacial; propio una miniserie antigua de ciencia ficción.

—Clark, lo que te voy a decir es algo que quiero que te tomes con la mejor de mis intenciones —le digo suavemente, haciendo un preámbulo—. Sucede que me molesta que cuando te hablo no me mires a los ojos, y es algo que siento que no debo dejar pasar.

Mi jefe abre los ojos de impresión, como si le hubiese despertado de un letargo. Por supuesto, yo no era el único a quien le daba la espalda. Esta situación ya era comentada por mis compañeros. Sin embargo, por su reacción, estaba seguro de que nunca nadie le había dicho esto antes.

—Posiblemente sea el único que te mencione esto —le aclaro, para luego continuar—. Tan solo te lo digo, porque aprecio y me importa mucho la buena relación que ya tenemos entre los dos. Por eso, me gustaría que la comunicación entre ambos se desarrolle de la mejor manera posible. Y eso parte porque yo me pueda sentir validado cuando te converso. ¿Me entiendes?

Clark se queda estupefacto y mudo por unos cuantos segundos. Definitivamente, lo que le dije fue capaz de tocar «alguna fibra» interna.

—Oscar, te agradezco mucho por decirme todo esto —me declara con preocupación, para luego añadir—. Por favor, créeme que no hay ninguna mala intención en el hecho de no mirarte. Sucede que en este período me encuentro con tanta carga de trabajo, que de repente olvido mis modales.

—Por favor, quédate tranquilo con todo lo que te digo —le menciono esbozando una grata sonrisa—. Tengo absolutamente claro lo ocupado y distraído que estás. Por lo mismo, quiero que sepas que cada vez que me acerco, lo único que quiero es colaborar en todo sentido.

Al decir esto, Clark me muestra una completa sonrisa de alivio. No era necesario que me pidiera una disculpa. Ya lo hizo al darme explicaciones del porqué me daba la espalda.

Estaba de más expresarle que yo no era el único que notaba esa falta en su trato. Este asunto era claramente entre los dos.

—¿Puedo proponerte algo, Clark? —le pregunto con un tono de voz íntimo y de bajo volumen—. Si me lo permites, claro.

—¡Por supuesto! —contesta mi jefe, mostrando un motivado cambio de humor.

—Como ya lo sabes, estoy aquí para apoyarte en todo lo que pueda —le aseguro una vez más—. Y por ello sugeriré lo que considero que es mejor para ambos. ¿Si te veo dándome la espalda una vez más, me permitirías recordarte esta conversación para que no lo hagas? Claramente, esto lo haría privadamente; sin exponerte ante un grupo de gente. Me ayudaría a mí, y estoy seguro de que a ti también.

—Oscar... Por favor recuérdame cada vez que esto me suceda. Definitivamente es una ayuda bien intencionada. Me lo tomaré de buena forma, especialmente si viene de tu parte.

Clark y yo forjamos una sólida relación laboral. En adelante, jamás fue necesario que yo le recordara el mirarme al hablar.

Es más, cada vez que yo le llamaba no solo se volteaba, sino que cuando yo lo hacía a distancia, él se tomaba la molestia de pararse de su asiento y dirigirse directamente a mi cubículo.

Algunos podrían opinar de que esta conversación refleja un asunto que podría sonar exagerado o incluso insignificante: el mirar a los ojos cuando se conversa con personas. Pero como ya lo mencioné en su momento, las percepciones son importantísimas para crear y fortalecer relaciones.

Comúnmente, situaciones similares se mantienen ocultas por tanto tiempo que generan resquemor. Un sentimiento que desgasta o incluso arruina las relaciones humanas.

En un caso como el anterior, optamos por otro camino que nos lleve a generar confianza, sobre la base de una crítica bien intencionada y correctamente ejecutada. Ambas partes pudieron expresar sus auténticos puntos de vista. Al liberar sus tensiones, están abiertas a un acuerdo.

Es así como gracias a la crítica asertiva, descartamos un destino desfavorable. Esto lo logramos cumpliendo a cabalidad con sus cuatro elementos: un contexto, argumentos, propuestas y por sobre todo, respeto.

1. Un Contexto: la crítica se hace en un momento o en un tiempo específico; que permite que ambas partes se abran a una conversación. Puede ocurrir incluso cuando algo que no nos agrada se hace evidente.

La crítica es más efectiva cuando se hace privadamente, sin exponer a ninguna de las partes enfrente de un grupo de personas.

2. Buenos Argumentos: no hay nada peor que criticar a alguien porque sí. Cuando criticamos sin argumentos, lo que realmente estamos haciendo es culpar a una persona; algo que fácilmente se toma como un «ataque». Y si atacamos, inequívocamente deberemos asumir el hecho de que nos respondan defensivamente. Posiblemente nos atacarán también.

Dado lo anterior, es crucial explicar el porqué de lo que decimos. Como mínimo, debemos ser capaces de expresar y ejemplificar el qué, el cuándo, el cómo y el dónde de aquello que criticamos (al menos, una de esas preguntas). Pero en ese explicar, debemos basarnos primero en los hechos y luego en las opiniones. Jamás en viceversa.

3. Una Propuesta de Acción: una crítica bien hecha, siempre será considerada como una oportunidad de mejora. Y esta oportunidad es completamente visible, cuando va acompañada de una idea, plan o propuesta que sea capaz de generar acciones concretas y coherentes.

Una propuesta que involucre acciones de ambas partes, es en mi opinión la mejor de todas, pues rápidamente genera o fortalece cualquier tipo de vínculo con las personas. Cuanto más simple sea la propuesta, más fácil será conseguir buenos resultados.

4. Respeto: nunca está de más mencionar la importancia de no agredir o menoscabar a quien está siendo criticado.

El no mostrar un lenguaje elegante o al menos una actitud conciliadora para con el resto, nos inserta inmediatamente en un mal conflicto; plagado de pésimos resultados para ambas partes.

Faltar el respeto es por lo general una conducta despreciable y completamente innecesaria. He dicho por lo general, pues existen ocasiones en las que «puedes darte el lujo de hacerlo». Como cuando se realiza un «ajuste de cuentas». Me referiré a ello más adelante.

Si utilizas cada uno de estos elementos al realizar una crítica, puedo asegurarte de que como mínimo vas a ser escuchado(a) con suma atención. Si la persona que tienes como contraparte en la conversación es razonable, es muy probable que ella considere un cambio en su accionar.

La crítica asertiva es un excelente primer paso para decir lo que pensamos, sin arriesgarnos a tener una mala recepción. Es especialmente provechosa, cuando la acompañamos de frases propositivas.

Jamás mentirnos a nosotros mismos

El ser asertivos, por ningún motivo significa poner trabas para decir lo que pensamos. La principal diferencia está en la manera con la cual elaboramos nuestros argumentos. De manera consciente, filtramos lo que «nuestra mente piensa» para «decir lo que se piensa». Pero dichos filtros no pueden obstaculizarnos o complicarnos hasta el punto de comenzar a mentirnos a nosotros mismos.

En ese sentido, la comunicación asertiva no es algo que nos sirva para «caer bien» o hacernos más o menos amigos. En estricto rigor, implica concentrarnos (o inclusive detenernos y observar) para clarificar nuestros pensamientos y luego determinar la mejor manera de expresarlos. Así, debemos lograr que nuestras expresiones gocen de dos virtudes:

1. **Claridad:** que los demás puedan entender el sentido fidedigno de lo que le estamos diciendo. Si quedan dudas, mantendremos dicha claridad hasta disiparlas completamente. Cuando hay sentido, existe relevancia en nuestras palabras.

2. **Verdad:** que lo que estemos diciendo, represente nuestros reales deseos o intenciones. Es decir, más allá de la claridad, lo que decimos debe ser auténtico y genuino; pero sin ofender innecesariamente.

Al expresar genuinos puntos de vista, nos mantenemos fieles a nuestras intenciones. Reflejamos confianza en nosotros mismos y rápidamente establecemos puentes de credibilidad.

Un gran ejemplo de falta de claridad y verdad, es lo que ocurre con aquellos que mienten al decir que «saben de algo» o «conocen a alguien»; cuando realmente no es así.

Lo anterior también pasa con mucha frecuencia en el mundo laboral. Específicamente, cuando se toma el riesgo de asumir una tarea o responsabilidad, sin tener la preparación necesaria.

Quien delega, generalmente pregunta a su delegado si es que está seguro de poseer las competencias para una tarea específica. Más de las veces, lo hace con la siguiente pregunta: «¿Alguna duda?».

Es aquí en donde algunos caen en el error garrafal de mentir diciendo cosas como: «Para nada. Todo está clarísimo». Tienen miedo a decir que «no» o sencillamente, no saben cómo expresarlo.

171

Como lo señalé anteriormente, este es un problema muy típico en las culturas Latinoamericanas. Nos cuesta tanto decir que «no», cuando no sabemos algo. Nos complica aún más decir que «no» cuando alguien que es muy amable nos ofrece u oferta algo que no es de nuestro interés.

La falta de Asertividad en casos como esos, hace que las personas persistan en procrastinar. Posponen el acto de negar algo, por miedo de ofender. Esta falta de decisión es la que ha costado millones de dólares y una infinidad de horas perdidas a las organizaciones. Las fallas, los cumplimientos fuera de plazo y la ausencia de comunicación en los procesos, son algunos de sus resultados más inmediatos. Peor aún, tiene un efecto multiplicador que se origina en las personas y que se extiende como un virus hasta la mismísima cúspide de la arena pública y privada.

¿Cómo yo diría que «no sé» de algo, de una manera asertiva? No es tan difícil. Con un tono de voz agradable diría: «No sé. ¿Me podrías explicar por favor?». Eso es todo; sin complicarme más allá.

Algo similar ocurre cuando alguien muy amable me envía un correo electrónico directo y bien elaborado para «venderme algo». Si no me gusta o no tengo interés, simplemente contesto: «Estimado, muchas gracias por el contacto. No tengo interés en lo que me ofreces. Saludos».

Ante todo, mantengo la *Regla Platinum* de «tratar a los demás como a ellos les gustaría que los trataran». Actúo cordial y educado, porque contesto y saludo. No obstante, soy categórico al decir «no», sin enredarme mucho más. No quiero malgastar el tiempo de nadie.

Tu Asertividad no se pierde al ser breve en tus respuestas. No es necesario utilizar tanto preámbulo para expresar lo que piensas.

Lo importante es que seamos claros y categóricos con lo que nos parece; manteniendo nuestro buen trato. Esto incluso y si es posible, frente a las más duras circunstancias.

Cliché versus originalidad

«Comunicarnos asertivamente», no significa necesariamente que debamos «inventarnos frases especiales», para tal o cual circunstancia.

Las personas en general, tienden a copiar «lindas frases» que otros dijeron; y que al trillarse demasiado, se vuelven cliché. El sugerirlas, refleja la falta de improvisación de un asesor comunicacional.

Con el tiempo las «frases de moda», se vuelven predecibles y desgastadas para cualquiera. Por ende, es un error el declararnos «asertivos», tan solo por utilizar frases que ya todo el mundo conoce.

La comunicación asertiva, se trata de la integración de buenos hábitos para expresar lo que realmente piensas *versus* «lo que dices finalmente». Esto se logra al utilizar un vocabulario propositivo.

CAMBIOS DE HÁBITO AL EXPRESAR

LO QUE PIENSAS

LO QUE DICES

LO QUE PIENSAS	LO QUE DICES
X Esta «porquería» es eterna.	✓ ¿Cómo logramos terminar esto rápido?
X Por qué no puedes...	✓ Y si pudieses...
X Odio cuando...	✓ Sería mejor si...
X Esta es la mejor manera de hacerlo...	✓ Esta es mi sugerencia
X Tienes que...	✓ Considero que...

Figura 26: Contraste entre los pensamientos y los dichos asertivos. Se dejan atrás los cuestionamientos, las culpas y las ofensas. Nos concentramos en acciones concretas.

Nuestra mente más de las veces, nos puede jugar una muy mala pasada. El cansancio o el estrés podrían limitar nuestra capacidad de filtrar pensamientos. Sobre todo si ellos son pesimistas, ofensivos o impositivos.

La clave del «habla asertivo» está en detenerse un momento, para pensar y formular una expresión que motive a las otras personas; no solo a escucharte, sino que además a generar acciones concretas.

En ese sentido, es un buen hábito eliminar adjetivos calificativos y verbos que desmotiven a quien te escuche. Por ejemplo, cuando decimos: «porquería», «malo», «irresponsable», «odio», «detesto», etc.

Decir esas palabras no ayuda a ninguna de las partes; son irrelevantes y acarrean una pérdida de tiempo. Por lo demás, dejan el camino libre a la «conversación de la culpabilidad». Una pandemia social.

Al eliminar tales vocablos de la ecuación, nos concentramos en generar una «propuesta de acción»; pero jamás una imposición. Dicha propuesta puede ser llevarse a cabo de tres maneras:

1. Propuesta Unilateral: la responsabilidad de la acción está en la otra persona. Erradicamos las retóricas y las «preguntas circulares» como «¿por qué?» o «¿por qué no?», para concentrar nuestra frase en lo que se debe realizar. Establecemos aportes, como metas concretas, plazos y necesidades. Nos abstraemos de ese asunto que efectivamente recae en quien nos escucha; para rápidamente, concentrarnos en colaboración.

Así por ejemplo, frente a un dilema tan básico como llegar a la hora en tu trabajo, yo podría preguntarte: «¿Cómo podrías encontrar la forma de llegar puntual?». Algo mucho más saludable que despotricar: «¿Por qué cresta llegaste tarde al trabajo otra vez? ¡Me enferma tu impuntualidad!».

Incluso, podría ir más allá, al apoyarte en generar acción: «¿Qué necesitas para llegar a tu trabajo sin contratiempos?». Una frase que de paso, abre la puerta a una propuesta bilateral.

2. Propuesta Bilateral: la responsabilidad de la acción está en ambas partes. Sigue la misma línea de la propuesta unilateral, pero además utiliza palabras que tranquilizan y motivan al otro. La gran diferencia es que quien expresa la propuesta, se hace partícipe de la misma.

Una formulación sencilla, está en expresar lo que en la gramática de la lengua española se conoce como *verbos imperativos*. En ellos se establece un mandato específico; tan solo con agregar un «*mos*» al final de la palabra. Hablamos en primera persona del singular.

Así por ejemplo, el verbo «preocúpate», se transforma en «nos preocupamos». El verbo «habla», se transforma en «hablemos». Tú y yo nos involucramos en la solución.

Cuando las propuestas son bilaterales, es también muy importante dejar de hablar del «yo». Lo que se conoce con el nombre de «yo-ismo». Este es un defecto que muchos de nosotros hemos exhibido alguna vez. En especial, cuando se trata de presentar proyectos y negocios que involucran a un grupo de personas. Gente que podríamos avasallar.

En ese sentido, es un buen hábito abstenerse de decir frases como «yo hice»; «yo preparé»; «yo gané»; etc. Esto aplica a situaciones en las cuales estás en presencia de otras personas que se involucraron o colaboraron contigo. Reemplazamos el «yo», por un «nosotros».

Es siempre importante recalcar el hecho de que las personas aprecian muchísimo el reconocimiento de sus actos. Quítales eso, y parecerás mezquino, prepotente o incluso déspota. Lo mismo aplica en las presentaciones y negociaciones. No querrás que te consideren como alguien que ofrezca argumentos defensivos y débiles.

3. Sugerencia: reemplazamos nuestras frases impositivas por aquellas que sean sugestivas. Con ellas generamos influencia en el otro para una toma de decisión.

En algunas ocasiones, escuchamos a personas que nos imponen un punto de vista o una afirmación; estableciendo a la larga un postulado que se percibe como impuesto u obligatorio. Esto sucede típicamente, cuando se maquillan las órdenes, haciéndolas pasar por buenos consejos: «Tú tienes» o «Tú debes».

Por ejemplo, cuando alguien nos declara: «Esta es la mejor manera de hablar en público». Sin duda alguna, el individuo que nos habla tiene una idea propia, que deberá ser aterrizada en argumentos. Sin embargo, este no considera someter lo que dice a ningún debate o cuestionamiento.

No estoy diciendo que sea «malo» imponer directrices o dar órdenes directas. Un gerente o un jefe, puede tener un estilo completamente directivo. No obstante, su desempeño resulta mucho más efectivo cuando puede involucrar un estilo «consultativo» en su actuar. Esto significa, ser capaz de pedir y escuchar otras opiniones; para luego tomar decisiones que se perciben como consensuadas.

La sugerencia en sí misma, es tan solo una sutileza del lenguaje. Una que nos permite motivar a que otros participen de nuestras decisiones o maneras de pensar. Así, a nuestra batería de palabras podríamos agregar las siguientes: «sugiero», «quizás», «podrías», «recomiendo» o «considero». Esta última, es una de mis favoritas al momento de realizar una sugerencia.

Existen muchísimos más detalles que uno puede descubrir y estudiar acerca de la Asertividad. En nuestra vida cotidiana resulta fácil y entretenido comprobar la infinita cantidad de oportunidades que tenemos de aplicar un Lenguaje Asertivo. Son tantas, que superarían el contenido completo de este libro. Por lo mismo, en muchísimas ocasiones he realizado talleres y asesorías sobre este tema.

Sugeriré entonces lo que considero más benéfico. Recomiendo que practiques la comunicación asertiva, cada vez que puedas y desde hoy.

Es una «herramienta útil» para evitar complicarnos al expresar lo que queremos. Su práctica constante nos elimina ese gran miedo que nos vuelve pasivos o agresivos en ciertas ocasiones.

Lo rescatable de ella, está en esa capacidad de generar honestidad o sinceridad en nosotros mismos, para después proyectarla en los demás.

Para el *B2U*, tu historia auténtica y honesta es la base de tu distinción. Por lo mismo, ya no es necesario tener que mentir o aparentar para generar influencia positiva en las personas.

Decir la verdad, es siempre una forma de liberación. Tácticamente hablando, esto no significa que no podamos «administrar» dicha verdad. Podemos omitirla, pero no negarla; según sean nuestras circunstancias.

Recuerdo una vieja frase estadounidense que se aplica cómicamente al hecho de que un jefe te despida por decir lo que piensas: *«Tell your boss the truth, and the truth shall set you free»* («Dile a tu jefe la verdad, y la verdad habrá de liberarte»). Estoy completamente de acuerdo con ella; salvo si eres o has sido capaz es de aplicar la Asertividad en tu vida.

En ese sentido, perdámosle miedo a decir «no». No hay nada que temer si debatimos con buenos argumentos, proposiciones y por sobre todo, respeto. Actuando con dichos elementos, seremos capaces de generar y transferir buenos hábitos en quien sea que se dirija a nosotros.

Desafortunadamente, lo anterior es algo que ni siquiera los Magísteres más sofisticados le enseñan a uno. Para mí y para muchos, la Asertividad se aprende y prueba en «escuela de la vida». Requiere de talento; pero uno más bien basado en experimentación, ensayo y por sobre todo, valentía.

9
Conflictos y poder

"Si haces que los adversarios no sepan el lugar y la fecha de la batalla, siempre puedes vencer."

—Sun Tzu

EL CONSIDERARTE UNA PERSONA auténtica es fundamento para el desarrollo de una enriquecedora comunicación asertiva; la que a su vez es una de las Competencias Proyectivas del Marketing Personal. Sin embargo, es en este punto donde me alejo de muchas vertientes que proponen a la Asertividad como una «herramienta de influencia».

En contadas ocasiones, he desarrollado amplias conversaciones con personas que se declaran «asertivas», para luego darme cuenta de que son sumamente complejas para decir lo que realmente piensan. Incluso he podido notar que entre risas fingidas o gestos poco naturales, tan solo quieren quedar bien. No muestran una sustancia auténtica, y eso merma su capacidad de proyectarse como «gente influyente».

Por consiguiente, no me canso de repetir que el *B2U* no es una herramienta para «quedar bien con todo el mundo». El querer ser influyente, implica convivir con críticos y detractores. Consiste en aceptar el hecho de que de partida no todo el mundo te va a aceptar; que no todos van a estar de acuerdo contigo, por más que lo intentes.

Al respecto, no he emitido ningún juicio acerca de si la Asertividad es buena o mala. No es necesario hacerlo. Tan solo se trata de una selección (o alternativa) que uno puede tomar consciente y tácticamente.

Como no soy una persona que cree en recetas sino en experiencia, puedo decirte que la Asertividad tiene sus limitaciones. Digan lo que digan, no es un tipo de conducta o herramienta infalible. Esto aplica, cuando tratamos con personas que persisten en actuar de mala manera con nosotros; incluso, cuando estas son impredecibles.

Existe una delgada línea que separa a un «Marketing Influyente», de aquel que simplemente es esperable. Generar nuestro propio estilo para influir, implica innovar en la forma de «venderse». Lo anterior es posible, cuando en determinadas circunstancias somos capaces de desdoblarnos de los convencionalismos; mucho más, cuando nos damos el lujo de abandonar aquellos patrones que son fácilmente reconocibles.

La conducta asertiva en sí misma, tiene un finísimo punto débil: es susceptible de transformarse en un patrón predecible. Especialmente, cuando es ocupada de manera «mecanizada», o «automática» si se quiere. Esto ocurre con frecuencia, cuando entramos en algún tipo de conflicto en donde nuestros adversarios o rivales tienen el talento de predecir o calcular que «actuaremos asertivamente de tal o cual forma».

La Asertividad puede ser muy útil, pero en ningún caso es novedosa. Actualmente es enseñada y estudiada por muchos profesionales de las comunicaciones y la negociación: políticos, abogados, gente de medios televisivos, directivos, *coachs* e intelectuales; por decir algunos.

Dado lo anterior, hoy en día es muy probable que te sientes a conversar a la mesa con alguien que percibas como tu símil en el uso de las «artes comunicacionales». Fabuloso será para ti; si es que actúa como un aliado. Pero, ¿y si no lo es? ¿Cómo te manejas con un adversario?

Entramos entonces en la arena de los conflictos. Los hay «suaves», como la negociación de acuerdos, la discusión o el debate de ideas. Y también los hay «duros», como los altercados o enfrentamientos verbales violentos; esos que fácilmente pueden escapar a nuestro control.

Es en el conflicto en donde realmente se pone a prueba no solo el manejo comunicacional que posees, sino también tu temple y resistencia.

Las «frases para los bronces» pueden fallar. La memoria podría abandonarte. La impaciencia puede jugarte una muy mala pasada. Aquello que no esperas, sin duda te pondrá a prueba.

La Asertividad podrá ayudarte hasta cierto punto. Para enfrentar un conflicto o salvarte de uno; superando los miedos. Pero existen conflictos en donde más que Asertividad, debes ir un paso más allá y mostrar poder. Un alto calibre que implica a momentos, volverse impredecible e improvisar. Algo que más que práctica, requiere de talento.

«Dar es recibir»: sobre críticos y detractores

El ser humano tiene la tendencia a ponerse defensivo frente a cualquier crítica, pues piensa que se trata de un obstáculo a su validación personal. Matemos ese mito con una buena aclaración: la crítica representa un potencial beneficio mutuo. Si existe un aporte de valor, no cabe duda que un *win-win* está la vuelta de la esquina.

Dado lo anterior, si vas a criticar asertivamente al resto, también debieses ser capaz de escuchar y respetar sus críticas hacia ti. Pero siempre y cuando, ellas se hagan con contexto, argumentos, propuestas y respeto.

Quienes te hablen con dichos elementos son nada menos que críticos constructivos; incluso podrían ser «buenos rivales». Sugiero siempre mantenerlos cerca de ti, pues podrían convertirse en tus mejores aliados.

Sin embargo, aquellos que no cumplan con darte al menos un argumento de manera respetuosa, estarán muchas veces actuando como detractores. En ese sentido, te invito a que nos relajemos y aceptemos que en nuestras vidas siempre existirán personas que pretendan limitarnos, ofendernos e incluso humillarnos, con sus dichos y acciones. Incluso pueden hacerlo a espaldas nuestras, sin jamás decírnoslo a la cara.

Si lo pensamos de manera sencilla, las razones de la detracción podrían ser muchas: envidia, ideologías, competencia, temores, mala intención, etc. Pero para comprobar dichas razones, sugiero que siempre trates de concentrarte en un elemento raíz y común al público medio. Este consiste en un defecto: tiene poca costumbre de comunicarse haciendo buen uso del lenguaje verbal y no verbal.

Más de las veces, la gente no piensa lo que escribe o lo que dice públicamente. Si nos enfocamos bien, podremos comprobar que la escritura y los dichos poco prolijos, se deben a un cierto grado de impaciencia o inseguridad. Al no desarrollar el hábito de comunicarse bien, algunos simplemente «botan» estos sentimientos de la única manera que les sale fácil: atacando y sin pensarlo demasiado.

A este respecto, basta con leer algunos foros de opinión en las redes sociales, para darse cuenta de esta realidad. Pero, ¿debemos confundir esta impaciencia con malos sentimientos hacia nosotros? Claramente no, pues ello también merma nuestra capacidad de escuchar y entender asertivamente. Debe haber una clara intención o un sentido.

Sugiero que mientras no estemos seguros de las reales intenciones de nuestros detractores, los neutralicemos positivamente.

Esto quiere decir que escucharemos sus ataques, pero seremos lo suficientemente humildes como para quedarnos tranquilos.

Si dices poseer una esencia que se define auténtica, entonces, a la primera persona que debes demostrar algo es a ti.

No caigas en discusiones, arrebatos o «dimes y diretes» con un detractor. Este difícilmente cambiará de opinión, así que no malgastes tu tiempo y energía. Sus objeciones carentes de criticismo constructivo, están plagadas de inseguridades y temores. Expele miedo de no poder validarse.

El más fiero detractor querrá exponerte públicamente, tanto en una conversación cara a cara como así también en las redes sociales. Por lo mismo, evita dar espacio u otorgarle «pantalla» para que evidencie cualquiera de tus vulnerabilidades enfrente del resto.

Cuando el «territorio es público», evítalo y pospone cualquiera de tus argumentaciones: «Conversémoslo en otro momento. ¿Te parece?».

Si la situación no tiene remedio y la persona insiste, entonces llévala a un «territorio neutro y privado» para realizar un «ajuste de cuentas».

Ajuste de cuentas: «in your face»

Un detractor que no es poderoso e influyente, generalmente «succiona energía» del público que lo rodea, para generar sus ataques. Y es aquí en donde tú puedes evaluar si es que vas a contratacar. Sí, me leíste bien. Puedes conciliarte con ese detractor, o «eliminarlo»; si así lo deseas.

La Asertividad es tan solo una alternativa razonable; pero una que no resiste todas las hipótesis. Una de ellas es el «juego de poder».

Años atrás y encontrándome en un almuerzo de negocios en Chile, el presidente de una organización gremial, se ofendió por el hecho de que yo le entregara un regalo de mi empresa al anfitrión. Este último era el *Chairman* de una importante multinacional japonesa; quien a su turno, se mostró muy complacido por recibir dicho presente durante la sobremesa.

Según el gremialista, yo había vulnerado el «protocolo». Algo que por supuesto me resultó cómico, considerando la manera descuidada en la que él y casi todos estaban vestidos para la ocasión. A lo más *Silicon Valley*: con poleras, *blue jeans* y zapatillas. Nada que criticar; es cuestión de gustos.

Pero mi experiencia negociando con gente de Asia, me enseño mucho acerca de su *business etiquette*. Tanto los japoneses como mis socios y yo, éramos los únicos que en esa mesa, lucíamos nuestros trajes y corbatas.

El directivo del gremio, me miraba con ojos ensangrentados; completamente enojado y tratándome con exabruptos. «La cagaste». «Te quemaste». «Arruinaste todo». A ojos y oídos de varios invitados.

Nos encontrábamos en un *restaurant* familiar y bastante concurrido. Afortunadamente, los japoneses no hablaban inglés y no entendían qué pasaba. Yo por mi parte, mantuve mi mirada incólume y tranquila sobre el personaje que me desafiaba. Sin decir palabra alguna.

Históricamente, este tipo ya había intentado «medirse» conmigo; en dos ocasiones y de la manera más desagradable. Yo ya había hecho el esfuerzo de «neutralizarlo». ¿Por qué tendría que hacerlo una vez más?

Diez minutos después, el directivo termina por calmarse. Me dice: «Oscar, ¿conversemos un momento en otro lugar?». Proponía que abandonáramos nuestros asientos, para dirigirnos un lugar más privado. Claramente, quería darme las explicaciones de lo que había sucedido.

Yo accedo y con una sonrisa cálida, lo acompaño. Caminamos juntos hacia a otra mesa que se hallaba cubierta tras unas bambalinas doradas.

—Oscar... —me dice el directivo, con una voz profunda y condescendiente—. Creo que no tengo por qué explicarte que...

—Mira desgraciado... —le interrumpo, mirándolo fijamente—. Esta es la última vez en la que te vas a dirigir a mí de esa manera. La próxima vez me aseguraré de desacreditarte lo suficiente, como para que termines haciendo tus negocios en una sastrería.

El tipo me mira con espanto. Su cara se descompuso y su enojo salió aún más a flor de piel. Yo solo seguía intimidándolo sin detenerme.

—Dije sastrería, pedazo de mierda —le aclaro—. Porque antes de venir a hablarme de protocolo, comencemos por ti. ¡Aprende a vestirte *ad hoc* para la ocasión! ¿No te da vergüenza? ¿Tan «fallado de fábrica» eres?

Observaba como los puños del hombre se cerraban; conteniendo un posible arrebato sin control. El intercambio se había vuelto riesgoso. Sus ojos se habían ensangrentado. Él pudo perfectamente haberse «ido a las manos» conmigo. Pero si lo hacía, se arruinaba él y no yo.

—¡Nadie me habla de esa manera! —me contesta tartamudeando, pero no menos amenazante—. Estás jugando con fuego. Te vas a que...

—Efectivamente, «nadie» te ha hablado —interrumpo—. Ahora dime exactamente, cómo me vas a compensar por haberme causado este gran dolor de cabeza. Porque, como dirigente gremial es tu obligación potenciar negocios, ¿no es así? ¿Cómo lo vamos a arreglar?

La conversación siguió un rato más hasta que el tipo se cansó. De los ataques, se fue a las explicaciones; y de las explicaciones a los acuerdos.

Ambos volvimos a la mesa, como si nada hubiese ocurrido. Yo por mi parte, me mantuve completamente tranquilo, y sin mostrar ningún indicio gestual que nos delatara. Todo mi enojo se desvaneció completamente, al haberlo expresado en privado. La velada, siguió su curso normal.

Me prometí que en adelante, negociaría con la delegación japonesa «a puerta cerrada»; sin intermediarios y según mis términos. Y así ocurriría meses después. Me prometí nunca más faltar a una de mis máximas: «Nunca otorgues prioridad a quien hace de ti solo una opción».

En mi propio país, comprobé que no me trae beneficios el contar con intermediarios para mis negocios. Opté por «cortar un puente», con alguien que definitivamente no me serviría para nada en el futuro.

En cuanto al dirigente gremial, eventualmente perdió popularidad y fue dado de baja. Mientras ello ocurría, supe de buenas fuentes de que comenzó a imitar mi forma de vestir en los negocios. Quizás algo bueno salió de haberme desquitado con ese papanatas, y según mis términos.

Jamás existió registro alguno de que «ese fuerte y poco diplomático intercambio», hubiese ocurrido alguna vez.

El ajuste de cuentas te puede dar el poder de decidir si haz de neutralizar a un detractor de buena o mala manera. En el caso anterior, ¿se pudo haber tomado un camino mucho más diplomático? Probablemente.

Sin embargo, estaba completamente seguro para actuar así; totalmente visceral. Me sentí excelentemente bien al hacerlo; sin remordimiento alguno. Lo hice porque puedo y porque quiero.

Algunos defensores de la «inteligencia emocional conciliadora», posiblemente dirán que estoy muy equivocado al actuar de esa manera. Pensarán que soy más bien un hereje de la asesoría comunicacional.

En lo que a mí respecta, me cuesta mucho creer en esa gente que plantea que siempre hay que contenerse o mantenerse en control frente a los ataques; todo por ser percibido como «positivo». Eso es falso y poco auténtico. Positivo no es hacerse el «lindo» o ser *nice*; positivo es acción.

Sería hipócrita de mi parte, decir que no me he enojado en más de una ocasión. Todos tienen derecho demostrar su ira. No somos autómatas con actitudes *light*. Nuestra gran ventaja, está en que somos capaces de elegir si es que vamos a enfadarnos con la situación o con la persona.

Si el constante uso de la Asertividad te resulta inservible frente a los terribles ataques de un detractor, las acciones deben cambiar para evitar caer en la sumisión. Esto, pues ya no se trata de un «juego por expresar mejor nuestros puntos de vista», sino que estamos frente a un «juego de poder». Un juego en el que más que comunicar, se debe influir para ganar.

Antes de contratacar, trata de resolver las diferencias asertiva y tácticamente. Pero si no queda alternativa y decides quebrar una relación personal de manera agresiva, debes asegurarte de que no esperas nada más de tu contrincante y de que este último no podrá probar nada.

Tu adversario, debe encontrarse completamente recluido de la arena pública. Circunscrito a un territorio neutro: una sala aislada o un parque sin asistentes. Un lugar en donde sabes que nadie te va a interrumpir.

El ajuste de cuentas, debe siempre realizarse en un «*face to face*». Nada puede quedar por escrito. No existen intercambios por correo electrónico o por teléfono; ni menos por las redes sociales. Sin testigos.

Por lo demás y con el auge de las tecnologías, debes asegurarte de que en ese «cara a cara», tu contrincante no lleve consigo ningún tipo de grabadora, teléfono celular o dispositivo que tenga la capacidad de registrar lo que digas. Dado lo anterior, la invitación «a conversar» no se hace con tiempo o con un calendario; se hace por sorpresa.

Si alguien que físicamente esté muy cerca, «se pone agresivo» contigo mediante un e-mail o por *WhatsApp*, no pierdas tu tiempo contestándole por escrito. He visto a tanta gente desgastarse durante horas, escribiendo «la mejor respuesta». Todo ese gran esfuerzo, para después dudar frenéticamente antes de apretar el botón «ENVIAR». ¡Qué improductivo!

Mejor párate de tu asiento. Dirígete hacia la persona y pregúntale: «¿Vamos a conversar a alguna parte?». Es muy probable que aquellos que se envalentonan con mensajes electrónicos, después se «calmen» o titubeen durante una conversación personal y directa.

Recuerda que tienes el poder de definir la dirección que vas a darle a la conversación. Buscarás primeramente ser asertivo y propositivo. Pero si dicho actuar es en vano, y la persona persiste en atacarte como «una detractora sin remedio», puedes optar por eliminarla de plano.

Así, el ajuste de cuentas se hace rápidamente y sin mucha antelación. Actuando de manera sorpresiva y sin detenerse en culpas.

Tu capacidad de actuar de forma impredecible o intempestiva, es parte de lo que en la jerga se denomina como *Soft Power* o «Poder Blando».

Soft Power

El concepto de «Poder Blando» (*Soft Power*), fue acuñado durante la década de los ochentas por el «cientista» político y profesor de *Harvard*, *Joseph Nye*. Con este concepto, se explicaba un fuerte cambio histórico en el «balance de poderes»; al comenzar la transición desde la «Era Industrial» hacia la actual «Era de la Información».

Hoy en día, quienes son percibidos como líderes de cambio, poseen este «Poder Blando». En pocas palabras, consiste en «lograr que otros quieran lo que tú quieres».

Algo completamente distinto sucedía con el «Poder Duro»; usado en antaño. Este consiste en «lograr que otros hagan lo que de otra manera no querrían hacer». En el pasado, el poder era sencillamente definido por quien tenía un mejor ejército para influenciar de forma coercitiva. Hoy por el contrario, el poder lo sostiene «aquel que tiene la mejor historia».

La historia es crucial cuando queremos hacer uso del Marketing Viral; una táctica muy potenciada por el uso de las redes sociales. Sin un buen contenido o una historia original que compartir, cualquier esfuerzo por ofrecer un producto o un servicio a través de *Facebook* o en *LinkedIn*, será completamente en vano. Una real pérdida de tiempo y dinero.

Hoy por hoy, si te ves o si actúas como un(a) líder, la gente te tratará como tal. Por el contrario, si te muestras como un seguidor(a) (*follower*) o si actúas como una víctima, percibirán que tú no eres relevante. Salvo por tus amigos y conocidos, una gran mayoría ignorará lo que tengas que decir.

Aquí nos distanciamos de la Asertividad, para ir un paso más allá en la generación de influencia positiva sobre los demás. Me refiero a ese tipo de influencia que es capaz de generar acción motivadora; sustentada en la energía que transfieres a todo aquello que te rodea.

Gracias a dicho poder, somos capaces de detectar, cambiar y erradicar a por lo menos cinco perfiles que resultan incómodos para muchos. Individuos que afectan, estancan y desvirtúan nuestras relaciones humanas y profesionales:

1. El indeciso o inseguro que no tiene remedio.
2. El líder sabelotodo. También llamado *«Prima Donna»*.
3. El estratégico que constantemente dice «urgente».
4. El detractor quejumbroso.
5. El conformista.

En todo momento, un líder con «Poder Blando» despliega gestos, actitudes o conductas que son fácilmente identificables y admirables. Esto los diferencia de cualquier perfil comúnmente dañino.

Sostienen contacto visual con las personas a las que se dirigen, pues su autoconfianza es fuerte. No tienen absolutamente nada que ocultar. Por lo mismo, sus posturas corporales son expansivas y suelen manejarse muy bien en los escenarios, la televisión o en mesas de conversación.

Sus «posturas de poder» les ayudan a sentirse influyentes y al mismo tiempo más saludables; tanto fisiológica como químicamente. Estas posturas son perfeccionadas mediante el uso de gestos enérgicos, pero no menos elegantes. Dominan un completo arsenal de técnicas para su Lenguaje Corporal. Estas habilidades las trabajan alineadas con el uso de los cinco elementos de una voz poderosa, a repetir: pausas, articulación, respiración, inflexiones y sonoridad.

Como estas personas son capaces de «administrar su cuerpo», luego tienen el poder de gobernar sus *looks* y el entorno en donde se manejan. Preparan adecuadamente su vestimenta como símbolo de poder. Se esmeran en desplegar una consistente imagen personal, para luego hacerse cargo de los detalles del lugar y el público con el que van a interactuar. ¿Quiénes son? ¿Dónde se sientan? ¿Cómo se siente el ambiente? ¿La temperatura? ¿Pueden acaparar sus miradas o su atención?

Todos estos elementos son equivalentes a las Competencias Confluyentes Proyectivas del Marketing Personal. Aquellas a las que ya me referí anteriormente. Son por lo mismo básicas y predecibles; un mínimo adecuado y esperable para ser considerado como un potente comunicador asertivo. Sin embargo, los líderes con «Poder Blando» también demuestran aspectos que son poco predecibles y que por lo mismo escapan al umbral de la Asertividad.

Como sus historias personales, aptitudes y *know-how* llegan a niveles extraordinarios, entonces son capaces de cerrar su *Notebook* en la mitad de una presentación. Cautivan, al no depender de las notas de un *PowerPoint* o de un *Keynote* para dirigirse a quien sea. Están al mando de cualquier exposición, al utilizar un estilo genuino, propio y certero.

Bien lo describe aquella legendaria frase de *Steve Jobs*: «La gente que sabe de lo que habla, no necesita el *PowerPoint*».

Al ser expositores certeros, los influyentes blandos utilizan oraciones claras, simples y declarativas para seducir a su audiencia. Explican sus puntos «con peras y manzanas», para que cualquiera entienda el aterrizaje forzoso de sus ideas más geniales. Por lo mismo, les agrada listarlas como ítems en sus presentaciones.

Una de sus principales herramientas, es el uso de los contrastes en sus declaraciones. Estos permiten encajar sus fuertes posturas, haciéndolas parecer como algo razonable por comparación. Un ejemplo, es cuando te dicen cosas como: «¿Quieres rendirte o perseverar para salir victorioso?».

Al valerse de puntos de vista extremos, los líderes con «Poder Blando» son capaces de enfadarse. Se otorgan a sí mismos un completo permiso para expresar su disgusto. Ya sea con una situación; ya sea con una persona.

En ese sentido, el enojo está asociado con el poder. Muchísimas investigaciones demuestran que el público otorga mayor estatus a aquellos que expresan su enfado; no así a los que expresan tristeza o culpabilidad.

La gente que demuestra poder, también es capaz de interrumpir una conversación, para anunciar o imponer sus puntos. Aunque esto escapa de la conversación asertiva (cuya base está en saber escuchar), los líderes influyentes muestran una atractiva o encantadora forma de interrumpir. Lo hacen con suficiente gracia como para no ser percibidos como agresivos, sino que como «entusiastas» en la exposición de sus puntos de vista.

En mi caso particular, he podido abrir potentes exposiciones al lanzar declaraciones sumamente fuertes hacia el público. En una ocasión comencé con la pregunta: «¿Hasta cuándo vamos a ser tan necios de continuar en una senda laboral que nos convierte en esclavos bien pagados?». Luego hice una pausa de cinco segundos, que dejó a la audiencia pensando o más bien «digiriendo» mi exclamación.

Nótese que en el ejemplo dije «vamos»; incluyéndome a mí mismo en ese enfado. El necio también soy yo. Esto va de la mano con un consejo que me dio un muy buen amigo que se dedica al *Stand-Up Comedy*: «Si vas a reírte o enojarte con el resto, primero parte contigo mismo».

Al incluirme, la gente infiere que no estoy enojado con ellos, sino que con una situación o circunstancia en particular. Algo muy distinto hubiese sucedido si yo preguntara: «¿Hasta cuándo van a ser tan necios?». Posiblemente, me hubiesen abucheado. Algunos ya se estarían retirando.

Lógicamente el contexto ayudó. La ponencia en cuestión trataba sobre «Emprendimiento y Clima Laboral». Un tema que por conocimientos y vivencias, domino lo suficiente como para «empoderarme y empoderar».

Una «fuerte declaración de inicio», no hace otra cosa que generar un verdadero gancho con la audiencia. Un lazo para que quienes me rodean, empaticen conmigo y luego sientan ganas de seguir escuchando aún más. Si el primer golpe del discurso es poderoso, la gente se abre a pensar que lo que diré a continuación tendrá el mismo vigor. Y suelo no defraudar.

En cuanto a las interrupciones, todo depende del contexto. Si se trata de un conflicto simple, como sucede en una negociación, no suelo interrumpir. Obtengo muchísima ventaja de las pausas, las que puedo utilizar para escuchar; o bien, para generar presión en mi contraparte.

Es bien sabido que el silencio utilizado con precisión, puede servir para que la otra persona «nos hable de más», y que por lo mismo, aumente sus posibilidades de cometer un grave error. «Pisar el palito» de una trampa.

Ahora bien, cuando me toca interrumpir a alguien lo hago con la suficiente gracia y sutileza como para que jamás me diga: «Oscar, no me interrumpas por favor». Si eso ocurre, la conversación o negociación se dificulta. Existe un llamado de atención que puede poner en jaque las buenas percepciones o incluso cerrar la posibilidad de un arreglo.

Para «interrumpir elegantemente», aprovecho aquello que defino como un «juego de inflexiones». Escucho atentamente todas las inflexiones de voz de la otra persona; las identifico y las estudio. Luego puedo anticipar cuando ella generará una inflexión de certeza (nota baja) al terminar una oración. Aproximadamente a medio segundo de que la otra persona vaya a ejecutarla, genero una inflexión de énfasis (nota alta), para comenzar inmediatamente con mi réplica.

Puedo tomar dos caminos aquí. El primero es interrumpir con un simple parafraseo. Utilizo lo que el otro dijo, para hacer una pregunta: «Me estás diciendo entonces que... (Todo lo que escuché)... ¿No es así?». Esto me da tiempo extra para pensar mejor lo que contestaré a continuación. También sirve en ocasiones para hacer dudar a la persona. Ella repite lo que dijo, pero de manera incorrecta o inconsistente; se confunde.

La segunda opción, consiste en expresar mi punto de vista de manera directa. Esto lo hago si es que estoy absolutamente seguro de la respuesta.

En ambos casos, lo que se consigue sin lugar a dudas es presionar a la otra persona para que se apure. Sin que ella se dé cuenta, diriges el ritmo de la conversación a tu favor.

Por lo general no recomiendo interrumpir. Esta táctica no es magia. Requiere práctica, y en mi caso, un largo aprendizaje plagado de errores.

El «Poder Blando», no es algo que se pueda tratar a la ligera. Existe una delgada línea de sentido común al hablar de poder. No todos van a estar de acuerdo en considerar que es bueno enojarse bajo ciertas circunstancias.

Pero, ¿qué diablos? La plenitud de tu vida no se basa en complacer a todo el mundo, ¿o sí? Para que cualquier campaña de marketing genere buena tracción, esta debe ser capaz romper esquemas. Y para que quiebre esquemas hoy en día, la gente quiere saber que su contenido es genuino.

Lo importante aquí es decidir cuándo enfadase o ser visceral; especialmente, cuando nos enfrentarnos a circunstancias excepcionales. Un auténtico ser humano será capaz de sentir y de transmitir su fuerza coherente y comprometidamente. La elección de qué camino tomar frente a un conflicto, finalmente será nuestra.

Conversaciones dificultosas

Si hay algo que nos impide avanzar en nuestros esfuerzos por alcanzar la prosperidad, es cuando persistimos en culpar a otros por sucesos o circunstancias que no resultan bien: fracasos. Los problemas siempre existirán y humanamente hablando, tarde o temprano llegará ese momento en que debamos abordarlos en una conversación.

Cuando esa conversación se lleva a cabo asertivamente, es porque realmente tenemos la intención de encontrar una solución compartida. Sin embargo, la realidad nos muestra que muchas veces, el intercambio de palabras se estanca en aquello que se conoce como «conversaciones dificultosas». Le decimos a los demás, frases que por lo general comienzan con un «por tu culpa...» o «mira lo que pasó»; y todo lo que viene después.

Sin lugar a dudas, una conversación dificultosa mal abordada podría sacar lo peor de sus partícipes. Degenera en ese tipo de conflicto que no trabaja a favor de nadie. Un conflicto que paradójicamente tienta y seduce.

Ninguno de nosotros está exento de no haber seguido dicho patrón alguna vez. Yo mismo he caído en ese tipo de conversaciones, hasta que aprendí que lo único que conseguía con ellas, era limitar mi efectividad en los negocios y en lo laboral. ¿Por qué tener que lidiar con amarguras, de manera gratuita e innecesaria?

El ser humano históricamente, ha tenido una amplia atracción por el morbo y la violencia. Física y psicológicamente, ambos han actuado como mecanismos para liberar energías negativas. Sabemos que en épocas antiguas, existían competencias en las que físicamente se ejercía la violencia hasta el punto de matar. Dichas prácticas eran reconocidas, honradas y premiadas por el público general. Incluso, se transformaron en un instrumento bien utilizado por los políticos.

Un claro ejemplo de ello, está en el conocido espectáculo de los gladiadores durante el *peak* hegemónico del Imperio romano. En dicha época se acuñó la frase «*panem et circenses*» (pan y circo). Ello, pues el espectáculo se utilizó sabiamente como cortina de humo para apaciguar los ánimos de una plebe asistencialista; frente a la corrupción de sus líderes. Se maquinaba un conflicto de plebeyos, para divertirlos y distraerlos de aquellos «delicados asuntos» de sus gobernantes.

Dicho conflicto, no solo implicaba superar a alguien sanamente como en los deportes, sino de destruirlo, aplastarlo o eliminarlo. Era bien visto entonces y aún es bien visto hoy en día. Es una treta conocida.

El público medio de nuestros tiempos, disfruta de las hazañas, intercambios violentos de palabras, «dimes y diretes» y en general, de cualquier tipo de ataque en el que exista un ganador y un perdedor. Basta con observar la parrilla de algunos canales de televisión. Esos que ofrecen programas de farándula o de debates políticos mal llevados, que terminan en una morbosa pelea; a ojos y oídos de millones de personas.

Claramente, hoy tenemos leyes que circunscriben nuestro grado de violencia a ciertos límites. Todo ello en pro de los Derechos Humanos y de una pacífica convivencia general. Un excelente paso, sin duda.

No obstante, el germen de la competencia violenta aún persiste. Quizás mucho más disminuido o dosificado, pero no menos latente en la vida de las personas. El conflicto de la culpabilidad brota de dicho germen y se nos presenta como la más tediosa de las conversaciones.

Podemos así rescatar el ejemplo de los gladiadores en la antigua Roma y evolucionarlo al concepto de «duelo». Una tradición muy propia de la Europa del Siglo XV, y que se extendió hacia fines del Siglo XIX. Me refiero a ese reto en el cual dos ciudadanos usan armas para «entenderse»; como los floretes (espadas) en Francia y las pistolas en Inglaterra.

Un conflicto en el cual ya no se buscaba precisamente quitarle la vida a alguien, sino que obtener «satisfacción». Un sentimiento que consistía en la reivindicación del honor o el ego herido por la ofensa del otro. Las remembranzas de dicho duelo servirían de plataforma para ese hermoso deporte llamado esgrima. Algo que me servirá de analogía.

Cuando culpamos a otro por tal o cual cosa, lo que realmente estamos haciendo, es desenvainar una espada para atacar su amor propio.

La punta y el filo de dicha espada son palabras desagradables como: inútil, irresponsable, despreocupado, inconsecuente, insensato; y en general, cualquier adjetivo calificativo (incluso con garabatos). Palabras que sean capaces de descolocar al otro y vulnerar su autoconfianza. Con ello logramos hacerlo sentir expuesto. Algo que muchas personas a lo largo de la historia, han denominado como un «placer culpable». Un sentimiento de satisfacción; pero que nada bueno trae en el largo plazo.

Lógicamente, el receptor de dicho duelo de culpables, podrá optar por dos alternativas. La primera y menos recomendable, será contratacar. Sacará su espada también, y la dirigirá inmediatamente contra nosotros.

Su segunda opción, consistirá en esquivarnos o cruzar su espada, para defenderse hábilmente de nuestro primer intento de ataque.

Quizás ya hayas oído la palabra «*touché*», en las películas y en la cultura popular. En el deporte de la esgrima, se denomina «*touché*» a aquella acción ofensiva que posee la intención de golpear al opositor.

Sin embargo, este concepto también dice relación con la discusión o el debate, entendiéndose como tu respuesta rápida e ingeniosa frente a un argumento o un insulto. La otra persona responde «*touché*», al reconocer tu habilidad en dar una respuesta que «lo tocó». Algo que podría hacer cambiar su punto de vista.

Pues bien, hagámonos cargo de afinar ese «*touché*»; ya seas parte o causa de un conflicto. Su clave está en olvidarnos, desviar o saltarnos cualquier conversación sobre «quién fue culpable de qué y por qué».

Conflictos de culpabilidad

Está comprobado que la conversación sobre la culpabilidad es algo que sociológicamente nos tienta en todo momento. De las conversaciones difíciles, es la más emblemática y la que presenta mayor frecuencia en todos los ámbitos de nuestras vidas.

Nuestro afán competitivo, especialmente en lo profesional, nos llama a «desenvainar esa espada» para así generarnos un duelo gratuito. El grave problema es que muchas veces lo hacemos con un tremendo *hándicap* estratégico: nunca sabemos cómo y cuándo ese duelo va a terminar.

¿Qué pasaría si utilizamos tácticas para que esa conversación fuese totalmente irrelevante? ¿Seríamos mejores profesionales y personas, al desconectarnos de la culpabilidad? ¿Y si la consideráramos como un asunto que podemos obviar conscientemente? Miles de ejemplos se me ocurren; pero tan solo mencionaré uno en el que participaremos tú y yo.

Digamos que yo soy tu jefe, y sucede que tú no me entregaste un informe importantísimo durante el día en que tenía que estar finalizado. Yo simplemente te dije lo que tenías que hacer. Es más, te lo pedí amablemente y por ello, me desentendí de hacer el seguimiento correspondiente. No me aseguré de que efectivamente hubieses avanzado.

A la mañana siguiente, te llamo a mi despacho y te pregunto serio e inquisitivo: «¿Qué pasó con el informe que te solicité?».

Nuestra conversación en este caso, podría tomar dos matices completamente opuestos: uno de culpabilidad y otro más propositivo. Imaginemos lo que podría pasar hipotéticamente con el primero de ellos.

—Oscar. No pude terminar el informe —me declaras, con voz nerviosa y apesadumbrada—. Ocurrió un impedimento familiar y tuve que salir anticipadamente de la oficina.

—¿Y por qué no fuiste capaz de avisarme? —te respondo molesto y luego levanto mi voz—. ¡No lo hiciste y contaba contigo! Por culpa tuya, tendré una reunión desastrosa.

—Oscar, no me hables así —me contestas, mostrando un pequeño indicio de desagrado, pero tratando de conciliarte—. Me duele que me traten de esa manera. Hice lo que pude por completar lo que...

—¡No me interesan tus dolores! —te respondo lapidariamente—. Estoy harto de tus continuas ausencias y tu falta de consideración para con tu equipo. ¡Siempre vienes con problemas de esa índole!

Ante dicha respuesta, miras para abajo y tomas un gran respiro. Definitivamente no estoy logrando nada con esa conversación, salvo aflorar lo peor de ti. Optas por contestarme defensivamente.

—¡¿Y cómo quieres que tenga consideración, si tú como jefe jamás me tomas en cuenta!? —me subes la voz y continúas—. ¡Además, te mandé un e-mail y apuesto a que no fuiste capaz de leerlo! ¡Cumplí con avisarte!

—¡A mí no me llegó ningún e-mail! Partamos por eso —respondo.

—¡Sí lo hice! ¡Te lo envié a exactamente a las siete de la tarde!

No hace falta que continúe inventado esta conversación. Podemos intuir que este intercambio terminará por ser largo y tedioso. Ninguno de los dos obtendremos algo en concreto. Generamos un diálogo cansador y que sin duda degenerará en un conflicto negativo; algo que no hace otra cosa que sacar lo peor de ambas partes.

Cuando culpamos, la gente se vuelve defensiva; como en cualquier duelo. La adrenalina que nos produce el defendernos y atacar, incluso nos impulsa a inventar cosas que no son reales. Así, utilizamos frases como «tú siempre» o «tú nunca», cuando la situación en realidad pudo haberse dado en una o en pocas ocasiones. Todo con el objeto de juzgar al otro como un «perdedor»; anticipando y asegurando nuestra posición de «ganadores».

Para qué mencionar la falta de productividad y malgaste de tiempo que esta conversación nos trae. Algo que pudo haber sido resuelto en cuestión de minutos, terminó costándonos horas y hasta días de calamidad.

Hagamos ahora un *«rewind»* imaginario y repitamos el mismo caso. Pero esta vez, llevemos la conversación por otro camino: uno propositivo y que pase por alto ese duelo de culpabilidades.

—¿Qué paso con el informe que te solicité? —te pregunto.

—Oscar. Lamento mucho no haber podido terminarlo —me contestas con un tono seguro y mirándome a los ojos—. Ocurrió un impedimento familiar y tuve que salir anticipadamente de la oficina.

Utilizas una inflexión al terminar la última oración; una nota baja, para indicar que lo que dices es verídico y certero. Por lo demás, te disculpas anticipadamente al decirme: «Lamento mucho no haber podido...».

Asumes tu responsabilidad, pero tampoco «te arrastras conmigo». Tenías razones válidas: prioridades familiares. No obstante, pretendamos que dichas explicaciones no produzcan ningún cambio en mi actitud.

—¿Y por qué no fuiste capaz de avisarme? —te respondo molesto y levanto mi voz—. ¡No lo hiciste y contaba contigo! Por culpa tuya, tendré una reunión desastrosa.

Entonces me miras fijamente y con mucha tranquilidad declaras:

—Oscar. La conversación de la culpabilidad es algo que no nos va a llevar a nada. Acepto mi error. Te avisé por e-mail y asumo que quizás no te enteraste. Entiendo que no es la forma y no la justifico. ¿Cómo podríamos colaborar ambos para que situaciones como esta no se repitan? ¿Cómo podríamos comunicarnos mejor?

Al oírte, es muy probable que mi molestia se disipe. Percibo que no estás con ánimo ni tienes necesidad de defenderte. Podré haberte «tocado con mi espada»; pero tú sencillamente, no vas a participar en un «duelo».

El diálogo cambia, tan pronto como actúas de manera asertiva. Me estás proponiendo una solución y me invitas a ser parte de la misma. Noto el *mos*; inserto en el verbo de cada pregunta que me formulas. ¿Me estás considerando? ¿Luego aprecias mi punto de vista? Es una jugada brillante.

Si soy lo suficientemente inteligente, pondré de mi parte para que trabajemos en una solución mutua. Un plan concreto.

Ahora bien, las personas son impredecibles. ¿Quién sabe? Digamos que la «mala conversación» persiste. Que esa respuesta tuya, pudo no haber tenido ningún efecto en mi sentimiento de frustración o de ira.

Independiente de si persisto o no en actuar de mala manera, lo crucial es que tú erradiques la culpabilidad de este juego. Poco a poco me estarás «llevando a tu arena»; y en ella, me haces partícipe de los resultados.

—¡Qué es eso de colaborarnos! ¡Ayúdate tú, mejor será! —sigo respondiéndote, hiperventilado—. Noto tu flojera y despreocupación. Siento que no estás a la altura de las exigencias.

—Entiendo tu punto de vista —me contestas tranquilamente—. No lo comparto en un cien por ciento, pero tienes razón en muchas cosas. Sin embargo, te propongo que abandonemos el «cómo nos sentimos» para concentrarnos en los resultados. Por favor, cuenta conmigo. Tendrás ese informe en tu despacho en un par de horas.

Si no soy capaz de entender ese último «*touché*» de parte tuya, es porque sencillamente soy un imbécil sin remedio. Dudo mucho que eso sea así. Pero si ese fuese el caso y tuvieses que tratar con Neandertales que simplemente no entienden, recomiendo que busques cambiar de empleo. Cuanto antes, mejor. El problema no sería tuyo, sino mío.

Diversas situaciones y contingencias, son la raíz de múltiples y desagradables conversaciones de culpabilidad.

Observemos la «atención orientada al cliente». Es muy típico que un vendedor que no cumple con sus promesas, se deshaga en explicaciones defensivas. Culpa a cualquier cosa, menos a su persona: al sistema de «punto de venta» o a sus jefes. Algo muy poco deseable, pues expone negativamente a la firma que representa. Pero lo peor que puede ocurrir, es cuando culpa al cliente; para luego «endosarle el problema».

Estos conflictos de culpa, también ocurren muchas veces en la vida familiar y de pareja. A su vez, se vuelven más comunes y hasta temibles en la vida laboral. En el trabajo, suelen ocurrir cuando existen impedimentos con algún colaborador o con algún directivo. Los más duros, pueden ocurrir al momento de entregar una evaluación de desempeño deficiente o cuando se realiza una desvinculación.

¿Te imaginas que simple podrían ser estos eventos, si nos saltáramos la conversación de la culpabilidad?

La desvinculación

Continuamente, asesoro a muchas personas en lo laboral. No me basta con que se ubiquen en un «buen trabajo»; más bien pretendo que se dediquen a aquello que les satisface. Los apoyo en diversas aristas: desde la elaboración de un excelente *Curriculum* o *Résumé*, hasta el uso de su *B2U* para sorprender en sus entrevistas laborales. Una tarea nada sencilla, considerando la fiera competitividad en el actual mercado del empleo.

En relación con esto, la gente me pregunta frecuentemente sobre qué hacer para despedir a alguien o de cómo enfrentar la desvinculación.

Siempre recomiendo que la conversación sobre el despido, dure como máximo quince minutos. Se ejecuta de manera rápida, amable y asertiva. El peor error que muchos cometen, consiste en conversar en esa misma instancia acerca del desempeño de aquel que está siendo desvinculado.

Dicha persona podría sentirse tan vulnerable y susceptible, que el hecho de hablar de su desempeño, podría hacerla sentir culpable de perder su trabajo. Independiente de que lo sea o no, el discutir sobre las razones, podría alargar la conversación, transformándola en un agotador y doloroso conflicto.

Si tú eres quien recibe el anuncio de desvinculación, sugiero que ante todo escuches, manteniendo la calma. Sé que no es fácil, pues se trata de un momento sensible y amargo. Estás perdiendo tu fuente de ingresos.

Espera a que la otra parte termine de hablar. Abstráete de sus razones; no importan, ya existe decisión, «ya está». A continuación, agradece la oportunidad que te dieron y negocia la salida. Bien podrías solicitar que se anuncie oficialmente que dicho suceso ocurrió «por mutuo acuerdo»: una renuncia. El lograr eso, te hará sentir mucho mejor y lo suficientemente confiado(a) para salir a despedirte de tu equipo de colaboradores.

Si las razones tienen que ver con tu persona y quieren explicártelas, evita a toda costa conversarlas. No es el momento de culpar ni sentirse culpable. Representa nada más que el «termino de un ciclo».

Despídete muy cordialmente. Nada de lloriqueos, pataletas o súplicas. Tu objetivo es salir lo más rápido posible del lugar de trabajo. El quedarse esperando o conversando sobre «detalles», no hace nada más que sacar a flote lo peor de cualquiera de nosotros.

Nuevamente, no vale la pena escuchar razones o argumentos de quién te despide. Lo que creas que tengas que aprender de esta «insignificante piedra en el camino», lo aprenderás después de tropezarte con ella.

Ahora bien, ¿qué pasa si no te parece lo que propongo y crees que las razones sí importan como una especie *feedback*?

Sugiero entonces proponer a quién despide, realizar una reunión posterior para conversarlas. En lo posible fuera de su oficina; lejos de su arena. Nada impide que ambas partes compartan un café para amenizar. Dicha reunión debe ocurrir como mínimo, una semana después del despido; cuando sientas tranquilidad y tus ideas ya estén decantadas.

No importando qué rol asumas en esta conversación, el hecho de eliminar la culpa de la ecuación simplifica las cosas. Ese importante detalle, permite que destaques como todo un profesional de alto calibre; aún en los momentos más complejos y amargos.

Así que no lo olvides. De ser tú quien tenga que «salir por esa puerta», me gustaría que lo hicieras por la puerta ancha. Con la más completa seguridad de que nadie es culpable; tan solo se trata de un cambio más en tu vida. Créeme que algo bueno siempre llega de esas pequeñas caídas.

Si queremos prosperar en todos los aspectos de la vida, no nos concentremos ciegamente en conversaciones de culpabilidad. No importa si se trata de un Armagedón laboral o sentimental; enfoquémonos en soluciones. Programemos nuestra mente para crear en vez de destruir.

De lo contrario, lo único que vamos a conseguir es seguir perdiendo una gran cantidad de tiempo en chismes, *mea culpas*, farándula, riñas infantiles o discusiones interminables sobre política y religión.

En esto último, los medios de comunicación y los políticos, también pueden hacer un gran aporte. Es muy deseable que eviten caer una y otra vez en posturas predeciblemente obtusas, rancias o amarillistas.

Si nos fuerzan a un conflicto y no hay manera de evitarlo, tenemos siempre la elección de realizar un ajuste de cuentas; ya sea por las buenas o por las malas. Y si es por las malas, es importante ser lo suficientemente tácticos como para jamás exponernos ni exponer a nuestro contrincante. Sin registro, sin testigos y sin remordimientos.

Los líderes de hoy (y aquellos que se consideran como tales), deben enfocar sus actitudes y energías en lo que importa: en propuestas y resultados. Ello implica alejarse en lo posible de las culpas pasadas y promover la acción. Amar el valor intrínseco que tiene el debate; abordando las objeciones y los ataques con elegancia.

10
Networking: capital social

"Convierte a los extraños en amigos, a los amigos en clientes y a los clientes en vendedores."

—Seth Godin

Contactos... ¿para qué sería? Frecuentemente, respondo así a mis conocidos cuando me los piden. ¿Los quieren para vender? ¿Para trabajar? ¿Los necesitan para amenizar? ¿Los buscan para generar sinergias? ¿O porque sí? Dependiendo de su respuesta, viene mi segunda gran pregunta: ¿Los van a «trabajar» o sencillamente los van a dejar en el abandono?

Lo cierto es que sin contactos, no existe ninguna posibilidad de «venderse» ni menos de proyectar tu influencia. Partamos de la base que si no eres una persona a la que le agrade socializar, ya tienes una seria desventaja para generar un potente capital social.

Por esa misma razón, era necesario de que te hablara primero sobre el miedo y la autoconfianza. Resultaba crucial que te diera buenos consejos para generar una destacada percepción inicial. Aunque te sintieses como el ser más sociable del planeta, pero sin tales habilidades, muy pocos allá afuera te percibirían como tal.

Algunos detractores dirán que el *networking* se facilita mucho con el auge de las redes sociales. Pues yo digo que no necesariamente.

Nunca me olvido de aquel chascarro, que ocurrió cuando envié a un apolíneo representante de ventas, bilingüe y muy influyente en las redes sociales, a conversar de mi parte con el *CEO* de una importante compañía prospecto. El directivo me llama al día siguiente y me saluda:

—¡Hola Oscar! ¿Cómo *estay*? Oye, te cuento que recibí a Pablo ayer por la tarde...

El gerente usaba un vocabulario distendido; muy propio de los chilenos que ya conocen al otro. Obviamente, los dos ya teníamos historia.

—¡Pero qué excelente! ¿Y cómo anduvo la cosa? —le pregunté.

—Simple *poh* —hace una pausa y luego me dice—. ¡No me lo «*mandís*» más huevón! ¿Por qué no *venís* tú mejor la próxima vez? Lo encontré medio maleducado. ¿De dónde lo sacaste?... Prefiero verte a ti.

Por poco me caigo de mi sillón. Su declaración me dio un poco de risa; pero no me dejó de impresionar negativamente. Mi representante me había informado que la reunión con este prospecto «había salido de maravilla». ¡Por Dios!, qué equivocado estaba el pobre.

Más tarde averigüé que lógicamente, por ser un «afamado de las redes sociales», este «chiquillo» en cuestión no había sido capaz de despegarse de los «mensajitos» de su celular, durante gran parte de la reunión con el gerente general. Algo que a este último no le hizo ninguna gracia, y que terminó por exasperarlo.

Sí... La falta de contacto visual de este agente, pudo haber sido la causa. O quizás su manera de hablar fue lo suficientemente fingida, como para que el pobre fuese percibido como «no confiable». En adelante, no me quedaría más remedio que rodearme de agentes cuyo mínimo requisito sería «soportar y aprobar» mi entrenamiento personalizado.

Historias similares a esta, se repiten mucho en Chile y en gran parte de Sudamérica. Las primeras percepciones son tan cruciales, que muchos gerentes las utilizan para definir si «les gustas» o no. Y de no ser así, son capaces de «cerrarte sus puertas» indefinidamente.

El desarrollo estratégico de un excelente *networking* es el *sine qua non* de una benéfica táctica de preventa. Mi abultada y selectiva red de contactos, es algo que no solo me ha permitido generar un sinnúmero de negocios, sino que además disfrutar el hecho de estar en la boca y en las mentes de muchos a nivel global. Para bien o para mal, me conocen.

Es por ello que más que trabajar las redes sociales, me concentraré en algo mucho más básico e inicial: crear y empoderarse del portentoso capital social que puedes generar con tus redes de contacto personal.

Nos preocuparemos de ese *networking* efectivo; uno que te permitirá acceder a muchas cosas: trabajo, prestigio, negocios, proyectos y disfrute.

Los contactos

Es entendible que muchas personas se dediquen de lleno a cultivar su desarrollo profesional al interior de una empresa; a «hacer carrera». No obstante y según mi opinión, la cantidad de oportunidades que se pierden en dicho camino es abismal.

Uno bien puede obnubilarse con un trabajo, para conseguir ese tan deseado cargo de gerente o directivo. Pero... ¿Y qué pasa cuando tiempo después, pierdes ese gran cargo? ¿Qué sucede cuando se esfuma aquella esplendida posición de la que gozaste durante quince años de tu vida?

En estos casos, los menos cautos corren como «ovejas» descarriadas a buscar nuevos contactos. Se reúnen con quien sea por conseguir alguna oportunidad. Muertos de miedo, comienzan a ser amables y cordiales con quienes jamás tuvieron la delicadeza de serlo en el pasado.

Muchos de mis clientes se arrepienten de no haber desarrollado una genuina red de contactos. Una que realmente concordara con sus principios, con su autenticidad... Es el origen de mi «maldita» pregunta: «¿Tu marca personal, se condice con tu red de contactos?». Pues de no ser así, me resultarás obvio(a) y forzado(a) al momento de venderte.

Los contactos no solo deben sembrarse todo el tiempo; deben «trabajarse con tiempo». Ya no vale tanto decir un «hola» porque sí o por fingir cordialidad. Mucho más valor posee aquella genuina intención de conversar cara a cara, y decir algo muy sencillo: «Hola, ¿cómo estás? ¿Cómo puedo colaborarte?». Créeme cuando te digo que no todos tienen esa genuina capacidad. Los que dicen tenerla, contadas veces son desarmados o ridiculizados debido a sus incoherencias.

Si de sembrar redes se trata, existen dos tipos de contactos según su proximidad: primarios y secundarios.

Contactos Primarios: corresponden a quienes tú ya conoces desde hace tiempo y que tienen una relación cercana contigo. Se definen por grado de parentesco, amistad, relaciones laborales o de negocios.

Tus familiares, tus amigos íntimos, tus clientes y colaboradores cercanos, son contactos primarios. Estos contactos perfilan lo que se conoce como un «círculo de confianza»; gente con la que puedes compartir un cierto grado de intimidad. Personas que de alguna manera se sientan abiertas y comprometidas a hacerte algún tipo de favor. Como por ejemplo, el asistirte para conseguir un contacto secundario.

Contactos Secundarios: son aquellas personas con las que nunca has conversado o con las que jamás has entablado algún tipo de relación. En otras palabras, gente que no te conoce.

Si los tienes como «conexiones», «seguidores» o «amigos» en las redes sociales, eso no significa que sean contactos primarios. El «cara a cara» deberá suceder sí o sí para convertirlos.

Obviamente, puedes utilizar tus contactos primarios para acceder a contactos secundarios. Por ejemplo, pedirle a tu papá o a un tío que te presente al gerente general de una importante multinacional, para generar una reunión. Más de las veces, un familiar te hará el favor debido a que existe un tipo de compromiso sentimental. Lo más probable, es que ese familiar te responda derechamente sobre si es capaz o no de «apalancar» influencia para que te reúnas con ese contacto. Tal apalancamiento es lo que en Chile denominamos cómicamente como «pituto».

Sin embargo, cuando solicitas un contacto secundario a un amigo(a), la situación se vuelve un poco más compleja. El éxito de su apalancamiento, dependerá de dos cosas. Primero, el nivel de cercanía que tu amigo(a) realmente tenga con ese contacto que buscas. Y en segundo lugar, el grado de compromiso y coherencia que tu amigo(a) tenga contigo.

En general, las sociedades latinoamericanas tienen la tendencia a aparentar. Muchas personas aseguran poseer una gran influencia sobre «selectos conocidos», cuando en realidad no es así.

Sucede frecuentemente que cuando haces un encargo para contactar a una «persona importante», dicha petición queda en *standby* hasta nuevo aviso y sin resultados. Las razones que te pueden dar son variadas: «estuve muy ocupado(a) y no pude hacerlo»; «la persona se fue de viaje y vuelve en dos meses más» o «debo buscar el momento adecuado para contactarlo».

Dicho tipo de respuestas, genera una linda palabra en mi cabeza: «¡*Bullshit*!». ¿Vas a entrampar tus logros por esperar un e-mail? ¿Dejarás la urgencia de tus asuntos a merced de un tercero?

Sugiero que jamás nunca pospongas tus intereses al tiempo, lugar y voluntad de un tercero. Si has de esperar demasiado, sigue adelante con otra persona y no apuestes por ella.

Quizás este consejo pueda sonar avasallador y hasta arrogante; pero es una táctica consistente para generar una importante Cadena de Valor. Una que trabaje para ti y que empalme genuinamente con tus intereses.

Cadena de Valor: fuente de oportunidades

En lo personal, me encanta desarrollar cátedras en las Universidades, y no precisamente porque aquello me traiga un beneficio financiero. Si enseñar va de la mano con el dinero, tanto mejor. Pero no transo ese beneficio por la satisfacción que me trae el profesorado. Trascender mis experiencias y conocimientos con futuras generaciones, no tiene precio.

Asimismo, me fascina asesorar a profesionales y empresas; participar como conferencista; involucrarme en emprendimientos; escribir artículos de interés. Pero ante todo, lo que más hace que mi vida sea plena y feliz, es la oportunidad de interactuar y compartir con distintas personas. Me atrae muchísimo conocer gente nueva. Frecuentemente, señalo que «he transformado el café en la mejor de mis inversiones».

El sentarme a compartir un café con galletitas, ya sea en la mañana o en la tarde, me ha dado la oportunidad de conocer a miles de personas. Gente de distintas industrias, sectores y cargos; con distintos credos políticos y religiosos. Como mínimo, realizo cinco reuniones semanales para conocer y «darme a conocer», con aquellos que tienen interés en conversar.

Mi arena está en las comunicaciones, ya sean sociales, comerciales o empresariales. Es «mi salsa». Me balancea íntegramente; me llena la vida.

Por ello, existe un Oscar escritor y otro profesor; uno empresario y otro asesor. Por alguna parte, existe un *alter ego* mediático que le gusta hacer prensa y mantenerse visible. Me agrada que muchos estén de acuerdo conmigo. Me motivo aún más cuando se me critica con argumentos. Y cuando recibo ataques infundados por parte de mis detractores, siento una dicha tremenda. Estoy en sus mentes, porque algo estoy haciendo bien.

Pero también poseo roles de padre y de esposo; que me brindan las más increíbles satisfacciones. Roles que a su vez implican las más duras responsabilidades. Goces y obligaciones familiares que he aprendido a separar sabiamente de mi arena, para evitar una sobreexposición.

Cuando regresé a Chile para radicarme en 2010, tenía poco o nada de contactos nacionales. Tan solo contaba con mi capital social, el cual se encontraba específicamente en un sector ínfimo pero influyente de los Estados Unidos: *Silicon Valley*.

Bastó con cinco años dedicándome a aquello que me apasiona, para generar decenas de miles de contactos. Esos que pasarían a ser parte de mi Cadena de Valor. Una de la cual obtendría prosperidad y buenos frutos; siempre y cuando, yo «diera mi vida por ella».

Una «Cadena de Valor de Contactos», se genera al converger distintas actividades que ante todo implican satisfacción personal.

Es un atractor estratégico de contactos. De ellos a su turno, florecen negocios y oportunidades. Cuando se trata negocios, el secreto está en cultivar los contactos, actuando genuinamente como un emprendedor y no como un alguien sometido a obligaciones. Lo anterior, implica hacer exclusivamente esas cosas que te gustan; no aquellas que a otro agradan.

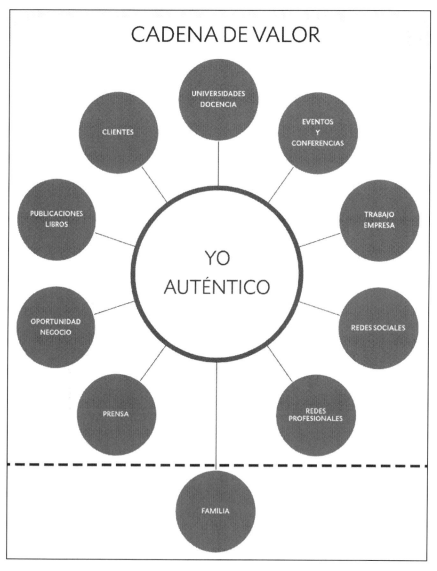

Figura 27: Ejemplo de una Cadena de Valor de *Networking*.

Como lo he señalado anteriormente, las Competencias Confluyentes del Marketing Personal se manejan al vaivén de dos umbrales: coherencia y compromiso. En ese sentido, la Cadena de Valor de *Networking* depende específicamente del compromiso que tienes con aquellas actividades que realmente disfrutas desarrollar.

¿Qué quiere decir «hacer aquello que disfrutamos»? Significa que cualquier actividad que realicemos, debe estar inequívocamente alineada con nuestras expectativas de satisfacción personal. Lo que sea que hagas, debe tener completo sentido para ti.

Cada una de las actividades que realices, podrían o no estar relacionadas entre sí. Lo importante es que en cada una de ellas vas a conocer gente nueva, generar «conocidos», entablar relaciones laborales o bien cultivar amistades. Incluso puedes «revivir» aquellos vínculos que estaban dormidos o abandonados desde hace mucho tiempo.

Es claro que cuanto más abierto estés a desarrollar distintas actividades, más contactos vas a generar. Remitiéndome al Marketing tradicional, la decisión será tuya respecto a si vas a generar «conversiones». Esto, en el sentido de transformar a un contacto secundario en uno primario. Muy similar a lo que sucede cuando convertimos a un prospecto en cliente.

¿Eres capaz de realizar tantas actividades como contactos quieras cultivar? Absolutamente no. Cultivar implica mantener, y tiene sus límites.

He aquí el grave problema de muchas empresas y profesionales que como ya he mencionado, no demuestran compromiso con sus contactos. Generan tantas actividades y reuniones, que después no tienen idea de cómo abordarlas o abarcarlas con un mínimo de coherencia.

Para aproximarnos a una mejor respuesta, cambiemos la pregunta ¿Eres capaz de cultivar una creciente cantidad de contactos, al realizar solo aquellas actividades que te satisfacen?

La solución podría servir no solo para generar buenos y sólidos contactos, sino que para hacernos cargo de muchos otros problemas de nuestra vida diaria. Dicha solución implica actuar con integridad; es decir, acorde a nuestras genuinas expectativas y las de los demás.

Y, ¿cómo puedes diferenciar aquello que te gusta de lo que no?

Quizás suene simplista lo que voy a proponerte. Pero lo simple, generalmente es muy efectivo. Toma un papel y lápiz. Luego dibuja una cadena de valor, enumerando las distintas actividades que actualmente realizas o que «tienes que hacer».

Cuando hayas finalizado, anota justo debajo de cada una la siguiente frase: «Tengo que hacer».

Ahora pregúntate en cuáles de todas tus actividades, puedes cambiar la frase «tengo que hacer» por un «quiero hacer».

Tacha el «tengo» por un «quiero», en aquellas que hayas seleccionado. Ese cambio de verbo, deber ir genuinamente de la mano con tus expectativas o deseos. Sin engañarte y sin titubeos.

Es muy probable que existan actividades en las que te sientas comprometido(a), por razones que no coinciden con aquello que quieres.

Si es así, entonces te invito a que por compromiso propio las descartes y las borres; para obtener una Cadena de *Networking* que sea limpia, real y fiel a tus intereses. Siéntete muy afortunado(a), si es que ella encaja con la misión y visión de la organización que diriges o a la que perteneces.

Cuando nuestras actividades poseen un genuino significado personal, generamos altas posibilidades de que algunos contactos secundarios (relacionados con dichas actividades), se acerquen naturalmente a nosotros. Es allí cuando podemos tomar la decisión de convertirlos en contactos primarios; ya sea enviándoles un e-mail, llamándolos directamente o bien reuniéndonos con ellos.

Los profesionales que muestran pasión y entusiasmo por sus tareas, atraen a otros símiles. Pueden atraerse para emprender, para obtener trabajo, colegiarse; formar gremios e incluso conglomerados.

El ser consecuente con tus intenciones, permite que tengas un foco y un interés claro por aquella gente con la cual te reúnes o te asocias. Eso se percibe y naturalmente, genera confianza y apertura en tus contactos.

Pero no nos centremos únicamente en el aspecto profesional. Todos somos personas con sentimientos y por lo mismo, somos capaces de realizar actividades que «nos atraen» amigos, parejas o conocidos. Sea cual sea tu actividad, dudo mucho que «estemos solos», independiente de que algunas veces nos sintamos así. Para conocer gente, basta con hacer el esfuerzo de tan solo «salir allá afuera» y proyectar nuestro *B2U*.

Hacer contactos es un trabajo; y todo trabajo bien hecho requiere de tiempo. Dado lo anterior, mi sugerencia es al menos destinar un 25 % de nuestra semana, para reunirnos con personas y darnos a conocer.

Retomando lo básico: sé puntual; apréndete sus nombres; toma nota de su información de contacto; intercambia tarjetas de presentación; agenda reuniones con sus amistades o conocidos; lo que sea de tu interés.

He escuchado a algunos «especialistas en Redes Sociales» mencionar esa conocida frase norteamericana que dice: «*The sky is the limit*» («El cielo es el límite»). La aplican para referirse al explosivo incremento de contactos que una persona potencialmente podría generar. Si se trata de generar, estoy de acuerdo. Si pones esfuerzo y constancia, sin duda llegarás a ser conocido por millones de personas en todo el mundo.

Sin embargo, si se trata de cultivar o trabajar dichas relaciones con compromiso e integridad, propondría otra frase: «*Interest is the limit*» (Interés es el límite).

Cuando eres capaz de destinar tu tiempo a aquellas relaciones que real y honestamente quieres forjar, entonces recién podrás dedicarte a las responsabilidades que llegan con dichas relaciones. Me refiero a esas tareas y gestiones que son propias de las demás estrategias de Marketing.

Si podemos manejarnos bien con algo tan básico como una agenda, entonces recién podríamos pensar en sofisticarnos un poco y generar una incipiente base de datos. Si lo primero resulta bien y el creciente número de contactos lo justifica, entonces podríamos considerar implementar un *CRM*; o comprarnos la licencia de un *software* especializado.

Cuando las personas que están detrás de una organización no muestran intenciones reales de relacionarse con sus clientes o prospectos, es muy difícil que saquen provecho del uso de *software* o módulos comerciales tan modernos como *SAP* o *Salesforce*. Menos provecho obtendrían de redes sociales. Este error en las empresas, llega a ser básico y tristemente obvio.

Razones como las anteriores, fundamentan mis principales críticas a la base del Marketing Relacional. En mi opinión, este último se ha enfocado más en medios de acceso que en definir las intenciones o intereses, tanto de emisores como de receptores; o de ambos en supuesta sinergia.

So pena de ser repetitivo, la primera impresión es crucial. Por tanto, cuando la gente allá afuera nos percibe lejanos, despreocupados o inconsecuentes, quiere decir que nuestra estrategia de Marketing es realmente trasnochada o desprolija. Ello porque no logramos reflejar lo primordial, lo fundamental: nuestro *B2U*.

¿Qué sacamos con llegar a millones de personas, si no somos capaces de relacionarnos al menos con diez, de forma coherente y comprometida?

Mi sugerencia es comenzar desde menos a más. Enfocarnos en la calidad más que en la cantidad de relaciones que forjamos a nivel personal. Esto por dos razones fundamentales: coeficiente y marca.

La Cadena de Valor en sí misma, posee un efecto multiplicador: un factor. Este corresponde al número de actividades que tienen sentido para ti. Dicho coeficiente se multiplica por el total de relaciones que te comprometes a cultivar. Veámoslo con un ejemplo.

Digamos que el número de actividades «que quieres o te gusta realizar» son cinco. Ahora, imaginemos que en cada de una de ellas interactúas con al menos diez personas que dicen conocerte. Ergo, hablamos una Cadena de Valor de 100 contactos primarios.

¿Puedes por ti mismo(a) y sin ayuda, trabajar o cultivar esos 100 contactos de manera consecuente y comprometida?

Apuesto a que no. Las razones son dos: falta de tiempo y relevancia.

Algunos sofisticados, me han «invocado» a *Wilfredo Pareto* y su principio del 80/20. Lo hacen para justificar un 20 % de tiempo comprometido totalmente a sus contactos. Mi respuesta es motivadora y a la vez peligrosa: «Buenísima aproximación. Para comprobarla, muéstrame tu agenda para ver ese 20 % reflejado en horas/hombre semanales».

El «*reality check*» nos cae como un balde de agua fría, de solo pensar en la «supuesta» efectividad de nuestras agendas. Pero para tranquilizarnos, consideremos otro fundamento que viene a salvarnos: la Marca Personal.

Recordemos esa «infame» pregunta del Framework del *B2U*: ¿Se condice mi *Red de Contactos* con mi *Marca Personal*?

La respuesta va de la mano con la relevancia que dichas relaciones tienen para ti. La clave está en forjar aquellos contactos que también estén dispuestos a «trabajar contigo». Es aquí cuando justificamos el «Pareto», logrando que el 20 % de nuestro esfuerzo, genere un 80 % en resultados.

Relacionemos este *benchmark* con el ejemplo anterior. No basta con trabajar la Cadena de Valor, sino que además debes forjar tu Marca Personal con la misma. Necesitamos que esos 100 contactos primarios, aparte de conocer tu nombre y lo que haces, se convenzan de que eres un «*rockstar*». Deben hablar bien de tu persona, utilizando palabras como: íntegro(a), distinguido(a), comprometido(a), confiable, líder, etc.

Su percepción sostenida sobre ti debe ser lo suficientemente favorable como para que ellos mismos te redirijan a sus respectivas redes o círculos. Específicamente, me refiero a esos contactos secundarios con los cuales podríamos generar conversión. Es allí cuando nuestra Marca Personal genera un rápido escalamiento. No obstante, dicho aumento exponencial debe ser consistente para que no se nos escape de las manos.

Utilizando una analogía, el manejo de una Cadena de Valor de *Networking* se parece mucho a ese arte acrobático que se conoce como «balance de los platos chinos». Ese famoso espectáculo que desarrolla un malabarista al colocar varios platos sobre varillas y «darles vuelta», para que giren y se mantengan equilibrados mediante la fuerza centrífuga.

El malabarista debe concentrarse y estar muy atento. Si deja de mover una de sus varillas por mucho tiempo, el plato que esta sostiene caerá por falta de impulso. Asimismo, si dejamos de «darle vuelta» o nos distraemos de hacer seguimiento a nuestros contactos, estos caerán como platos. Si se quiebran, nos desprestigiamos con el público. Es decir, sus contactos.

Así que si de «platos chinos» o de contactos se trata, no me vengan con ese cuento de que uno se puede transformar en malabarista o «experto» de un día para otro. Se requiere de tiempo, práctica y mucha paciencia.

Intenta generar al menos un contacto que «gire bien». Y si este puede «hacer girar» a otros, mejor aún. Si puedes con uno, intenta con dos. Luego con tres y así... Quizás suene como dar pasos de bebé, pero créeme que cada uno de ellos es coherente y genera una marca personal genuina.

Si eres capaz de manejar bien tus relaciones personales, entonces serás lo suficientemente consistente como para recurrir a las más sofisticadas y múltiples estrategias conocidas por todos. Me refiero a las estratagemas del Marketing Relacional, el *B2B*, el *B2C*, el Marketing Viral o lo que sea que recomienden «los genios» allá afuera.

Finalmente, la Marca Personal no solo depende de nuestro *approach* con las personas. Ese es solo el comienzo. Lo que realmente la forja son los resultados concretos de lo que lograste con ellas: sea trabajo, amistad, negocios, relaciones sentimentales, etc. Haz las cosas bien y el resto no dejará de hablar favorablemente de ti. Percepción sostenida intachable.

Como quien predica debe practicar, puedo decir que he logrado destinar un tercio de mi tiempo para reunirme con personas de las cuales podría obtener una amistad, un beneficio, una venta o una buena idea. Un pequeño margen de dicho tiempo, lo utilizo para realizar un exhaustivo seguimiento de las mismas; manteniéndome vivo en sus mentes.

Eso sí, aclaro que he llegado a tener tal grado de disponibilidad pues mantengo un constante espíritu emprendedor. No respondo a horarios impuestos; salvo aquellos que agendo con mis clientes, amistades o prospectos. Una libertad circunscrita a mis intereses; fiel a lo que me gusta.

Accediendo a contactos para desafíos laborales

Cuando tienes un empleo, la pregunta que debes hacerte siempre no es si van a despedirte, sino cuándo lo harán. Alguna vez escuché la siguiente frase: «El momento en el que te contratan, es el momento en el que empiezas a buscar tu siguiente trabajo». Una opinión quizás dramática, pero no menos cierta; preocupante y fiel al clima laboral de nuestros días.

Se lo he dicho a mis más cercanos clientes: la lealtad está para la familia y si no la tienes, consíguete un perro o un gato. A los amigos, pares y colaboradores se les pide (y se espera de ellos) otras cosas que van de la mano con la Cadena de Valor: coherencia y compromiso.

Si entendiste correctamente la Cadena de *Networking*, entonces te recomiendo no cometer el craso error de circunscribir tu vida a una única actividad como un empleo a contrata.

Trabajando todo el tiempo dentro de las paredes de una oficina, dudo mucho que puedas cultivar contactos que en un futuro cercano pudiesen favorecerte. Obviamente, los únicos que tendrías (o te quedarían) a la mano son tus compañeros, superiores o colaboradores. Pero, ¿te servirán cuando pierdes ese preciado trabajo? ¿Son todo lo que conseguiste?

La siguiente sugerencia sonará lapidaria y al mismo tiempo verídica, para aquellas personas que pretendan crecer laboralmente. Más y mejores oportunidades de empleo se consiguen al cultivar a los contactos y no en aburridas entrevistas psicológicas.

Los *Curriculum Vitae*, las cartas de recomendación, los trucos y técnicas de laboratorio, tienen un impacto mínimo al ser comparadas con el poder de tu Marketing Personal. Las mejores propuestas laborales llegan de quienes que se acuerdan de ti. De personas con quienes cultivaste una excelente percepción sostenida y que te tienen confianza.

Esas oportunidades no se logran mediante e-mails ni tampoco con intermediarios. Menos se logran pasando días completos dedicados a enviar antecedentes a un desconocido. Un intermediario que más de las veces, los dejará añejándose en una base de datos y no te dirá un «gracias».

Cuando recurres a *head-hunters*, lo haces porque ellos cuentan con más relaciones y confianzas que tú. Es lógico que frente a una urgencia laboral los utilicemos para evitar que «agua se nos vaya al cuello», financieramente hablando. Muchos nos acostumbramos a generar una renta fija y cuando nos encontramos cesantes, nos sentimos de alguna manera a la deriva. Necesitamos de un rápido apoyo para sobrevivir.

Pero, ¿y si tú hicieras lo mismo que el «caza talentos»? ¿Por qué no preparar tu Cadena de Valor desde antes? ¿Por qué no construir desde hoy nuestras relaciones, para así evitar quedarnos atrapados en un limbo laboral? Si nos lo proponemos, todos somos capaces de anticiparnos.

No es mi intención desmerecer el hecho de que muchos necesiten «afilar la punta» de sus *Curriculum Vitae* para acceder a nuevas oportunidades laborales. Sin embargo, me es claro que las hojas escritas aguantan cualquier cosa; sea verdad o mentira. Y como lo que más importa aquí es la autenticidad de tu persona, prefiero no dedicarme a describir las distintas propuestas de especialistas afamados para «pulir papeles» y superar entrevistas laborales.

La realidad es que hoy estamos plagados de ese tipo de material, tanto en libros como en artículos de interés que circulan por las redes sociales. Es cosa de sentarte frente a un computador para tener acceso ilimitado. Lo grave es que muchas de esas llamadas «técnicas», pasarán de moda tarde o temprano. El mercado las obliga a evolucionar, so pena de pasar al olvido.

Lo que nunca pasará de moda es que debes proyectar tus competencias y habilidades, tanto duras como blandas con autenticidad. Eso se logra poniendo a prueba tu Marketing Personal en las relaciones humanas. Me refiero con ello, a generar y trabajar tus contactos; pulir tus habilidades verbales y no verbales; conversar y negociar asertivamente. Más importante aún, debes tener muy claro aquello que quieres lograr.

Como lo que yo quiero que logres es máxima prosperidad y proyección, entonces no perdamos nuestro tiempo hablando de lo que se necesita para obtener un primer trabajo o un cargo de jefatura. Seamos *hackers.*

Si se trata de obtener cargos de alta dirección como los de *country manager,* gerente general, director o cualquier otra gerencia de línea, el *Curriculum* y el *head-hunter* de poco te servirán. ¿La razón? Se trata de cargos de absoluta confianza. Una confianza que se genera no solo en base a una historia previa de colaboración o de buenos resultados, sino que más importante todavía, con el manejo de una influyente Cadena de Valor.

Quien sea que te considere para un puesto de alta remuneración, debe estar dispuesto a comprar esa confianza. Los «casos de éxito» que lleves en tu *Curriculum,* podrían impresionar a alguien para «enamorarlo» y rogarte que te unas a sus filas. Sin embargo, esos éxitos por sí mismos no serán suficientes para mantenerte como un alto costo fijo; salvo que se forje una relación estrecha, marcada por el sacrificio, la ganancia y la pérdida.

En mi larga trayectoria, he tenido la oportunidad de entrevistar y contratar a innumerables mentes brillantes y cosmopolitas. Personas con los más emblemáticos perfiles y egresados de las más valoradas Universidades: *Carnegie Mellon, MIT, Cornell, Northwestern, Berkeley, Harvard, Yale*; por decir algunas. Así también, he dirigido procesos de selección con gente que tiene poco o nada de experiencia y que incluso carece de título o certificación.

Independiente de su *background* profesional, el 80 % de la decisión de contratarlos en una empresa *Fortune*, se basó en su *B2U* y el otro 20 % en sus competencias. Así de duro; así de drástico y esclarecedor.

Después de entrevistarlos durante horas o días consecutivos, un grupo de entre cinco a diez personas realizaba una rápida votación. En dicho *referéndum*, las únicas preguntas que importaban eran las más subjetivas. ¿Cómo te cae? ¿Te da buena espina? ¿Se nota confiable y responsable? ¿Le darías una oportunidad? ¿Tiene un trato agradable? ¿Explica con peras y manzanas lo técnico? ¿Es capaz de llevar bien una conversación?

Al oír las respuestas de los electores, los papeles y la experiencia de los candidatos pasaron a segundo plano. Casi todos mostraban sus pulgares (hacia arriba o hacia abajo) como el «gran fundamento» de su decisión. ¿Qué fundamento? Nada más percepciones.

No me considero un «caza talentos»; tampoco tengo un Magíster en Recursos Humanos. Sin embargo hoy en día y por alguna razón, algunos gerentes generales me envían candidatos para que yo «los olfatee»; independiente de que ya los hayan evaluado otras firmas de reclutamiento. Estos decisores solo me preguntan: «¿Te gusta el tipo, Oscar?».

¿Por qué tengo el increíble y bien pagado honor de hacerlo? Quizás la respuesta va de la mano con mi *B2U*.

Si estás desempleado(a) o estancado(a) en un trabajo que no valora tus aportes, hazte un favor; hazte visible. Fuérzate a apagar el computador y salir allá afuera para conocer gente nueva. Durante ese tiempo que muchos creen «improductivo», comprueba lo que logras al dedicar al menos un 50 % de este a andar en la calle, en un negocio o en seminarios.

Conéctate y reúnete con todos aquellos que pudiesen necesitar a una persona con tus características. Podrían incluso ser personas a quienes la mayoría subestime o menosprecie; las mismas que muchos conformistas etiquetan como fracasados, perdedores, *nerds* o desorientados.

Quién sabe con seguridad si detrás de ese «fracasado», no se encuentra el futuro dueño de una de las empresas más importantes del planeta. ¿Quién te puede asegurar de que dicha persona no se transformará en tu socio, o te designará sin chistar como directivo de su empresa?

Mi sugerencia es que generes acción emprendedora. Proyecta eso que sabes y te gusta; demostrando pasión y compromiso por crear soluciones. Al hacerlo, naturalmente atraerás a otros «fracasados» a conversar contigo.

Después de todo, son los fracasados como yo quienes se transformaron directivos de sus propias empresas o de grandes multinacionales; amos y soberanos de su destino. Aquellos que tuvimos la orgullosa oportunidad de sobrevivir a contados *«ciclos de iluminación»*.

Los grandes cargos, están reservados para quienes fracasan, sufren, se sacrifican y triunfan contigo. No así para aquellos que se creen titulares o merecedores de los mismos; tan solo por pasar una burda entrevista o seguir políticas corporativas de manera sumisa.

Cualquier gerente general medianamente apto, sabe esto con creces y es muy probable que no te lo confiese. A no ser que deposite su plena confianza en tu persona. Solo necesitas ese ingrediente, para que algún exitoso fracasado «ponga sus fichas» e invierta en tu esencia; en tu *ADN*.

¿Quieres sentarte en un directorio o transformarte rápidamente en un *Senior Executive*? ¿O pretendes seguir igual que antes, alegrándote porque un «don nadie» leyó tu *Curriculum* para un cargo del montón? Te aseguro que si adoptas los consejos de un empleado, terminarás como tal.

Entonces, ¿permitirás que se determine si eres apto(a) para dirigir en base a un «test de colores»? ¿No sería mejor conocer y ganarte la confianza de quien toma las decisiones estratégicas? Creo que ya tienes claro de lo que eres capaz, si es que practicas con bravura ese *B2U* en lo laboral.

Conoce a nuevos líderes y mentores; rodéate de futuros colaboradores. Convérsales de tus aspiraciones, de tus triunfos; de tus miedos y fracasos. Créeme que si generas una buena y honesta percepción inicial, ellos se sentirán identificados y empatizarán contigo. Además, lo pasas muy bien.

Querrán compartir sus historias y sus secretos. Escúchalas atentamente porque son un gran tesoro. Hazlos partícipes de aquellas actividades que son de tu interés, para luego forjar una *Cadena de Networking* que sea prometedora. Es entonces cuando realmente puedes decir que cuentas con un «círculo de personas» que trabajan contigo: sea promoviéndote, asistiéndote o enriqueciéndote. Tu interés y voluntad marca el límite.

Social Media Network Marketing

Mi intención no es detenerme demasiado en esta temática. Considero más práctico que nos enfoquemos solo ciertos puntos esenciales y atingentes, en relación con nuestro *networking* personal.

Esto se debe a que la cantidad de especialistas, artículos y libros que hablan sobre *Social Media* es tan extensa, que me temo abarcarían una publicación completa. Por consiguiente, centrémonos en aquello que es relevante; anteponiendo la *praxis* a lo teórico.

El capital social existente en las redes sociales, es sin duda un aditivo necesario para cualquiera que quiera trabajar su marca y sus negocios. Dije «aditivo», puesto que complementan nuestra sustancia. Hay tal variedad de redes sociales, que uno fácilmente podría perderse o esclavizarse.

Facebook, Twitter, LinkedIn, Instagram, Pinterest, etc. Tú decides cuáles o cuántas quieres utilizar. Siempre aparecerá una nueva red social que nos traiga novedosos y sofisticados beneficios. Gracias a la concreta escalabilidad de cada una, tenemos no miles sino millones de posibilidades de generar contactos con quienes «vendernos».

Independiente de lo que nos depare el futuro, sugiero que ante todo nos concentremos en generar coherencia y compromiso con nuestras relaciones personales. El Marketing Viral de las redes sociales sin duda es beneficioso; pero siempre y cuando, vaya de la mano con nuestro *B2U*.

En esta meteórica competencia por dominar las redes sociales, el generar una buena cantidad de *conversiones* ya no representa tan solo una técnica, sino más bien un arte. Por dicha razón, considero que más importante que manejar muchas redes, es dominar unas pocas con dedicación. Sin sonar peyorativo, diría que todo uso del *Social Media Marketing*, debe comenzar como «un circo pobre, pero honrado».

Cuando digo «circo pobre», quiero decir que antes de invertir tiempo y dinero en una red social, hay que probarla de manera gratuita. Es crucial que comprobemos si los beneficios que posee son realmente efectivos.

Si somos capaces (ya sea solos o con un equipo de Marketing) de generar atención en un grupo menor de personas y sin tener que invertir absolutamente nada, vamos muy bien. Eso quiere decir que nuestros mensajes están bien elaborados y además ofrecen un contenido atractivo.

Nuestro *target* mínimo puede variar en cantidad, dependiendo de nuestro tipo de negocio o intención. También inciden las opiniones. Algunos especialistas dicen que es bueno comenzar con cien personas;

otros dicen quinientas; algunos piensan que mil son un número razonable. Lo importante es comprobar si nuestras ofertas, mensajes, anuncios o historias, son capaces de generar interacción con terceros interesados.

Si nuestra interacción o intercambio con ellos puede ocurrir de una manera frecuente y consistente, entonces recién podemos considerar invertir dinero para generar escalamiento; sin ponernos la soga al cuello.

Las alternativas de inversión en *Social Media Marketing*, son muy variadas. Por lo demás son tan sofisticadas que si uno no está lo suficientemente bien asesorado, cuesta definir cuál de ellas adoptar.

Actualmente, tanto *Google AdWords* como *Facebook Ads*, nos ofrecen alternativas para medir los costos de una campaña *on-line*. Las tácticas más conocidas son el *CPM*, el *CPC* y el *CPA*. Las tres pueden utilizarse tanto de manera independiente como convergente.

El *CPM* (Costo Por Mil): corresponde al costo de mil impresiones de un anuncio. Se calcula por la cantidad de veces que un mensaje es visto por distintas personas.

Si por ejemplo, quiero que mi anuncio sea visto cien mil veces y el *CPM* fijado es de $10 dólares, lo que tendré que pagar al anunciante serán $1000 dólares. También se habla de *CPI* (Costo Por Impresión), cuando se cobra por cada una de las impresiones, sin agruparlas en lotes.

El *CPC* (Costo Por Clic): corresponde al precio que se paga cada vez que un usuario hace clic en nuestro anuncio. Ese clic nos puede llevar a una página web o a un formulario de contacto. Generalmente, cada clic cuesta centavos de dólar.

El *CPA* (Costo Por Acción o Adquisición): implica algo que va más allá de un clic o de una impresión. Implica establecer una determinada acción que un usuario debe realizar, como entregar sus datos personales al inscribirse en un formulario, comprar un producto o descargar un *software*. El cargo se aplica solo cuando se produce dicha acción. Por supuesto, al tratarse de algo más complejo, el *CPA* tiene un costo mayor que las demás.

A quien no sea un especialista, podría abrumarlo si describiera otras métricas como el *CPL* (Costo por *Lead*), *LTV* (*Lifetime Value*) o el *CAC* (*Cost of Acquiring Customer*). Por eso hay que tomarse todo esto con relajo. Siempre habrá alguien que invente algo nuevo.

Sea cual sea la táctica, lo que no podemos perder de vista es el Retorno de Inversión; también llamado *ROI* (*Return Of Investment*). Es decir, qué resultados financieros positivos nos trae el uso de cualquier red social.

Es en este punto cuando declaro que pagar para publicitar en todas las redes sociales, no es una estrategia óptima para generar ingresos. Ello pues sea cuál sea que elijamos, debe cumplir con tres elementos clave: *Target* (Meta), *Agreement* (Acuerdo) y *Core Message* (Mensaje Medular).

Target (Meta)

La red social que seleccionemos, nos debe dar acceso a un público objetivo (meta) cuyas preferencias e intereses estén alineados con nuestros productos y servicios. Ello implica segmentar a nuestros receptores de múltiples maneras: sea demográfica, psicográfica o conductualmente.

Lanzar un mensaje sin estar informados adecuadamente sobre ese *target*, es como gritar auxilio, encontrándonos en una balsa que está perdida en medio del océano: nadie nos escuchará.

Features & Agreements (Características y Acuerdos)

Es crucial estudiar las reglas, políticas, precios e incluso estratagemas de la red social que vamos a ocupar. Cada una de ellas funciona de manera distinta en «su letra chica»; en sus *agreements*. Si no conocemos sus límites, derechos y obligaciones, difícilmente podremos presupuestar una campaña que nos genere retornos financieramente claros y concretos.

Digan lo que digan los «expertos», debes tener claro que aquí los que siempre ganarán dinero antes que tú serán las empresas y *holdings* que están detrás de dichas redes sociales. Tanto *Facebook, LinkedIn, Google* y *Twitter*, son empresas multimillonarias. La infraestructura, el contenido y su «tracción» les pertenecen. Los sistemas de interacción son su negocio.

Su razón de ser es generar dinero y mantener satisfechos a sus accionistas. A menos que seas un *business partner* o una empresa *Fortune*, para ellos eres un número más; insignificante. Triste, pero cierto.

Por lo mismo, llevan una agenda clara: «nada es gratis». Te ofrecerán invertir una cantidad de dinero considerable, para que el anuncio más inútil y ridículo llegue a millones de personas.

Cuando oímos cosas como «millones», las propuestas nos resultan atractivas. Pero el solo hecho de que «el anuncio que llegue» a millones de personas, no significa absolutamente nada, si eso no trae flujos positivos.

Una táctica sugerida para resolver este dilema, es emular las acciones de dichos medios. Actuar tan agresivamente como ellos respecto al cumplimiento incondicional de tus metas de ingreso o *revenues*.

En ese sentido, es siempre necesario asesorarse por personas o Agencias de Publicidad (o de Marketing Digital), que sepan bien de qué están hablando; sobre todo si poseen *expertise* estadístico y financiero.

La mejor pregunta que puedes hacerle a tus asesores es siempre sobre el *ROI*. «Teniendo absolutamente claro lo que debo pagarte por la campaña, por favor dime cuál es la estimación de retornos que tendré por el aumento en las ventas de mi producto o servicio».

Puedo asegurarte que dos de cada diez candidatos, podrán contestar a esa pregunta derechamente. Ello, si es que poseen una comprobada experiencia o conocimiento; es fácil filtrar. Descarta a quienes no sepan la respuesta, pues significa que no entienden tu negocio. Su plan de medios será tan inútil como los que trabajen en este. Es casi matemático.

Para no mortificarnos con la angustia de seleccionar el vehículo adecuado para llegar a millones de personas, recomiendo que realices la siguiente dinámica. Imagina por un momento que aunque tuvieses todo el dinero para invertir en *Social Media*, eres pobre como una rata. Si piensas así, al igual que cualquier emprendedor que se inicia, entonces sugiero que gestiones tus redes sociales de manera solitaria. Un «*Lone Wolf*».

Con esa imagen en mente, dedícate a experimentar por ti mismo(a) las diferentes alternativas. Tanteando los *pros y contras* con un máximo de tres redes sociales. Llega hasta los límites máximos de lo que puedes obtener de cada una de ellas, sin tener que invertir un cinco; sin tomar tu tarjeta de crédito.

Lo bueno es que si cometes errores o fallas en tus intentos por escalar, te costará poco o nada de tu bolsillo. Solo invertiste tiempo y ese tiempo fue de aprendizaje. Uno que te sirvió óptimamente para pulir el *core de* toda estrategia de Marketing Digital: el Mensaje Medular.

Core Message (Mensaje Medular)

Implica comunicar a quien sea, una historia que represente el centro de lo que haces, tu pasión y tu carácter único. No tiene que ser un mensaje perfecto, sino lo suficientemente sincero o genuino para transmitir todas nuestras ventajas competitivas o diferenciadoras. Empático y dinámico.

Es aquí es donde el «circo además de pobre, debe ser honrado». Independiente de que representes a una empresa con millones de dólares o que seas un emprendedor con pocos recursos, no tiene sentido «quemar dinero» en anuncios que no resulten atractivos por su verdad y unicidad.

Una de mis máximas con respecto a cualquier red social, parte de la mismísima piedra fundamental del *B2U*: «Si vas a ser tú, entonces sé tú».

Hoy en día, al público general no le apetecen aquellos perfiles de usuario que muestran solo el nombre de una organización y no el de un individuo real. Y es que humanamente hablando, percibimos que detrás de dicho perfil «se escuda» alguien que solo está buscando minar datos para su base de prospectos (*leads*).

El público *mainstream* de las redes sociales ya dejó de ser tonto e ingenuo. Siente o advierte que detrás de un «perfil de usuario corporativo», más de las veces se esconde alguien poco auténtico. Una persona que no tiene la capacidad para asumir las consecuencias de sus mensajes ni menos de gestionar adecuadamente su Cadena de Valor.

Para mi gusto y el de muchos, esos «perfiles corporativos» con lindos logos son bastante restringidos. Nos comunican que quien está detrás de la empresa, tiene graves dificultades para generar una conversación fluida.

Ahora, si dicha empresa o directivo delega la emisión de sus mensajes a otras entidades como un *community manager* o una agencia de medios, entonces más vale estos agentes se comuniquen como personas normales y no como robots. Digo esto, porque hoy en día las redes sociales están sobresaturadas de sistemas automatizados para la emisión de mensajes. Algoritmos que se conocen con el nombre técnico de «*bots*».

Gracias a lo anterior, conseguir interactuar de manera auténtica con una empresa resulta ser más una «rareza» que una normalidad. Por lo mismo, se aprecia mucho cuando las personas que representan a una organización se comunican con nosotros directamente. Esto aplica tanto para el *Outbound* como el *Inbound Marketing*. Dos vertientes que están siendo puestas a prueba frente al llamado «Síndrome del Yo». Me refiero al pandémico auge del egocentrismo en las redes sociales.

Millones de personas publican noticias en *Facebook*, *Twitter* o *LinkedIn*. El problema es que muchas veces comparten cosas que son completamente irrelevantes; o bien se dedican a «viralizar» contenidos que a pesar de ser sensatos, son una mera repetición de algo ya sabido.

Con las redes sociales sobresaturadas de «ruido», lamentablemente nos toca competir o pagar pon un espacio de relevancia para nuestro mensaje. Nos medimos con esa gente que comparte por *Instagram* las fotos de un plato de comida o de puestas de sol en una playa paradisíaca. Así también, rivalizamos con aquellos millones de anuncios profesionales en *LinkedIn*.

En tal contexto, no es extraño que quienes publican una «*selfie*» (foto con la cámara del teléfono celular, apuntando hacia uno mismo), o una foto de su familia, obtienen una atención considerable.

Cuando exhibimos imágenes de personas o de situaciones divertidas, los «*likes*» o «me gusta» se multiplican con gran facilidad. En cambio, cuando escribimos una gran cantidad de líneas o exponemos sobre temas negativos, prácticamente nadie nos pone atención. ¿Por qué?

Existen muchas respuestas, pero las simplificaré en una aseveración. Las redes sociales están hechas para ser visuales y lúdicas respecto de las interacciones que conglomeran. Se alimentan de contenidos que son gratuitamente producidos por el esfuerzo de los usuarios. Sin embargo, el éxito de cada uno de ellos por acaparar atención, se centrará en un solo factor: un mensaje auténtico que apele rápidamente a los sentimientos.

Personalmente, considero que en un esfuerzo por no parecer muy personales o demasiado auténticos, la gran mayoría de las personas siente temor de compartir aquellas noticias o contenidos que realmente les importan. Muchas veces no son capaces de «calar hondo» en sentimientos humanos que motiven un concreto «llamado a la acción».

El *Social Media Marketing* evoluciona de manera tan progresiva que es fácil que muchos usuarios «se escapen» de cualquier táctica costumbrista; y en solo cuestión de segundos. A estos últimos, ya les cansan aquellos anuncios que presumen sus preferencias; como si el emisor tuviese una bola de cristal. Mensajes que resultan desfasados y obvios: «Porque sabemos lo que tú quieres»; «Conocemos a nuestros clientes»; «La ciudadanía nos pide hacer cambios»; «Entendemos lo que importa».

¿En serio creen conocernos bien? ¿Las organizaciones tienen un «ojo que lo ve todo»? ¿Acaso poseen una herramienta para ver nuestras almas?

Para sobreponernos y salir triunfantes frente a toda esta basura, siempre sugiero generar mensajes que de alguna manera sean disruptivos, pero no de forma negativa. Una disrupción que implica comunicarnos auténtica y directamente. Que nos permita acceder de manera simple y natural a aquellos sentimientos humanos básicos que todos compartimos.

Utilizar una imagen que simbolice una sensación, es un excelente primer paso. Si luego mezclamos dicha imagen con un texto, este debe ser corto y conciso. No es de extrañar que la gente en su mayoría no tenga voluntad de leer. Y si lee, lo más probable es que no comprenda largos párrafos o vocablos sofisticados.

Dado lo anterior, si nuestro mensaje es asertivo mejor aún, pues involucramos cuatro cosas que generan un provechoso contenido: un contexto, un buen argumento, una propuesta y por sobre todo respeto.

Con esos ingredientes, podemos confeccionar una poderosa herramienta que sea capaz de generar no solo acción en los demás, sino que algo más trascendental: una causa con sentido de cambio.

La promoción de una causa nos comunica que quien está detrás de la publicidad es un líder o va por buen camino para convertirse en tal. Un ente atractor, cuyo Marketing Personal no solo genera «viralidad» por las redes sociales, sino que además proyecta algo mucho más importante: influencia real. Algo que no muchos paladines de las redes sociales poseen.

Si queremos generar una real y legítima influencia, las redes sociales representan tan solo un aditivo que complementa nuestra sustancia. En ese sentido, nuestra capacidad de sentarnos a conversar directamente con quienes toman las decisiones, marcará toda la diferencia.

11
Liderazgo que «vende»

"Todas las personas nacen como original; la mayoría mueren como copia."

—Anónimo

CHILE ES EL PAÍS de las oportunidades. Lo declaro bastante convencido; no importándome el hecho de que varios a mi lado demuestren la más completa incredulidad. Como muchos de sus símiles en Sudamérica, es una nación en donde continuamente escucho que «nunca es buen momento para hacer nada»; ni negocios, ni proyectos, ni menos encontrar trabajo. Resulta interesante resumir el listado de pretextos o patrañas.

Dicen que enero y febrero, son «meses perdidos», pues todos están de vacaciones. Relajándose, tomando sol y comiendo mucho. Aseguran que no hay nadie «que tome decisiones» y que esté disponible en esas fechas.

En marzo, tampoco podemos hacer mucho, pues es el mes en el que entran los niños al Colegio y los jóvenes a la Universidad. Y a nosotros los padres, nos saturan con los pagos de matrículas, útiles escolares o peor aún: altas cuotas de incorporación. Aquellos que tengan auto, deben cumplir a última hora con su *Revisión Técnica*, para luego «apretarse el cinturón» y pagar uno de los permisos de circulación más caros del mundo.

Salvo por el pago de impuestos, abril es un mes de relativo relajo. Muchos aprovechan de escapar de la rutina, viajando a otras ciudades en «Semana Santa». Tienen una gran necesidad de respirar aire puro y desactivar sus celulares. Tan solo marzo fue suficiente para estresarlos. Los huevitos de pascua, les ocasionaron ataques de colon. Es el mejor mes para que muchos «se sientan enfermos»; obstaculizar o dejar todo para después.

Mayo es el «Mes de las Glorias Navales». Algunos se toman hasta una semana completa de «vacaciones encapsuladas» para celebrarlas. Eso, si es que pudieron tener una devolución de impuestos más o menos decente.

Durante junio y julio estamos en pleno invierno. Aplicamos un cambio de hora que afecta cualquier agenda; nada más porque a una gran mayoría de personas le cuesta mucho levantarse cuando sus mañanas parecen noches. Luego, las mismas se quejan porque sus días son cortos; se oscurece muy temprano. Cuando llueve mucho o hace demasiado frío, buscarán un buen pretexto para procrastinar y dejar cualquier compromiso para un tiempo indeterminado; al diablo si es importante.

Agosto es el mes de los gatos. También es aquel en que supuestamente mueren más personas de la tercera edad. Muchos quieren «llegar» al siguiente mes, sin haber fallecido; por lo que se encuentran «de viaje».

Septiembre: otro «mes perdido». Es el «Mes de la Patria», y en este celebramos cualquier cosa menos el día de nuestra independencia. Su primera semana consiste en una verdadera preparación psicológica para el hecho de celebrar. Las dos semanas siguientes, casi todos escapan de la capital para encontrarse con tres cosas que nos caracterizan: asados, empanadas y mucho alcohol. La última semana del mes, muchos ya se encuentran enfermos del estómago; por lo que se hallan «indispuestos».

Octubre y noviembre son una mezcla extraña. Una que considera la celebración del «Día de la Raza», el «Mes de María» y el «comienzo del cierre» del *Balance General* de muchos negocios.

Diciembre es Navidad: compromisos y consumismo. Marca el «cierre apresurado» del año para las empresas. Ergo, muchos individuos están estresados por su carga laboral. Con suerte, tienen tiempo para comprar regalos a sus hijos. Resisten, se endeudan y «sacan la pega»; hasta que finalmente celebran el Año Nuevo con sus seres queridos. Realizan cábalas como pasearse con maletas, saborear tres cucharadas de lentejas o doce uvas mientras beben un espumante. Algunos se alegran porque ese nefasto año que les tocó vivir ya pasó, y esperan que el próximo sea mejor.

Así comenzará otro año; uno que no será muy distinto. Observo países, gente y empresas que nos hablan de productividad, de ingresos y de prosperidad; y sin embargo, se lamentan continuamente.

Se quejan por las ventas, y cuando las consiguen se quejan de los clientes. Reclaman porque hace calor y porque hace frío. Piden lluvia y cuando la tienen a borbotones, quieren que se detenga de una maldita vez.

En contraste y para motivarme, leo historias como las de aquel hombre que al cumplir sus diecisiete, ya había perdido cuatro puestos de trabajo. Uno que a los dieciocho se casó y que dos años después, fue abandonado por su esposa; quien de paso, se llevó a su hijo recién nacido.

Ese mismo individuo, tuvo que trabajar como cocinero en un café hasta retirarse a los 65 años. Le dijeron «fracasado» y él se sentía como tal. Igual como me pasó a mí en algún momento.

Tan perdedor se sentía aquel hombre en la plenitud de su tercera edad, que sencillamente decidió suicidarse y escribir su testamento. Alguna vez yo también pensé parecido él, pero con tan solo 24 años de edad.

En lugar de asumir ese cruel destino, ese señor decidió escribir acerca de lo bueno que había logrado en su vida y de su amor por la cocina. Lo mismo me pasó a mí al dejar mi carrera en *Electronic Arts*; con toda su fanfarria, riqueza y popularidad.

Tiempo después, ese hombre decidió dedicarse a hacer aquello que sabía hacer mejor que nadie: el pollo frito. Tomó $87 dólares prestados y se dedicó a venderlo puerta por puerta. Veinte años pasarían para que este «fracasado», a sus 88 años se transformara en multimillonario.

Su nombre era *Harland David Sanders*, también conocido como *Coronel Sanders*: el fundador y *CEO* de *Kentucky Fried Chicken (KFC)*.

Así que, ¿vamos a seguir esperando otro año de patrañas para lograr nuestras metas? Porque te puedo decir que es gracias a esas patrañas que tipos como yo logran oportunidades en donde nadie las ve. Sea donde sea y frente a cualquier circunstancia u obstáculo. El país no es excusa.

No necesitamos encontrarnos en los Estados Unidos o en cualquier parte del planeta para actuar como líderes; si es que realmente nos «creemos el cuento». Ahora bien, una cosa es «creernos líderes» y otra muy distinta, es lograr que los demás allá afuera nos «compren» ese liderazgo. Ello implica conocer cómo «vendemos» nuestro valor agregado.

Quien me diga que es excelente en la preventa y que no haya «comido tierra» alguna vez o saboreado la derrota más cruel, me está mintiendo.

Por consiguiente, representa una patraña el declarar que «uno no se sabe vender». Nos estamos vendiendo todos los días. Está en nuestros genes el buscar reconocimiento y validación. Así que dejemos a un lado los pretextos, para empezar a tomar conciencia de la influencia vendedora que somos capaces de generar con máxima naturalidad.

Abriendo puertas con historias

El Marketing Personal, el *B2U* o «ese algo», es la sustancia que muchas veces no exhibe una gran cantidad de «expertos en ventas». Me refiero a esos que se escudan en técnicas baratas, excusas predecibles o diálogos pauteados. Por más que lo intenten, no se perciben, ni se ven o parecen auténticos. A varios de ellos no les compraríamos ni a su persona.

No se necesita ser muy idóneo para detectar miedos, inseguridades o mentiras en agentes comerciales novatos. Tan solo basta con actuar normalmente y usar algunas Competencias Proyectivas para lograrlo. ¿Me mantiene la mirada? ¿Por qué ríe continuamente? ¿Miente?

Muchos estarán de acuerdo conmigo cuando digo que lo último que queremos oír de alguien es que nos diga «que es un vendedor»; que nos «viene a ofrecer algo» o peor aún, cuando nos propone «una oportunidad única e irrepetible». Esos que más que agentes, parecen «visitadores».

Da lo mismo si se trata de un director o gerente comercial, *KAM* o ejecutivo de ventas. Si dichos representantes comienzan su discurso con frases similares, lo que tengo enfrente más parecen monigotes sumisos. No parecen tener representatividad en su propuesta de valor; por tanto, los beneficios que tratan de comunicar carecen de credibilidad. Basta con oírlos para concluir que ni ellos mismos creen en sus argumentos.

Para ser un buen agente comercial se requiere liderazgo. Este se obtiene en las trincheras del rigor y en la agridulce experiencia del rechazo. Si cuentas con liderazgo, es porque tienes un millar de historias de triunfos y fracasos que compartir.

Anteriormente mencioné que «lo que tengas que decir» debe pasar la prueba del «*So What?*». Ello implica hablar de cosas que quieres que la gente sepa, sienta o haga. ¿Pero qué pasa cuando no contamos con información acerca de los intereses, motivaciones o preocupaciones de quien tenemos enfrente? ¿Cómo nos dirigimos a un desconocido?

La respuesta radica en contar una buenísima historia. Una que sea capaz de converger los intereses y necesidades de quien nos escuche. Un relato que llame la atención y que «toque fibras delicadas comunes»; incluso con aquellos susceptibles de intimidarnos con su presencia.

Una buena historia al inicio de cualquier conversación, deja obsoletas a aquellas anticuadas maneras de presentarse. Me refiero a esas que típicamente consisten en narrar un *Curriculum Vitae* o en repetir como loros una pauta «acartonada»; todo por miedo a diferenciarnos.

«¡No tengo ningún miedo, Oscar!». Esto es lo que me han dicho (disgustados) algunos clientes, al declararse como «expertos» comerciales. A estos valientes, constantemente los desafío a que me demuestren cómo abrirían un *pitch* de negocios o cómo se aproximarían a cualquier persona que pudiese interesarse en sus productos o servicios. Es un excelente hábito el ensayar con un tercero que no pertenezca a tu organización.

Quien no tenga temores, debiese ser capaz de abrir un discurso con originalidad y sencillez. Simples rasgos que distinguen a sus palabras de todo lo trillado y grandilocuente que ya hemos escuchado tantas veces.

¿Qué pasaría si al presentar nuestros productos y servicios, o al enfrentar una entrevista laboral, habláramos con toda franqueza, diciendo quiénes somos, en qué creemos y qué queremos? ¿Quiénes nos escuchen lograrían ser igual de honestos?

La idea aquí es llamar la atención mejor que nadie, tan solo porque tu esencia calza con la de quienes te escuchan. Contar una historia relevante es la mejor manera de lograr ese efecto.

En una ocasión, le solicite a una clienta bastante sobresaliente que me realizara una introducción sobre su negocio. La llamaremos «Mariana», ya que siempre protejo la identidad de mis asesorados. Ella está a la cabeza de una emblemática empresa textil que sus padres fundaron durante los ochentas. Sus progenitores poseían una gran historia de sacrificio y emprendimiento. De origen árabe, ellos tuvieron que abrirse camino; superando varias crisis y generando una cercana relación con sus clientes.

Ella me desafió a abrir una preventa, sometiéndose a la dura prueba del «So What?». Sin titubeos y convencidísima, abrió su discurso:

«Buenas tardes, muchas gracias por recibirme. Soy Mariana Haddad, Ingeniero Comercial de la Pontificia Universidad Católica de Chile. Poseo además un MBA de la Universidad de Wisconsin. Cuento con un amplio historial trabajando en la industria textil.

Soy gerente general de StitchCo. Un emprendimiento que se dedica a desarrollar ropa de alta costura para diversos negocios de retail.

Proveemos a más de treinta empresas en todo Chile. Nos dedicamos a innovar. Esto lo logramos no solo al generar propuestas que sean atractivas para nuestros clientes, sino que también al atenderlos con compromiso y dedicación. Una calidad humana que nos caracteriza».

Fue en ese momento cuando la tuve que detener. Definitivamente entendí que me estaba «vendiendo a su empresa», pero no lo más importante: a sus personas, comenzando por su representante; ella misma.

Hoy en día y con toda la competitividad laboral existente, ¿a quién le importa tu profesión o de qué Universidad egresaste? ¿No es algo que yo como receptor puedo investigar posteriormente, si es que tengo interés?

Otro típico error que cometen muchos agentes comerciales, es comenzar a hablar inmediatamente acerca de los muchos clientes con los que operan. Tienden a sobresaturar sus presentaciones con una multiplicidad de logos corporativos. Parece como si tuviesen pavor de mostrar solo unos cuantos que fuesen significativos.

Si yo pasara a ser el cliente número 31 de Mariana, ¿quiere eso decir que me atenderá con el mismo grado de compromiso y dedicación que tiene con sus clientes más rentables? Cuando alguien se vanagloria de tener tantos logos de clientes en su presentación, bien podría percibir lo contrario. Incluso, pensaría que va a trabajar conmigo «al goteo»; es decir, limitando sus compromisos a las agendas de sus clientes principales.

Ahora, si tú me hablas del «historial» que tienes en la Industria a la que te dedicas, entonces más te vale contarme una historia para que yo te crea. A mi clienta en este caso, le costó expresar su propia credibilidad en ese historial. Quizás pensó que para mí sería muy aburrido o irrelevante el escuchar un relato sobre su empresa.

Las últimas frases que ella mencionó al final, corresponden a eso que muchos llaman «*bullshit* corporativo». Frases que la gran mayoría de los vendedores utiliza para sonar serios, formales o políticamente correctos. «Tenemos un servicio de la más alta calidad». «Nuestros clientes significan el mundo para nosotros». «Brindamos una experiencia única».

En un clima profesional de alta competitividad, globalización y heterogeneidad, más que nunca debemos tener el valor o a creatividad para inventar algo mejor. Sin duda, podríamos lograr una excelente percepción inicial en una reunión. Pero cuando entramos de lleno en la arena de la preventa, lo que necesitamos entablar es una relación; un vínculo generado por sentimientos que generen empatías mutuas.

Con ello en mente, decidimos trabajar con Mariana en su discurso, para incluir una historia que generara sentimientos. Una historia que le permitiera abrir las puertas de algo más valioso que una preventa: una conversación sincera sobre intereses y necesidades mutuas.

224

Días después, Mariana volvió a mi oficina, muy bien vestida y decidida a sorprenderme con una historia completamente distinta. Opté por grabar y reproducir su discurso, pues sabía que me dejaría boquiabierto:

«Les agradezco el recibirme esta mañana para que conversemos grata y distendidamente.

Para quienes no me conozcan, me llamo Mariana. Soy heredera, representante y promotora de una tradición. Una tradición con la que me forjaron mis padres al fundar StitchCo. Somos una empresa textil con más de 40 años en el mercado. Una firma que así como muchas otras en su Industria, tuvo que sobrevivir, adaptarse y reinventarse al enfrentar la más dura crisis durante los años ochenta. Una familia de sobrevivientes.

Verán... Mis papás llegaron aquí desde Arabia Saudita y sin ningún recurso económico. Sin siquiera tener lo mínimo para comer. En ese entonces, yo tan solo era una recién nacida; con un futuro incierto y poco prometedor. Vivíamos enclaustrados en un frío espacio de cuatro paredes.

Sin embargo, a pesar de lo duro de ese comienzo, mi familia sacó partido de tres elementos valiosos: un gran sueño de prosperidad, honestidad y sacrificio. Tres elementos que con el tiempo, los ayudaron a abrirse camino y a sobrevivir; mientras que otras firmas competidoras y aliadas, se derrumbaban en la más terrible incertidumbre financiera.

Esas tres cualidades están presentes hoy en día y más que nunca en todos nosotros, para recordarnos que más que una empresa que hoy "se vea importante", somos una firma de sobrevivientes. Y me enorgullece decir que nuestros más de tres mil colaboradores lo entienden así.

Con honestidad, sacrificio y con grandes sueños, di mis primeros pasos en SitchCo desde que tenía catorce años; entendiendo el increíble valor que para nosotros representan nuestros actuales y futuros clientes. Esmerarse en responderles, nos ayudó en su minuto a comer. Entregarse por completo a ellos, nos ayudó a moldearnos y a crecer.

Trabajando codo a codo con mis clientes, entendí que todos nos podemos ayudar para prosperar y que ninguno de nosotros está libre de cometer errores. Fallas que nos han permitido aprender de nuestras propias limitaciones: fortaleciéndonos en el rigor de hacer un trabajo bien hecho. Algo que supongo que ustedes también quieren lograr.

Me encantaría saber qué los motiva y en qué etapas de desarrollo se encuentran. ¿Cuáles son sus desafíos actuales?».

Al oírla no solo le creí, sino que además sentí fuertes emociones. Sentimientos profundos que mágicamente me llevaron de vuelta a mis duros comienzos; reinventándome en un país extranjero.

No fue necesario que ella me dijera su cargo; la gerencia general le salía a flor de piel. A ojos de cualquiera, mostraba un valor que pocos reconocen y que es extraño en la actualidad: la humildad.

La sencillez y verdad de su historia, genera un especial efecto en aquellos que se consideren menos conservadores. Y es que muchos de los grandes gerentes, sin importar la cúspide en la que se encuentren, alguna vez tuvieron que pasar momentos difíciles en sus vidas.

Cuando la historia del otro es capaz de tocar puntos comunes de nuestros propios relatos, podemos tomar una importante decisión. Podemos preferir «mantenernos en guardia», alardeando de nuestros éxitos y grandezas, o mirar abajo y ponernos en el lugar de quien nos está hablando con humildad. Esa última actitud, permite que «hasta los más duros se desmoronen»; para conversarnos abiertamente y con la verdad.

Por consiguiente, sugiero que en adelante borremos de nuestro vocabulario la palabra «venta». Aquí lo único importante es conversar de manera sencilla y honesta. Como cliente o prospecto, no quiero que me vengas a vender absolutamente nada. Lo que realmente necesito es alguien que con quien conversar de mis intereses y necesidades. Dicha persona debe ser un líder; uno que demuestre valentía, foco y humildad.

Cuando tú eres o te sientes líder, lo que quieres es escuchar y ser escuchado(a). Por ende, quieres conversar con alguien que esté a la altura de tu representatividad. Un ente capaz de tomar decisiones similares a las tuyas y que esté «en tus mismos zapatos»; que genere empatía y confianza. Al lograr confianza, cualquier presentación, propuesta o negociación de acuerdos se suaviza de manera espontánea. Como si fuese una seda.

Si eres de aquellos que no cuentan con autoridad para presentar la verdad de la organización que representan, entonces más vale que te pongas de acuerdo con tus superiores. Planea bien la historia que vas a contar y cómo la vas a relatar. Ojalá esté alineada con la verdadera misión y visión de tu negocio. De no ser así, parecerás un «visitador», que más de las veces quedará limitado por pautas o rígidas instrucciones.

Los prospectos «más duros de roer» podrían sentirse hasta ofendidos si no demuestras liderazgo. «¿Por qué viniste aquí?». Pensarán que están perdiendo el tiempo en una conversación basada en posturas o posiciones.

Figura 28: Enfocarse en intereses y necesidades, es una cualidad de los líderes.
Aquellos que son capaces de abrir puertas para generar conversaciones relevantes.

Es muy común que la mayoría de nosotros no sepamos «lo que queremos» en un momento determinado. Las razones varían. Podríamos estar cansados, desconcentrados o limitados por la rutina. También sucede que cambiamos de opinión según las circunstancias.

Por ello, repito que jamás debemos vender sino generar una conversación que sea relevante. Cuando «vendemos», lo que realmente estamos haciendo es forzar a ambas partes. El resultado casi siempre será que nos digan «lo que creen que quieren o lo que piensan que desprecian». Nada más que posturas o posiciones; irrelevantes en la generación de puntos de encuentro. Sinergias potenciales que se pierden.

Cuando somos capaces de contar una buena historia para generar confianza, logramos que quien nos escuche «se abra» para contarnos algo muchísimo más pertinente: el sentido de lo que sea que busca.

Nuestra meta es centrarnos en los «por qué» y en los «para qué». En la real misión y visión de nuestros clientes y prospectos. Estoy seguro de que todos ellos tienen bien escondida una visión muy atractiva; pero la única manera de accederla, es cuando estamos seguros de poseer una similar.

Una visión irresistible

Todos deseamos cosas. Más de las veces decimos tener una visión. Pero realmente son muy pocos los que pueden argumentarla con propiedad. «Quiero lograr ser gerente general». «Quiero tener diez millones de dólares». «Seremos un *best place to work*». Esas no son visiones atractivas; tan solo posturas rígidas que no motivan a quienes te rodean.

¿Por qué habría de aportarte con mi esfuerzo para que tú te transformes en gerente de una multinacional? ¿Con qué objeto necesitas contar con tanto dinero en tu cuenta bancaria?

Las organizaciones y sus colaboradores más pronto que tarde, se han lamentado al promover visiones aburridas o copiadas. Con ellas no atraen sino que «compran» a gente mediocre; para lograr desempeños en la medida de lo posible, pero no en la medida de lo que se espera.

Las visiones superfluas, también han actuado históricamente como un «magneto de excremento». Han sido capaces de atraer a delincuentes, líderes ilegítimos, políticos populistas y hasta especialistas en el fraude.

Entonces, ¿cómo podemos difundir una visión transformadora o irresistible en nuestra historia; en nuestro *B2U* y en nuestros negocios?

Una visión realmente atractiva se puede resumir en tres preguntas. ¿Cómo arreglas algo que ya está mal en el mundo? ¿Cómo les devuelves a las personas algo importante que alguna vez tuvieron, pero que se ha perdido? ¿Cómo puedes mejorar tu calidad de vida y la de los demás?

Para crear una visión irresistible, se requiere ante todo valentía. Debes ser capaz de forzarte a olvidar el miedo. Cuanto más te acercas a lo que tus valores reales y más profundos piden de tu persona, más miedo sentirás de hacer el ridículo o exponerte con los demás. En realidad muy pocos tienen las agallas para que el «foco del anfiteatro» los ilumine primero.

Pregúntate por un momento en qué mundo te gustaría vivir y qué tipo de vida te gustaría llevar. Si puedes, trata de describirlo por escrito.

Si eso que quieres es algo que se puede lograr fácilmente, entonces no posees una visión realmente atractiva. Las visiones atractivas son siempre contracorriente; son importantes y muy difíciles.

Si trabajas por el dinero, tarde o temprano el aburrimiento y la apatía aparecerán; incluso, podrías volverte arribista o narcisista. Si en cambio el dinero es requisito para una causa mucho más grande, entonces tu historia, tu visión y tú «preventa», podrían superar los más duros obstáculos y las más despiadadas objeciones.

Aikido del lenguaje: maniobrando las objeciones

Al aplicar la comunicación asertiva en nuestras vidas, entendemos que podemos decir lo que nos plazca y sin complicarnos; pero asumiendo la responsabilidad de lo que se dice. Ella también es parte del juego de la preventa personal. Un juego en el que sin duda debemos circunscribirnos a un mínimo de ética profesional y humana.

Cuando logramos abrir las puertas de los intereses y necesidades que tienen los demás y entramos en confianza, ello no significa que nos van a decir «amén» a todo lo que planteemos.

Nuestros prospectos, clientes o contrapartes, tendrán también la confianza de decirnos lo que no les parece; quizás aplicando esa misma Asertividad que predicamos y practicamos. Y eso es excelente, pues dejamos de ser catalogados como «vendedores»; logramos ser percibidos como líderes y agentes de cambio. Dejamos de actuar como robots y pasamos a ser personas que expresan sus puntos de vista.

Al reconocer que interactuamos con personas, aceptamos que jamás estaremos libres de recibir y lidiar con sus objeciones. En contadas ocasiones, incluso enfrentaremos sus más duras y negativas resistencias.

Manejar las objeciones requiere de paciencia, práctica y talento. De cierta forma se parece al *Aikido*, un arte de combate de origen japonés, muy centrado en la autodefensa y desviación de ataques. A diferencia de otras formas de combate como el *Kárate*, lo que se busca en el *Aikido* es disuadir al adversario, neutralizando su intención agresiva. No se busca vencer sino convencer, persuadiendo al rival de que su ataque es inútil.

En las conversaciones, en las negociaciones y en las discusiones, siempre estaremos enviando y recibiendo energías; tanto positivas como negativas. Algo muy similar sucede con el *Aikido*. ¿Cómo podemos ser capaces de disuadir las objeciones o incluso los ataques en una negociación? ¿Cuál es la mejor manera de generar acuerdos beneficiosos?

El secreto está en preguntar. Si somos buenos comunicadores, entonces tendremos la capacidad de no solo escuchar sino de responder con las preguntas que importan. Después de todo, la calidad de nuestro pensamiento se forja en la calidad de nuestras preguntas.

Resulta interesante comprobar que la mayoría de nosotros se empeña en «arrancar» respuestas directas o frontales de nuestros interlocutores. Pero muy pocas veces somos capaces de cuestionar, comprobar o indagar la información que recibimos.

La razón de esto tiene que ver con nuestro modelo formativo. Una educación con carácter de reactiva, pero no proactiva. Nos educan desde pequeños para ser ágiles; para poder reaccionar de manera rápida a lo que nos preguntan. Cualquier vacilación es percibida como una debilidad.

Cuando nuestros profesores o padres preguntan, tan solo se espera que les contestemos; no que los cuestionemos. Por lo mismo, en algunas oportunidades nos hemos sentido triunfantes, al esquivar aquellas preguntas incómodas que no sabemos cómo responder.

Normalmente, la pregunta va vinculada a buscar una contestación que afronte la solución que buscamos. Pero pocas veces, nos planteamos si lo que hace nuestra contraparte es reaccionar o responder a la misma.

Las reacciones provienen de impulsos, mientras que las respuestas provienen de reflexiones. Así, la reactividad en la contestación se origina en la impulsividad existente en nuestras emociones; nos hace rehenes de ellas y nos impide gestionarlas. ¿Por qué pasa esto?

La causa está en la falta de Asertividad. Muchas personas prefieren reaccionar ante las preguntas, pues piensan que si son asertivos son vulnerables y en consecuencia demuestran flaquezas. Sin embargo, la falta de Asertividad puede también encontrarse presente en quien formula la pregunta o plantea una situación concreta.

Para superar esto, podemos tomar algunas bases del *Aikido* y aplicarlas en nuestro lenguaje. Buscar respuestas y no reacciones. Cuando nos atacan, no confrontamos la energía negativa sino que la desviamos.

Ello se logra cuando nos responsabilizamos de los sucesos que puedan acontecer; al plantearnos qué tipo de situaciones son las que buscamos. ¿Queremos impulsividad y enfrentamiento, o reflexión y aprendizaje?

Si es lo segundo, lo más conveniente es contestar a las preguntas con otras preguntas. Esto no necesariamente se trata de aplicar una figura retórica. Consiste más bien en comprobar que la información que obtenemos de nuestros interlocutores es correcta, relevante y atingente.

Algo muy típico que ocurre con las ventas y las negociaciones, es que nos objeten el precio. Nos dan respuestas como las siguientes: «Creemos que lo que ustedes piden es muy alto para nuestro actual presupuesto»

Incluso, es posible que las respuestas sean reactivas y lleven consigo un ataque: «¿Se volvieron locos? ¿Cómo nos van a cobrar tanto por sus servicios? ¡No somos millonarios!».

Cuando respondemos directamente y en base a una reacción, nuestra explicación tendrá matices defensivos. Sin duda nos podría complicar el otorgar respuestas como la siguiente:

—Nosotros somos una empresa de prestigio y con trayectoria. Por lo que consideramos que nuestra oferta es justa y razonable. Ofrecernos menor precio del que proponemos, no nos resulta un negocio atractivo.

Con explicaciones tan defensivas como esa última, es más que seguro que cerraremos las puertas de un acuerdo que beneficie a ambas partes. El «no acepto», nos estará esperando a la vuelta de la esquina.

Si en cambio, aplicamos el «*Aikido Lingüístico*», contestaremos con una pregunta similar a la siguiente:

—¿Es el precio el único problema que tenemos?

La respuesta que recibamos a tal pregunta podría ser muy interesante, en el sentido de apoyarnos en perfilar nuestras próximas sugerencias.

Si el precio es la única objeción, quiere decir que todo lo demás en la propuesta es aceptable. Es más, al hacer una pregunta, «abrimos» la oportunidad de que sea la contraparte quien explique aún más su objeción. Más adelante, será posible que conversemos sobre hacernos concesiones.

Como resultado de lo anterior, ambas partes podrían acomodar la calidad, duración u otras características del servicio o producto. Generamos un «*win-win*». Tú obtienes lo que quieres y yo también.

Si el precio no es la única objeción, se nos abre aún más la oportunidad de obtener información relevante al contestar con preguntas:

—¿Es el precio el único problema que tenemos?

—No. Hay partes de su propuesta que no aparecen bien explicadas.

—¿Me puedes indicar cuáles para poder apoyarnos?

Hacer preguntas es siempre la mejor manera de canalizar y replantear las objeciones. Delegamos en el otro la explicación certera de sus dichos. Este manejo de objeciones nos puede funcionar para todo. Por ejemplo, en una entrevista laboral en la cual se hagan preguntas capciosas:

—Como sabes Marcia, estamos buscando una nueva psicóloga para nuestra firma. ¿Estás casada? ¿Planeas ser mamá pronto?

—¿Es eso relevante al perfil del cargo al cual estoy postulando?

Ahora, probemos qué pasa con un grave ataque personal:

—Oscar, ¡eres un imbécil!

—Pablo, ¿importa mucho que yo sea un imbécil en esta conversación?

Recomiendo muchísimo realizar diariamente el ejercicio de responder con preguntas, antes que respuestas.

El parafraseo también puede funcionar maravillosamente, si es que nos encontramos con preguntas o respuestas complicadas. Este resulta muy útil al enfrentar desacuerdos.

—No estoy de acuerdo con tus planteamientos. Encuentro que lo que dices son tan solo suposiciones. Simples palabras que no tienen base científica y estadística que las demuestren.

Frente a aseveraciones como las anteriores podemos responder:

—Permíteme entenderte mejor. Estás diciendo que no estás de acuerdo conmigo, pues consideras que mis planteamientos carecen de base científica y estadística. ¿No es así?

La respuesta que nos darán es ridículamente obvia. Nos dirán que «sí». Sin embargo, la respuesta no es lo importante. Lo realmente valioso es el tiempo que ganamos al parafrasear al interlocutor. Al repetir lo que se dijo pero con palabras distintas, «creamos una ventana de tiempo». Un lapso que nos permite pensar mucho mejor en aquello que vamos a decir a continuación. ¿Será una respuesta u otra pregunta?

Eso siguiente que vayamos a decir, dependerá de la cantidad de información con la que contemos. Si ya poseemos la suficiente como para tomar una decisión, entonces podremos responder con propiedad. En cambio, si carecemos de datos, tan solo basta con seguir preguntando; hasta obtenerlos con toda seguridad.

Cuando conocemos los intereses y las necesidades de quienes nos escuchan, se nos facilitan muchísimo las interacciones que ocurren en la «venta» y en la negociación. Por un lado, conseguimos «aterciopelar» estos procesos en una sencilla y distendida conversación. Por otro, evitamos caer en uno de los errores comerciales más graves: asumir que sabemos lo que el otro quiere.

Claramente, no poseemos una «bola de cristal» que nos sirva para adivinar los deseos, dolores y motivaciones de nuestros clientes. Por lo mismo, jamás subestimemos su inteligencia. Tanto en el Marketing como en la Gestión Comercial, es mejor concentrarnos en actuar con liderazgo.

Un líder predica con el ejemplo y proyecta lo que practica. Y quienes toman las decisiones al escucharnos, esperan que nosotros actuemos como tales. Sin bravuconerías sino que con humildad; sobre todo al preguntar.

Liderazgo Integrador

Definitivamente, una gran mayoría quiere liderar en el «juego de la vida». Eso es benéfico y esperable; es parte de la ambición intrínseca de todo ser humano. Algunos quieren liderar por validarse o encontrar reconocimiento: sea por la fama o por el éxito. Otros lo necesitan para escalar a su autorrealización y encontrar su esencia última.

Sea cual sea el motivo, la experiencia del fracaso es buena guía en nuestro camino de vida. Y en ese camino, muchas veces vivimos el verdadero liderazgo sintiéndonos solos y poco comprendidos. Esto, pues no son muchos quienes entendemos que «ganar liderazgo» es cuando ganan los demás. Por nosotros, pero finalmente, no para nosotros.

Al respecto y para sentirnos más identificados, me gustaría rememorar esa célebre frase del antiguo filósofo y escritor chino, *Lao-Tzu*:

«Un líder es mejor cuando la gente apenas sabe que existe. Cuando su trabajo está hecho y su meta se ha cumplido, las personas dirán: lo hicimos nosotros».

El Liderazgo Integrador, es una de las Competencias Confluyentes más importantes del *B2U*. Es integrador, pues conglomera a personas, grupos y organizaciones bajo una visión genuinamente compartida. Cuando el liderazgo es poderoso, deja de personificarse en un solo individuo. Logra abstraerse de una entidad, para luego forjarse de manera transversal, en un conjunto de seres humanos que accionan. Estos últimos son provocados o motivados por una visión que los hace partícipes.

Contra cualquier postura rígida, puedo aseverar que todos nosotros somos líderes en al menos un aspecto de nuestras vidas. Lo que sucede muchas veces, es que el liderazgo puede estar dormido o latente, mientras no enfrentemos una situación específica que lo ponga en marcha.

La visión tradicional del liderazgo empresarial, ha quedado así obsoleta para siempre. Me refiero a ese tipo de «superior» que da instrucciones u órdenes, o que controla y juzga, tan solo porque su cargo formal fundamenta sus opiniones; incluso sus privilegios.

En una generación de *millenials*, esta vertiente tradicional ya no tiene posibilidades de sostenerse. Es más, jamás nunca fue tradicional; tan solo una mala caricatura de la «Era Industrial». Una pose que se alimentaba del miedo y la necesidad. Un engaño potenciado por la carencia e ignorancia.

Hace ya casi 2300 años atrás, el mismo *Lao-Tzu*, en su emblemático escrito «*Tao te King*» nos hablaba de un líder muy distinto:

«*El buen guía de los hombres se comporta como su servidor*».

Siglos después, Jesús fue capaz de lavar los pies de sus apóstoles. Y de paso, les dijo algo muy raro de lo que se espera de un gobernante común:

«*El que quiera hacerse grande entre ustedes, será su servidor, y el que quiera ser el primero entre ustedes, será su siervo*».

¿De qué me puedo quejar? He tenido una vida intensa y peculiar. Lo suficiente como para que uno de los hombres más influyentes del planeta me hiciera leer esta última frase para él, mientras compartíamos un café. Me refiero a ese tipo de *CEO*, inversionista y líder de opinión del que muchos hablan en la prensa. Célebre y polémico. Un mentor que hasta el día de hoy respeto en su decisión de mantener en el anonimato con el nombre de «El» (las primeras dos letras de su nombre).

A «El» lo conocí justo en el momento en el que mi carrera por surgir en *Electronic Arts*, se retorcía con ímpetus y vanidades propias de un jefe inmaduro. Mis ambiciones eran demasiado potentes. Tanto así que «causaban ruido» en mis colaboradores y superiores. No estaba actuando como un líder integrador, sino que como un jefe que simplemente daba órdenes. De no cambiar esa forma de actuar, hubiese sido imposible mantener mi cargo en la organización. No tendría moral para hablarte.

«Algo» de mí habrá llamado la atención de este hombre. Quizás el hecho de yo haberlo perseguido desde su *jet* privado como si fuese un buitre; tratando de «cazarlo» para invertir en nuestros proyectos.

Que un personaje tan influyente me haga leer un pasaje de «La Biblia» en la mesita de un *Starbucks*, mientras todo el mundo se da vuelta a mirarnos, no es algo que ocurre todos los días.

«*Management* servil, Oscar», me declaró «El», al finalizar nuestra lectura. Sus palabras representaron una de lecciones más importantes de mi vida: ser humilde para entregarme al servicio. Si lo lograba, entonces podría formar nuevos líderes. «El» lo comprendió en su propia historia de vida; como así también lo entendieron otros líderes y mentores que tuve la suerte de conocer. ¿Por qué no habría de entenderlo yo también?

La humildad es un valor poco encontrado en los tiempos actuales; especialmente en el clima laboral y empresarial de Latinoamérica. En ese sentido, tomar cursos de liderazgo representa nada más que una terrible paradoja «aspiracional». Tal cosa no se enseña; se vive con experiencias.

Algo bueno se puede obtener de nuestros propios fracasos. Como por ejemplo entender que antes que todo, nuestra verdadera razón de existir está entregada al servicio de los demás. Más todavía, a quienes se encuentran solitarios, desposeídos o en situaciones de riesgo.

Por esta razón y en lo personal, me cuesta mucho (o me da lata) asistir a cualquier charla motivacional; menos iría si es de liderazgo. Después de todo lo que he vivido y considerando el tipo de gente con la que me ha tocado compartir, no tengo otra opción más que dudar.

El mundo está repleto de falsos líderes que «no le han enseñado a la vida» y que más encima, cobran un altísimo *fee* a sus complacientes seguidores. No me importa si son extranjeros o si vienen del mismísimo *Silicon Valley*. Después de todo, en ese lugar también conocí a «malos influyentes» que nada aportaron a mi existencia y a la de muchos.

No obstante, sí conozco un líder que escucho con devoción todos los domingos. Se trata del sacerdote mi parroquia. Un hombre joven y pasional, que lucha todos los días por sacar a su comunidad adelante. Un clérigo que con una implacable oratoria, me cuenta sobre sus misiones en lugares inhóspitos y de sus obras con gente desposeída.

Lo que más me llama la atención de este sacerdote es que con la sencillez de sus acciones, ha sido capaz de representar y converger aquello que muchos otros con la misma sotana han fallado al predicar sin gracia alguna: el amor a Dios y a nuestro prójimo.

Semana tras semana, ese hombre en particular hace el esfuerzo por recordarme las cosas simples y trascendentes por las que merecemos prosperar. ¿Cuánto me cobra ese sacerdote por escucharlo?

No entraré en temas religiosos ni políticos. Ya sabemos que hoy la Iglesia está en entredicho; y siempre lo estará. Así también las empresas, los gobiernos y cualquier institución. Por ende, necesitamos confiar en personas, mucho antes que en organizaciones (o en sus edificios). Y para fiarnos de su Marketing, de sus ventas o de sus acciones, estas personas primero deben cautivarnos con humildad. El filtro es muy simple y claro.

¿Podemos ser lo suficientemente humildes como para que nuestras verdaderas historias y visiones aporten algo al resto del mundo? ¿O quizás tenemos miedo de serlo, porque el mundo creerá que somos débiles?

Eso que muchos llaman liderazgo, se ha tergiversado y manchado con sensaciones de grandilocuencia. Por lo mismo, es importante que dejemos esas sensaciones de lado para enfocarnos en la humildad. Ello implica reconocer nuestra vulnerable condición humana en el trato con los demás.

La humildad es requisito para el liderazgo, pues sin ella es imposible llegar a ser servicial. Y ser servicial, implica sacar lo mejor de las personas que trabajan o colaboran *contigo*. Naturalmente, dichas personas a su turno sacarán a relucir y reconocerán tus mejores fortalezas.

Sin embargo, la humildad no significa estar de «capa caída», cabizbajo o ser sumiso frente a las injusticias. En ocasiones, aparecen aquellos que nos dicen que «debemos ser humildes»; cuando lo que queremos es generar cambios y acción, involucrando a los demás. Fijémonos muy bien. ¿Es un acto de humildad el hecho de que alguien te ordene que lo seas?

Para ser un agente de cambio, no necesitamos ser ególatras, pero sí querernos lo suficiente. Tu esencia siempre tendrá su ego y lo necesitas. Sin amarte tú primero, difícilmente podrás querer a los demás.

Así que tómate con «un grano de sal» a aquellos que se jacten de que las personas trabajen *para* ellos y que tú debes inclinarles la cabeza. Eso no es un líder, sino más bien un «jefe» de la vieja escuela de la «Era Industrial».

La humildad confluye mano a mano con el liderazgo; pues no siempre se lidera para ganar sino que para perder. Siendo humildes ganamos calma, incluso para reírnos de nosotros mismos. La humildad es el germen del entusiasmo; un ingrediente necesario para saber perder. Con ella podemos sobreponernos a las fallas, para luego afianzar y reenfocar la moral de quienes nos rodean. Exoneramos las culpas para colaborar en soluciones.

Por último, el liderazgo integrador jamás es estático. Circula de persona en persona; al interior de un equipo y dependiendo de las circunstancias. El líder que es humilde y servicial, no obstaculiza las oportunidades de sus colaboradores. Muy por el contrario, les «abre la cabeza» y con ello forma nuevos líderes, que no solo lo respetan, sino que además lo quieren.

Los pedestales imaginarios hoy no funcionan. La administración o el *management*, hoy implica ser servil para facilitar las cosas. Atrás quedó lo dictatorial. Si tu *Asertividad* se condice con tu *Liderazgo Integrador*, el Marketing Personal será fiel reflejo de tu originalidad.

Rechazos en nuestra preventa personal

Resulta interesante destacar que en nuestra «preventa personal», muchos se reprimen por diálogos negativos que se inventan *a priori*:

—Hola, soy Sebastián. ¿Te parece que conversemos?

—No. ¡Lárgate!

Es difícil que un intercambio con un «no» tan tajante, nos ocurra en la realidad. Aun así, las potenciales negativas causan mucho temor. Hasta el punto en que nosotros muchas veces, nos reprimimos de declararlas a los demás. Una situación repetitiva y que a la larga, afecta nuestra integridad.

La integridad en el sentido de rectitud, implica decir que «no» más de las veces a algo que no podemos cumplir; o que derechamente no queremos. Una verdad que asusta y que postergamos inútilmente.

Por otro lado, cuando solicitamos algo difícil somos proclives a «engañarnos esperando un sí», cuando ya intuimos de que será un «no».

Cuando se trata de presentar, negociar y cerrar acuerdos, siempre «voy por el no». Algo que en lo personal me ha funcionado de maravilla.

Son tantas veces las que me han dicho que «no» a alguna propuesta, que dicha palabra ha dejado de tener efecto en mi vida. Es más, uno de los indicadores principales en mis negocios consiste en contar la cantidad de negativas que recibo semanalmente. Me encanta recibirlas. Son frases que me desafían; reflejan la productividad marginal de mi día de trabajo.

En mi vida profesional he negociado, ganado y perdido con todo tipo de depredadores corporativos: «tiburones», «vampiros» y «hienas», por nombrar algunos. En ciertas oportunidades, he triunfado al pararme de la mesa, después de haber sido tratado de «cerdo estafador», «petulante» «embustero» y «ladrón». Fue parte del juego del que participé en Norteamérica. En contraste, puedo decir que en América del Sur somos bastante educados, pero menos directos para dar y recibir rechazos.

Cualquier agente de negocios neófito, quizás se frustraría (o lloraría) si viviera circunstancias como esas. En mi caso, era algo absolutamente necesario para endurecer mi temple y resolver los rechazos con elegancia.

Alguna vez en mi juventud, me preguntaron «cómo lo hacía» para tener citas con mujeres tan bellas, exuberantes e incluso más altas que yo.

La respuesta que yo tenía entonces, es la misma que tengo hoy en la consecución de mis negocios más ambiciosos: «Fácil y difícil. Consigo lo que consigo, a punta de rechazos».

Con respecto a los rechazos en los negocios, te daré un buen consejo. Cuando exista una objeción en particular que se repite, no esperes que sea la otra parte quien la saque a relucir. Ponla siempre tú primero en la mesa y busca resolverla inmediatamente con ella.

Actuando así, evitas mentirte y procrastinar diciéndote cosas como: «¡Qué bueno que no me preguntó sobre ese tema tan delicado!». Créeme que las personas jamás pueden subestimarse. Tarde o temprano pueden volver a ti con esa pregunta que tanto te complica.

Al enfrentar las negativas directamente, «upfront» o por adelantado, generamos una genuina credibilidad y *rapport* con quien nos escucha.

El «no» de esta forma, representa un tremendo ingrediente del éxito. Uno muy bien guardado en los bolsillos de quienes hemos sido rechazados muchísimas veces. Por lo mismo, sugiero que te acostumbres a escucharlo; pues verás que con el tiempo, pierde poder sobre tu persona.

El «no» por lo demás, puede significar algo positivo. Por ejemplo, cuando te dicen: «No por ahora». Lo que quiere decir que es probable puedas insistir después. Eso sí, debes reconocer cuando ese «no» es definitivo, para no generar malos sentimientos o quebrar relaciones.

Podrías llevar esto incluso más lejos, al gestionar una «contabilidad de negativas»; eso que yo denomino como «*No Rate*». Con ello creas una métrica personal *(KPI)*, que puede ser semanal o mensual. Verás como el impacto de cada «no» futuro, jamás logra ser tan influyente como el anterior. La próxima vez que te digan «no», tu frustración será menor.

Este proceso puede ayudarte no solo a sobrellevar lo duro de generar tu propio negocio o la presión por conseguir tus metas. Es además una lógica que ayuda a atenuar tus reacciones positivas frente a un «sí».

Cuando se trata de negocios, no recomiendo celebrar tan efusivamente los «sí» de una contraparte; al menos no en su presencia. Si tu Marketing Personal proyecta valor en tus funciones, entonces nadie tiene por qué hacerte favores. En los negocios solo existe aporte de valor mutuo.

Cuando perdemos el miedo; cuando estamos confiados; cuando estamos empoderados de nuestras Competencias Confluyentes; es entonces cuando podemos programar nuestras metas.

Ese momento en el que mostramos al mundo que sabemos exactamente lo que deseamos obtener. El instante en el que nos volvemos líderes que planifican sus logros coherentemente.

12
Planes dentro de planes

"Si estableces tus metas ridículamente altas y resultan un fracaso, vas a fracasar por encima del éxito de todos los demás."
—James Cameron, director de «Avatar» y «Titanic»

LA DECISIÓN ES TUYA respecto al uso que quieras darle a tu *B2U* y las Competencias Confluyentes que involucra. Tan solo hemos profundizado en algunos de sus elementos, con el objetivo de que puedas reconocer tus talentos y motivarte a mejorar todos los días.

Ahora sabes que puedes forjar tu *Comunicación Asertiva*, así como tu *Marca* e *Imagen Personal*, mientras mantengas compromisos frecuentes con tu *Liderazgo*, tu *Autoconfianza* y la *Red de Contactos* que englobas. Asimismo, puedes apoyarte en tu *Lenguaje Verbal* y tu *Expresión Corporal*, para exhibir, acentuar y proyectar todas las competencias anteriores; con la mayor gracia, prestancia y elegancia.

Es importante no olvidar que cada uno de dichos elementos confluye y se alimenta de tu autenticidad. Una autenticidad que se basa en tu verdadera historia: con sus crisis, triunfos y fracasos.

Algunas personas plantean que las técnicas, trucos y tácticas, pueden parecer tan rígidas que se contradicen con la autenticidad; desvirtuando así el modelo completo. Es una crítica muy válida y tiene sentido.

Mi respuesta ante dicha inquietud, es que todo depende del trabajo interno que cada uno haga con su autoconfianza. Ello implica forzarnos a vencer nuestros miedos, para lograr coherencia y compromiso con nuestra autenticidad. Solo así, cualquier táctica o estrategia que utilicemos será realmente genuina y de paso, evitamos actuar de forma «mecanizada».

Es por ello que desde un principio he planteado que el *Framework* del *B2U*, debe trabajarse de manera integral y experiencial; vinculando sus Competencias Confluyentes con hábitos de práctica.

Insisto en que el mayor error de algunos cursos, *workshops* y franquicias de *coaching*, ha sido trabajar eso que llaman «competencias blandas» de manera atomizada. Las trabajan de manera «*light*» y por separado. Muchas veces, sin sentido práctico y sin mayor compromiso con las metas de una persona u organización.

El *B2U Marketing* en ese sentido, ha llegado para quedarse; innovando la palabra «*mentoring*»; superando con creces al «*Endomarketing*» y posibilitando una «transversalidad práctica» en las empresas, sus colaboradores e incluso en sus directorios.

Si ahora nos preguntamos acerca de la amplitud o extensión del *B2U*, la respuesta es bastante optimista. Como el Marketing Personal se origina desde un solo individuo, puede proyectarse «tan lejos como este lo planifique». No se queda en solo en una persona. Se traslada a su empresa, a su cargo y a su vida social. Afecta e infecta; influye y motiva en cada uno de los eslabones de su Cadena de Valor.

Para que cualquier reinvención o proyección del *B2U* tenga sentido, debemos tener claridad de nuestras metas, objetivos y correspondientes métricas de resultado. Como sucede con cualquier empresa, somos responsables de crear y seguir nuestro propio *Roadmap* o «Carta de Navegación» de Marketing Personal.

Plan de Marketing Personal

Es muy cierto que «si no planificamos, estamos planeando fallar». Como toda estrategia de Marketing Tradicional, el *B2U* no es algo que podamos eximir de una planificación que resulte consecuente.

Una de las grandes diferencias en dicha planificación, consiste en que las expectativas con las cuales se desarrolla son exclusiva y sinceramente nuestras. No están empapadas por aquellos objetivos o deseos de un grupo de personas, ya sea de una organización o de nuestros círculos cercanos. Todo parte por encontrar la verdad de lo que realmente queremos lograr.

Sincerar nuestros deseos es un arduo trabajo, pues lógicamente estos son susceptibles de variar con el paso del tiempo.

Algunos quieren sobresalir profesionalmente; otros dicen querer forjar sus propias empresas. Así también, muchas personas declaran haber alcanzado un éxito financiero, y sin embargo se sienten solas; por lo cual necesitan encontrar a «ese alguien» con quien compartir sus vidas.

Frente a objetivos tan disímiles, el *B2U* se plantea como una solución integral. A diferencia de otras estrategias de Marketing, puede ser aplicado a cualquier ámbito de nuestra vida personal, social, política y económica. Engloba al producto (o al negocio) más importante de todos: tu persona.

Sin duda, los cambios incontrolables que la vida nos trae consigo, pueden ser administrados. Dado lo anterior, el plan nos apoya como una herramienta para gobernar nuestros cambios y prosperar en resultados.

No me extenderé en los detalles específicos acerca de cómo se realiza un Plan de Marketing Personal; pero sí en aquello que es genérico. Esto se debe a que sus esquemáticas están protegidas por patentes de propiedad intelectual, que son exclusivas a nuestra organización y a sus asociados.

Por otra parte, las personas jurídicas y naturales que son intervenidas por *Empodera*®, han firmado acuerdos de confidencialidad que nos protegen de divulgar la aplicación planificada y concreta del *B2U* a sus planes estratégicos. Así evitamos la exposición innecesaria frente a posibles plagios que desvirtúen nuestro modelo. Lo anterior es algo que ya ha ocurrido en el pasado con otras metodologías que se dicen experienciales sin serlo. Por consiguiente, me centraré solo en aquello que es relevante.

En términos generales, el Plan de Marketing Personal se establece por la convergencia de cinco elementos fundamentales:

1. Expectativas Personales Sinceradas.
2. Metas.
3. Recursos Disponibles.
4. Marketing Mix.
5. Indicadores Clave de Desempeño (KPI's).

1. Expectativas Personales Sinceradas

Corresponden a nuestras genuinas aspiraciones personales. El modelo de Tecnología Experiencial Convergente de Personas (*SPTC*™) es el encargado de generar una situación específica de crisis. Una coyuntura que muchos participantes definen como «incómoda» o «decisiva». Esta se confronta lúdicamente, con el objetivo de «hacer aflorar» sus reales intenciones. Después se busca refinar dichas expectativas, para luego transformarlas en una visión que esté sostenida por las metas propuestas.

2. Metas

Las metas representan el lado práctico de nuestra genuina visión. Nuestras decisiones conscientes, permiten que dicha visión se transforme en realidad. Así, la elaboración de metas nos ayuda a ganar sentido y foco.

Cualquier meta debe ser escrita en un plan para que comience a existir. Lo anterior nos fuerza a precisar nuestros pensamientos; poniendo a prueba nuestra habilidad de anticipar, así como también nuestra coherencia en la generación de compromisos.

Las metas deben ser motivantes, pues de lo contrario perdemos nuestro genuino interés en ellas. Nuestras aspiraciones por sí solas no cuentan para nada, si no somos capaces de «aterrizarlas» racionalmente. Por lo mismo, merecen ser priorizadas y luego cuantificadas.

Priorizar no es fácil, pues ante todo debemos decidir lo que realmente queremos y necesitamos. Un buen ejercicio, es desarrollar una «lista de deseos» susceptibles de categorizarse. Así, podemos tener aspiraciones en lo familiar, en lo social, en el trabajo, con nuestras finanzas, en el hogar, en educación, con nuestro desarrollo espiritual y personal; incluso, con nuestra apariencia física. Las alternativas son infinitas y por lo mismo, deben listarse a conciencia antes de fijar cualquier meta.

Tradicionalmente, el modelo *SMART©* ha demostrado servir como una excelente herramienta para «fijar metas». En base a este *framework* cualquier meta debe cumplir con cinco cualidades determinantes: ser Específica *(Specific)*, Mesurable *(Measurable)*, Lograble *(Achievable)*, Realista *(Realistic)* y Verdadera *(True)*.

De este modelo, lo que más destaco es el forzarnos a fijar plazos definidos para la consecución de nuestras expectativas. Utilizaré como un ejemplo de meta *SMART*, la creación de este libro:

«Quiero publicar un libro con una extensión máxima de 290 páginas, que hable sobre Marketing Personal y cuya fecha de lanzamiento ocurrirá durante la primera quincena de noviembre de 2016»

Es *Específica*, pues dice exactamente lo que quiero.
Es *Mesurable*, pues establece la extensión de lo que quiero y un plazo.
Es *Lograble*, pues es mientras escribo, es el mes de mayo de 2016.
Es *Realista*, pues ya he publicado un libro anteriormente.
Es *Verdadera*, pues vale la pena para mí. Representa un gran proyecto.

3. Recursos Disponibles

Bien se ha dicho que «la felicidad es igual a la realidad, menos las expectativas». En el *B2U*, dicha frase aplica de manera magistral.

La realidad de «lo que somos y lo que tenemos», es crucial para aterrizar nuestras metas de manera efectiva. Los recursos en ese sentido, consisten en nuestros atributos personales y experiencias.

Para poder determinar dichos talentos, es necesario realizar un análisis personal que refleje nuestros valores e intereses. Una forma conocida de lograrlo, es realizando un *assessment* de fortalezas y debilidades. Lo que se conoce tradicionalmente como una «Matriz de *FODA*» (Fortalezas, Oportunidades, Debilidades y Amenazas), o «*SWOT Analysis*» en inglés.

No me detendré en señalar ejemplos de un FODA, pues en Internet está plagado de guías de cómo realizarlos. Es casi cultura general.

No obstante, lo que no puedo dejar de mencionar es que todas las personas dependen cuatro recursos importantísimos; denominados en su conjunto como «Factores Críticos de Éxito». Estos son: salud, energía, educación y experiencia.

Si cualquiera de estos recursos nos falta, tendremos problemas graves para cumplir con nuestros planes. Es siempre necesario cultivarlos y cuidarlos. Por consiguiente, si hemos de desarrollar un excelente Marketing Personal, nuestra persona ha de «estar bien».

En el caso de que solo uno de estos factores esté débil, debemos reforzar los tres restantes, para conseguir armonía en nuestra situación actual. Así por ejemplo, un profesional sin mucha experiencia, se vale más de su salud, energía y educación para cumplir con sus objetivos.

4. Marketing Mix

Corresponden a las llamadas «4 P» del Marketing Tradicional, pero aplicadas al ámbito personal. Comúnmente se asocian con Producto, Plaza, Precio y Promoción. No obstante, cuando un negocio se relaciona con la prestación de servicios, podemos expandirlas hasta las «7 P». Esto, al agregar tres adicionales: Proceso, Personas y Prueba Física.

Todas ellas representan elementos convergentes e interdependientes. Nos ayudan a determinar nuestra oferta de valor como un producto, servicio o marca personal.

Quedémonos con definir (o recordar) las cuatro primeras «P», para demostrar cómo se relacionan con nuestro ámbito personal.

Producto: corresponde a tu persona, con sus metas, recursos, estrategias y resultados. Engloba a tu esencia y sus deseos.

Plaza: lo que necesitas ambientalmente en términos de trabajo, hogar y recreación. Puede ser una determinada locación geográfica, cultura o ambiente laboral. La plaza implica la estrategia de distribución de nuestra persona; que puede ser intensiva, exclusiva o selectiva.

Precio: se sintetiza en la compensación que quieres ganar (o la riqueza que quieras generar); tanto en el corto como en el largo plazo. Importa mucho determinar cuán flexibles podemos ser cuando se trata del precio. Más aún si para determinarlo, nos comparamos con la competencia.

Promoción: tu estrategia de posicionamiento frente a la competencia. En otras palabras, la manera en que comunicas tus beneficios a un mercado o a un público meta. Debes decidir si deseas informar, persuadir o recordar acerca de tus bondades o ventajas diferenciadoras.

Un modelo históricamente utilizado en la Publicidad y con el cual podemos ayudarnos, es el *AIDA*. Con él podemos definir distintos cursos de acción, con el objetivo de generar cuatro efectos consecutivos que son: Atención, Interés, Deseo y Acción.

Logramos Atención, cuando nuestra persona genera fidelización con los demás; incluyendo los productos y servicios que ofrece o representa.

Acaparamos Interés, cuando motivamos a quienes nos rodean para investigar más sobre de los beneficios que nuestra persona trae consigo.

Generamos Deseo, cuando somos capaces de entablar una conexión emocional con los demás. Nuestra marca personal y lo que representa, ya no solo gusta, sino que además «se quiere».

Gatillamos acción, cuando «movemos» a los demás a interactuar con nosotros y tomar un siguiente paso: comprar nuestros productos o servicios, llamarnos por teléfono, reunirse con nosotros, visitar nuestra página web o leer nuestro libro.

Cuando se trata del fijar un *Marketing Mix*, siempre es recomendable asesorarse por personas que tengan amplio conocimiento y experiencia comprobable en resultados métricos. Esto nos lleva indefectiblemente a revisar un último elemento de nuestro plan: los números.

5. Indicadores Clave de Desempeño (KPI´s)

En la era actual, cualquier organización que se diga efectiva y óptima, lo demuestra con resultados cuantitativos y cualitativos. Los seres de carne y hueso, no tienen por qué ser una excepción a este requerimiento.

Sin duda, el desarrollar indicadores clave es lo que más cuesta a una gran mayoría. Especialmente, a aquellas personas que no practican ejercicios matemáticos de manera frecuente.

Un indicador de desempeño es aquel que nos entrega información cuantitativa o cualitativa, respecto al logro de las metas de un plan. Sin ellos, nuestros resultados carecen de evidencia.

Podemos elegir un sinnúmero de indicadores, pero siempre de acuerdo con la relevancia que ellos tengan para nuestros objetivos. Sin embargo, son pocos los que tienen la característica de ser cruciales. Estos últimos se denominan como Indicadores Clave de Desempeño. También heredan del inglés la sigla de KPI (Key Performance Indicators).

Cuando se trata de desempeño, estos indicadores pueden medir eficacia, eficiencia, calidad y economía. En cambio, si se relacionan con una etapa del proceso productivo de nuestros negocios, pueden medir insumos, procesos, productos y resultados.

Todo indicador posee una nomenclatura y una fórmula sobre la cual se calcula. De esta manera, podemos medir nuestros resultados en cifras estimativas, porcentajes, promedios, índices, tasas, etc. Lo que nos sirva.

¿Cuál es el porcentaje de crecimiento que tu negocio persigue año a año? ¿Cuál es el ROI de tu campaña de Marketing? ¿Cifra de la utilidad bruta esperada para este año? ¿Promedio de conversiones mensuales?

La cantidad de preguntas, métodos y fórmulas para desarrollar KPI´s son demasiadas; tantas, que excederían el contenido de este libro.

Por dicha razón, al tratar con Planes de Marketing Personal resulta conveniente simplificarnos. Esto se logra al relacionar nuestros números con el Framework de Competencias Confluyentes; específicamente, con nuestra Cadena de Valor de Networking.

¿Cuál es el promedio de reuniones semanales que realizas con prospectos? ¿Cantidad de negativas que recibes diariamente? ¿Puedes traducir tu meta mensual de ventas a una cifra estimativa? ¿Cuántas horas dedicas a tus hijos semanalmente?

Aunque cueste creerlo, no son muchos los directivos que son capaces de «aterrizar» sus metas personales a indicadores que sean esenciales.

En mi experiencia como asesor corporativo, he tenido que actuar de manera bastante incisiva e insistente, para que estos últimos «tomen el riesgo» de traducir sus metas más ambiciosas a cifras estimativas. Para ellos, es relativamente fácil generar «números de la empresa»; no así cuando se trata de desarrollar «números propios».

Quizás se deba a que muchos gerentes no acostumbran a pensar que su persona también representa un negocio intrínseco. Por lo general, el desempeñarse en ambientes corporativos, los limita en su abstracción.

Frente a cualquier impedimento, mi sugerencia es que desde un principio tratemos de «aventurarnos» con cifras sencillas y manejables; pero no menos relevantes y vinculantes con nuestras metas. Si somos capaces de lograr lo primero, después podremos perfeccionarnos.

Acoplando nuestro plan al Framework del B2U

El Plan de Marketing *B2U* con sus cinco elementos, representa una «superestructura» de su propio *Framework*. Corresponde a una capa adicional *(layer)* que se superpone de manera casi perfecta, para generar transversalidad; tanto en uno mismo como en una organización.

Figura 29: Acoplamiento del Plan Personal al Framework del *B2U*.

En consecuencia, los elementos fundamentales del Plan de Marketing Personal, también son influenciados por los umbrales de coherencia y compromiso. Los mismos que intervienen y apoyan a las Competencias Confluyentes de nuestro *Framework*.

Al seguir dicho patrón, nuestras expectativas y metas dependen en gran medida de nuestro grado de coherencia.

Así pues, nuestros recursos, *marketing mix* e indicadores, obedecen a nuestro nivel de compromiso.

Lógicamente, estos umbrales posibilitan la elaboración de preguntas complejas para reforzar nuestro plan. ¿Se vinculan tus metas con tus indicadores? ¿Tus expectativas guardan relación con tu compromiso de optimizar recursos? ¿Tus metas son coherentes con tu *Marketing Mix*?

Si las respuestas a tales preguntas (u otras similares), poseen una factibilidad de entre un 60 % y un 90 %, quiere decir que vamos por buen camino. Nuestro plan tendrá posibilidades de concretarse; siempre y cuando, no existan impedimentos que estén fuera de nuestro control.

Las personas a diferencia de los procesos, no somos infalibles y por dicha razón, la factibilidad absoluta (100 %) no es real. Recordemos que los llamados «Factores Críticos», nos podrían jugar una muy mala pasada cuando menos se espera. Tan solo basta que nos falte la salud o tengamos un serio accidente, para que nuestros objetivos personales se pospongan (o fracasen en el peor de los casos).

Debemos agradecer el estar vivos. Sea cuales sean nuestros problemas, tragedias, triunfos, vanidades o defectos; la vida siempre nos traerá una oportunidad de reinvención. Algunos necesitan de esfuerzo y valentía para lograrla. Otros, deben «forzarse» y asumir grandes riesgos para los cuales nunca estarán realmente preparados.

El Plan de Marketing Personal, nos otorga el foco necesario para ir paso a paso en el logro de aquellas cosas que queremos. Siempre auténticos al utilizar nuestras competencias. Constantemente vinculados a nuestros compromisos y coherencias. Proyectando visiones cautivadoras.

Cuando nuestros planes cuentan con todo lo anterior, no solo somos capaces de proyectarnos sino que además logramos ser transversales a las organizaciones que representamos o dirigimos. Podríamos generar una sólida Percepción Sostenida; una que sea capaz de perpetuarse y trascender a nuestras propias vidas. Transferir un virtuoso legado para la posteridad. ¿Cuál crees que podría será el tuyo?

Transversalidad corporativa

Cuando se habla de emprendimientos o de negocios, muchos idealizan con tener su propia oficina. Un espacio físico que esté bien ubicado y que ojalá sea atractivo; para recibir a cualquier cliente o reunirnos con importantes figuras. Nos agrada imaginarnos en el último piso de un lujoso edificio; ojalá rodeados por grandes ventanales que «iluminen nuestros días de prosperidad».

Algunos quieren muchos escritorios llenos de «empleados»; cada uno con su computador y con diversos chiches. Quizás para demostrar que son productivos y que están creciendo (quizás exponencialmente).

Otros, sueñan con sentarse en la cabecera de grandes mesas de reuniones; rodeadas por muros enchapados en madera lacada. Provistas de asientos de cuero para los tradicionalistas o de sillas ergonómicas, para los más vanguardistas.

Al respecto, te puedo decir con propiedad que todo eso es lo último en lo que debieses pensar cuando inicias o diriges un negocio. Lo primero que importa son tus expectativas, tus ideas, tus planes y tu valor intrínseco.

Quizás esto suena egoísta; pero no lo es. Cuando «te crees tu propio cuento», recién puedes pensar en liderar a otras personas para que formen parte de tu visión. Me refiero a lograr que la gente se motive, tanto por tus genuinos anhelos como por tus más concretos resultados.

Con compromiso y coherencia, sabrás identificar con certeza el aporte que otros te otorguen, en términos de colaboración y beneficio mutuo.

Aquí no existe un «dilema del huevo y la gallina». Cuando alguien me dice que quiere contratar profesionales, le respondo con dos preguntas: «¿Es momento de contratar?». «Si es así, ¿te contratarías tú primero?».

En mi carrera como empresario y asesor, algunas personas me han hecho perder el tiempo cuando me presentan sus negocios.

Que quede claro que no tengo ningún problema en reunirme por cualquier otro motivo. Me encanta relacionarme con «gente nueva».

Sin embargo, cuando alguien me solicita una «reunión de negocios», tiendo a ser bastante detallista, incisivo y a momentos, implacable. Necesito identificar rápidamente si es que estoy frente a un posible negocio o tan solo escuchando una mera idea o expectativa.

Para lograrlo, normalmente lanzo «mis cinco preguntas de rigor», para reconocer u «olfatear» una oportunidad que me resulte atractiva.

Aquellos que no trabajan su *B2U*, tienen problemas para «ir al grano» y declarar lo que pretenden. En ese sentido, es costumbre latinoamericana que los «preámbulos que no dicen nada», puedan durar hasta dos tercios de una hora de reunión. Una costumbre agotadora y que no permite tomar decisiones con la cabeza fría.

Para ahorrarte ese calvario, tanto al crear tu emprendimiento como al presentarlo, sugiero que preguntes (y te preguntes) por los siguientes «cinco ingredientes principales de todo negocio»:

1. ¿Crea valor demostrable para alguien? (Propuesta de Valor).
2. ¿Atraer la necesidad o deseo de otras personas? (Marketing).
3. ¿Existe un modo de transformar a dichas personas en clientes y por un precio determinado? (Ventas).
4. ¿Puede cumplir con las expectativas de estos clientes, en los términos prometidos o pactados? (Post-Venta).
5. ¿Genera dinero para que el negocio valga la pena? (Utilidades o al menos un Punto de Equilibrio).

Si falta o falla cualquiera de estos cinco, hablamos de cualquier cosa, menos de un negocio. Especialmente, cuando no cumplimos con lo prometido y defraudamos a nuestros clientes.

El *B2U*, a diferencia de cualquier otra estrategia o táctica de Marketing, está presente en todos estos ingredientes. Lo interesante es comprobar que cada uno de ellos nace desde una sola persona. Un individuo dotado de Competencias Confluyentes y con una agenda por cumplir; su plan.

Dicha persona, puede ser un profesional, un empresario, un *CEO* o un «don nadie». Su cargo o posición es irrelevante.

Lo imperativo es comprobar si su visión puede lograr ser transversal a su organización o emprendimiento. Eso se logra cuando el individuo «tiene un gran plan dentro de otro plan»: el de su Marketing Personal.

Todo lo que haces proyecta. Si quieres que tu *B2U* logre trascender aún más, entonces hazte varias preguntas importantes. ¿Dónde y cuándo quiero que proyecte? ¿Por cuánto tiempo? ¿Reconozco a mis aliados y detractores? ¿Puedo influir en ambos? ¿Pude maniobrar en los distintos sectores de mi negocio? ¿Me bajé de mi pedestal imaginario?

Cuando queremos ser transversales, no podemos quedarnos solos; enamorados u obnubilados con nuestra visión y misión. Cuando ambas se hacen tangibles por sus resultados, es necesario transmitirlas y delegarlas en gente competente. Con la ayuda de otros, podemos aterrizarlas en metas, estrategias, tácticas y planes de acción.

Delegación actitudinal

Es bueno y necesario delegar. No obstante, sugeriré que jamás nunca permitas que el destino de tus expectativas dependa completamente de la decisión de terceros.

Si hay demoras en aquel a quien delegas, insiste. Si no hay respuesta, reemplázalo. Si ya tienes a otro y un rezagado te responde, ponlos a competir. Luego, podrás seleccionar en base a un mérito que esté alineado con tus expectativas.

Una propuesta muy similar, se aplica al referirnos a nuestra Cadena de Valor de *Networking*. No esperes que sea otro quien haga los contactos por ti. Si quien se supone debe ayudarte a generar un contacto, termina por obstaculizarte o demorarte, «bypáséalo». Toma la iniciativa, pero avísale.

Si es necesario, accede política pero directamente a un nuevo contacto; agradeciendo y validando a quien te haya dado sus datos.

Jamás permitas que el valor de un socio o colaborador en tus negocios, se base únicamente en sus redes. Eso es *lobby* y no valor real.

Cuando requieres que tu *B2U* sea transversal y quede delegado en tus colaboradores, es necesario crear una cultura organizacional que te represente verdaderamente. Existen muchísimas publicaciones que hablan sobre esto y son de fácil consulta.

No obstante para simplificarnos, te sugeriré mis «4 P», orientadas a generar una cultura que obedezca a tu autenticidad. Estas no son las del *Marketing Mix* y se basan nada más que en mi experiencia.

Según mi humilde opinión, la cultura ideal de un negocio debe tener cuatro elementos convergentes e irremplazables:

Pasión: por aquello que haces y que motiva a quienes trabajan contigo.

Plata: pues necesitamos costearnos la vida, y la remuneración es importante.

Proyección: pues sin ella, no hay crecimiento. Las personas, no pueden quedarse estancadas en una misma actividad toda la vida.

Presunción de Confianza: Si te acepto, es porque presumo que puedo confiar en ti. La coherencia es clave para todas las demás P.

Figura 30: Cuatro elementos para generar una Cultura Organizacional auténtica.

La gran mayoría de las empresas tienen por delante un duro desafío en la captación y retención de su capital humano. Ello, si es que insisten en seguir obnubiladas con las primeras «2 P». La pasión y la compensación monetaria, son cortoplacistas. A la larga, forman personas poco proactivas; leales a sus cheques mensuales. Generan empleados; jamás colaboradores.

Pero si una cultura organizacional cuenta con proyección, logra continuidad y retención. La gente que nos aporta valor, se motiva por las oportunidades de prosperar. Las nuevas generaciones y sus preferencias laborales, son (y serán) una gran prueba de esto último.

Si la prosperidad de otros encaja con nuestra visión, eso genera confianza por ambos lados. Nuestros colaboradores se transformarán en líderes capaces de acompañarnos y representarnos en los momentos más decisivos. Cuando logramos lo anterior, podemos plasmar nuestro B2U en cualquier otra fase del Marketing conocido.

Evolución e influencia del B2U en el Marketing conocido

Es imperativo reconocer que el *B2U*, representa la base misma de cualquier otra estrategia o táctica de Marketing. Por ser auténtico y transversal, lógicamente es susceptible de evolucionar e influenciar en todas las demás áreas funcionales de una organización: recursos humanos, desarrollo, productos, ventas y finanzas; por nombrar algunas.

Si se aplica directamente en la arena del Marketing y la Publicidad, se hace necesario explicar su influencia mediante un modelo piramidal evolutivo, cuya cúspide consiste en el mismísimo *B2U*.

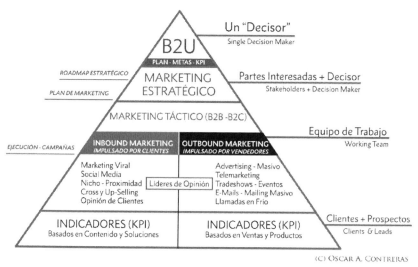

Figura 31: Evolución transversal del *B2U*. El Marketing Personal se promueve como base sustancial para todas las demás vertientes de la Mercadotecnia.

El *B2U* de una sola persona, representa y engloba sus metas, planes y métricas propias (*KPI ´s*). Cuando su Plan de Marketing Personal está en pie y logrando beneficios, puede considerársele como un «Decisor» (*Decision Maker*). Un individuo que toma decisiones comprometidas y coherentes consigo mismo. Representa una visión y misión, que a su turno son plasmadas en una estrategia refinada, personal y genuina.

Este Decisor, posee completa autonomía para decidir si dicha estrategia quedará circunscrita a su persona, o si será transversal a la organización que dirige o representa.

Si se inclina por lo segundo, luego puede decidir si involucrará a terceros interesados o «*Stakeholders*» en el desarrollo de un Plan de Marketing Estratégico. Los terceros interesados pueden ser sus cofundadores, directores o gerentes de línea. Involucrar o no a los accionistas, depende en gran medida de la estructura actual de la organización. Si el Decisor posee una propiedad excesivamente diluida de su empresa, debe ser capaz de convencer al porcentaje mayoritario; y sin mentirse a sí mismo. Un típico *hándicap*; presente en las grandes empresas.

Antes de siquiera pensar en Marketing Estratégico, es crucial contar con una Carta de Navegación o un «*Roadmap*», que calce perfectamente con el *B2U* del Decisor. Si se aplica un sistema de «*Balanced Scorecard*» en la planificación estratégica, es necesario que todos y cada uno de sus elementos sean consecuentes con los del Plan de Marketing Personal que pertenece al agente Decisor. «Un plan dentro de otro plan».

No existe tal cosa como Comunicación Estratégica, si lo anterior no se cumple. De lo contrario, lo único que se logra es vociferar una «gran falacia». Un mero maquillaje o «pomada», que no representa los principios, valores e intenciones de quien esté a la cabeza de la empresa.

Es claro que el Decisor puede asesorarse por muchas otras personas. Sin embargo, no puede negarse que es este quien toma finalmente las decisiones sobre qué comunicar. Las votaciones democráticas tan solo se ocupan cuando el Decisor no está seguro o se abstiene de asumir una responsabilidad comunicacional preponderante. Un *Decision Maker* con liderazgo, sabe que la decisión final es únicamente suya.

Cuando el Marketing Estratégico se condice con su *B2U*, entonces podemos aterrizarlo a las tácticas, tareas y actividades de un equipo de trabajo o «*Team*». Este a su turno, será el encargado de definir y ejecutar la(s) campaña(s) de *Inbound* y/o *Outbound* Marketing.

No resulta necesario explicar las distintas tácticas que puedan utilizarse. Lo importante es que independiente de cuáles sean, estas deben mantenerse como un fiel reflejo de aquello que el Decisor y sus *Stakeholders* definieron; sin excusas ni excepciones.

De la batería de herramientas de Marketing disponibles, tan solo me detendré en una de las más preocupantes: la promoción mediante un líder de opinión. Me refiero a esa persona que no solo conecta a la organización con sus clientes, sino que además engloba la comunicación interna de la misma. Una que es transversal al *Outbound* y al *Inbound*.

El líder de opinión, debe ser en gran medida un símil del Decisor. Así, no importando si se trata de una celebridad o rostro de televisión, político o líder de cambio, este debe ser entrevistado por nada menos que el Decisor. Por todas las razones señaladas anteriormente, no es recomendable delegar la definición final en un equipo de Marketing.

Si el *Decision Maker*, se considera absolutamente representado en un líder de opinión, entonces puede contratar sus servicios con mayor tranquilidad, confianza y regularidad.

La «figura de opinión» a su turno, decidirá si está en sintonía con el Decisor. Esto debe funcionar correctamente para ambas partes; porque tanto la una como la otra poseen liderazgo.

Son muchísimos los casos en los que un líder de opinión «se desvirtúa públicamente», al actuar como una especie de escudo de intereses, voluntades o pretensiones que desconoce. Corre el riesgo de que la opinión pública lo destroce si es que falta a la verdad.

Por último, las campañas deben ser aterrizadas en *KPI´s*. Las métricas pueden por un lado estar relacionadas con el contenido y las soluciones que se promueven. Por el otro, pueden estar vinculadas con las ventas de productos y servicios. ¿Cuántos de esos *KPI´s* calzan o se acoplan con los del *B2U* del Decisor? ¿Hablamos de métricas fieles a la verdad?

Con esas preguntas abiertas, propongo el saneamiento de la disciplina del Marketing. Por más que lo evada, el Decisor no podrá desligarse de la responsabilidad de definirse, forjarse o reinventarse, para influir de manera honesta en su organización. El público, los clientes y los colaboradores, exigen una «verdad corporativa» cada vez más ineludible. Lo que se defina, marcará un antes y un después; en los negocios y en nuestras vidas.

El *B2U Marketing,* con su *Framework* y sus elementos de planificación, representa un modelo que no es intrusivo. No pretende «tocar», entrometerse ni menos avasallar a las demás tácticas de Marketing. Las deja en completa libertad respecto a sus métodos (o procesos). No se preocupa de «el cómo», sino que de algo mucho más crucial: «el por qué». El sentido con el cual hacemos Marketing en los tiempos actuales.

Como lo señalé en un principio, «el Marketing Personal no es sumiso». Condiciona al resto del Marketing conocido a ser auténtico, coherente, comprometido, ingenuo y servil con sus propósitos reales. Un bastión de aquello que la sociedad del futuro demandará cada vez más: la verdad.

13
Ácidamente constructivo

"El problema con el mundo es que la gente inteligente está llena de dudas, mientras que los estúpidos están llenos de confianza."

—Charles Bukowski

SIN LUGAR A DUDAS, los asuntos por los que las personas y empresas requieren mayormente de mis servicios, implican apoyarlos en «limpiar la basura comunicacional». Algunos «expertos» denominan esto como: «Control de Crisis». Lo que para mí sencillamente, es «aplicar el *B2U*».

Ya sabemos que nadie puede «controlar un problema», con solo otorgar soluciones parche. Identificar la raíz del mismo para erradicarlo, es un primer gran paso. Siempre y cuando, se aplique un poco de asertividad.

Político, empresario, profesional o directivo; no importa cuál sea tu denominación: los tiempos de hoy ya no resisten esa sensación de aparente control. O hay acción propositiva que vaya de la mano con dicho control, o simplemente existirá otro competidor que te saque del juego.

Un día estás arriba; otro día estás abajo. Ese ciclo de iluminación; ese fracaso que se transforma en un potencial éxito, vendrá a ti (o por ti), tarde o temprano. Sea cual sea tu situación, lo importante es reconocer que las oportunidades siempre están presentes, sobre todo en tiempos de crisis.

A continuación, quisiera otorgar algunas sugerencias sobre cómo los diferentes actores en el clima socioeconómico, político y laboral, pueden hacer uso de un auténtico *B2U*; para superar malos hábitos y generar mejoras con igualdad, tolerancia y compromiso social. Puntos de vista que pueden ser ácidamente asertivos; pues incluyen propuestas constructivas.

Salvando el descrédito político y empresarial

Se me ha preguntado muchas veces acerca de cómo podemos re-empoderar a los empresarios y políticos latinoamericanos que cayeron en flagrante descrédito, durante la segunda década del Siglo XXI.

Desafortunadamente, hemos sido testigos de aquellos líderes que se han mostrado esquivos y miedosos, frente a la realidad económica y social imperante en países como los nuestros.

Basta con ver las noticias para percatarse de que frente a cualquier pregunta que la prensa les haga, las respuestas casi siempre comienzan con un: «Me atrevería a decir que...». Es fácil deducir que tienen temor a decir las cosas como realmente son. Sus posturas no son claras y su opinión «no calienta o influye» a la mayoría; a riesgo de que se les considere populistas.

Olvidados están esos días en donde los verdaderos líderes se paraban en cualquier lugar, y con un buen manejo de la oratoria, eran capaces de no solo convencer sino que además de motivar a sus audiencias. Hoy en cambio, si no tienen sus discursos escritos o pauteados frente a un *teleprompter* o en un podio, son incapaces de «existir» mediáticamente.

Si son de izquierda, de centro o de derecha; pudientes o delincuentes, ya dejó de tener importancia. Se ha demostrado que la opinión pública ya está cansada de la autocomplacencia de algunos políticos y empresarios.

Basta con darse un paseo por la cámara alta y baja del Poder Legislativo, para darse cuenta de que nuestros honorables se atacan unos a otros lanzándose «bolas bajas», pero pocas veces directas frente a las cámaras. La gran mayoría esconde sus temores y acumula estrés por tanto tiempo, que luego nos sorprende con actitudes exageradas y arrebatos propios de un niño de preparatoria.

Hemos llegado a un grado de inmadurez propio de los altos sueldos y de una Latinoamérica cuya situación ya no los resiste; al menos por el momento. La falta de decisión de algunos líderes ya cae en lo repetitivo e incluso absurdo. Las ideologías los convierten en robots que actúan de manera completamente predecible, y eso con las personas normales genera una gran desconfianza. Sus decisiones no son las de ellos, sino las de sus asesores. Y estos, se ha visto muchas veces, no están a la altura.

Tienen miedo de actuar. Y en países con culturas asistencialistas como los nuestros, la falta de acción es algo que los tiene contra las cuerdas.

Durante 2016, en Estados Unidos, ese país que a tantos nos gusta mirar como modelo de prosperidad, un *Donald Trump* exasperado, comenzó a ganar rápida hegemonía como candidato republicano a la presidencia, por decir cosas como esta: «El gran problema que tiene este país es ser políticamente correcto. Francamente, no tengo tiempo para lo políticamente correcto y honestamente, nuestro país tampoco».

Así también ha dicho muchas otras cosas que lo han puesto en tela de juicio con los votantes latinos. Claro está que él jamás será el «santo de devoción» de muchas personas; incluyéndome. No obstante, el hombre tiene algo que lo distingue. Nos agrade o no, quien habla es *Donald Trump*, uno de los hombres más ricos y mediáticos del planeta. Es, a falta de otra denominación que lo exprese mejor, una persona visceral. Por lo mismo, es rápidamente percibido como auténtico: un imbécil influyente.

Considero que retomar la autenticidad, es la manera por la cual nuestros líderes pueden volver a salir a flote en ese mar de descrédito popular del cual ya son cautivos. En vez de actuar por presiones del «qué dirán», deberían actuar por iniciativa propia. Y una iniciativa propia, marca la gran diferencia entre cumplir con sus promesas en la medida de lo esperado *versus* «en la medida de lo posible».

Nos ahorraría a todos además, el tener que escucharles una y otra vez frases copiadas para salir del paso. «No nos preocupamos, nos ocupamos». «Haremos una comisión para estudiar sobre el tema». «Veámoslo con altura de miras». «Generemos diálogo y consenso». Ejemplos hay miles.

La realidad es que todos nuestros líderes son personas, como tú y como yo. Y en ese sentido, debiesen tener la madurez y humanidad suficiente para reconocer que están en nuestro mismo nivel. Por tanto, están sujetos les guste o no, a tener admiradores y detractores; y también a estar por debajo de la ley.

Deben aceptar con sabiduría el hecho de que no todo el mundo los va a querer; por más que hagan esfuerzos mediáticos exorbitantes, para revertir las percepciones negativas de la gente. Su estrategia de Marketing Personal, hace mucho tiempo que pasó de moda. No es verídica.

Si fueran capaces de aceptarse y proyectarse como realmente son (en vez de dedicarse pelear contra sí mismos y contra otros), podrían ganar nuevamente un pie de credibilidad; más aún, al decir lo que realmente piensan. Se darían el derecho de cometer errores como todos nosotros y tendría libertad para reconocerlos. Sus vidas serían más balanceadas al descansar en su autenticidad. Se verían más joviales y menos añejos; decisivos y consultativos. Como promotores, en vez de detractores.

Además de la autenticidad, para superar el descrédito, se requiere de otro ingrediente importantísimo y no menos visceral: valentía.

Sucede que cuando nuestros líderes se acercan a lo que sus valores más profundos les demandan, más miedo sienten de hacer el ridículo o «quedar mal» con sus adherentes.

Ya está bueno que dejemos de actuar con tanta predilección a lo políticamente correcto. Las nuevas generaciones, impulsadas por y con el desarrollo de las Tecnologías de la Información, se motivan más con los buenos resultados que con las buenas intenciones.

Con valentía y autenticidad, eliminaríamos las ideologías absolutas y las visiones aburridas. Evitaríamos las incoherencias y las promesas vacías, que sumen a las masas «chaqueteras», lastimeras y deprimidas en la más completa incertidumbre asistencial.

Una visión realmente atractiva se resume en tres preguntas. ¿Cómo arreglas algo que ya está mal en el mundo? ¿Cómo le devuelves a la gente algo importante que alguna vez tuvo, pero que se ha perdido? ¿Cómo puedes mejorar tu propia calidad de vida y la de los demás?

Si lo que nuestros empresarios y políticos promueven es algo que se puede lograr fácilmente, entonces no poseen una visión atractiva. Las visiones atractivas son siempre contracorriente; son importantes y muy difíciles de lograr. Las buenas soluciones o las innovaciones, por lo general molestan a mucha personas. Las saca de su comodidad, pues requieren un cambio de actitud. Un «estilo disruptivo»; muy necesario para innovar en todos los sentidos de la vida.

Por lo mismo, resulta crucial el comunicar las propuestas; para después probarlas. Hacer partícipes de su ejecución a sus principales receptores: las personas comunes y silvestres. El dejar dichas propuestas restringidas a los círculos de elite, ha sido el peor error cometido por líderes populistas.

Con ello, según mi humilde opinión, se consigue un verdadero alineamiento estratégico que otorga credibilidad. Uno que se basa en los elementos de cualquier buena percepción: civilidad, integridad, actitud, ética y disciplina.

La fama y los títulos, ya cuentan poco frente a los desafíos actuales. La sociedad evolucionó al entender que ya no se requieren caudillos, dictadores, ideólogos políticos o pudientes inversionistas para resolver los problemas. Tan solo se busca a alguien auténtico, con sentido común y «cojones» (o «faldas») para hacer su trabajo.

Mantener la dignidad en la búsqueda de empleo

«Importante empresa busca...», es un enunciado que ya a muchos asquea y enferma. Cada vez que el desempleo vuelve a tocar las puertas de los menos afortunados, muchos de ellos en manadas y en forma atarantada, se apresuran para dejar absolutamente todos sus datos personales en los correos adjuntos a ese tipo de anuncios. Cualquier cosa por pagar las cuentas; lo que sea por poder comer.

Pensemos un poco. ¿Le darías tus datos personales a un desconocido que no te dice su nombre pero sí te dice que es «importante»? De alguna forma, esto se comienza a parecer al «cuento del tío», que lo pilla a uno desprevenido en el teléfono y que con pretextos tan ridículos como realizar un «embargo», es capaz de entrar a tu casa y robarte hasta lo que no tienes. Solo falta que sonriendo le pases las llaves de tu auto también.

Me da exactamente lo mismo que la interacción entre postulante y empleador, la maneje un prestigioso Portal Web de empleos o una pseudoinfluyente red de profesionales. Si tal sitio ya maneja tus datos, pero la gran mayoría de sus ofertas no comienzan por decir algo tan simple como el nombre de la empresa, ya estás en una galopante desventaja. Te transformas en un número más, un dato irrelevante; no importa cuán rimbombante tu *Curriculum Vitae* pueda parecer.

Si una red de profesionales y empleos protege la identidad de sus clientes empresa en desmedro de la información fidedigna que pueda otorgarte a ti, entonces ¿para qué diablos vas a comprarle o suscribirte a una cuenta *Premium*? ¿Cuál es el real valor agregado? Considero que si dichas empresas clientes fuesen realmente importantes, partirían por detallar su razón social sin rodeos.

Y es que con este clima laboral tan simpático que tenemos, en donde la desconfianza es pan de cada día y la indecencia pulula, lo importante no debiesen ser las empresas con atractivos nombres y logos. Lo que realmente vende y destaca son quienes están detrás de ellas: sus personas, y en primera línea, sus directivos.

Hay dos tipos de directivos: los que hablan de recursos humanos y los que hablan de capital humano. Ya no es una cuestión de modas el sugerir que comencemos a hablar de «capital». Sucede que cuando me hablan de un «recurso», me están diciendo entonces que las personas son un simple *commodity* que puede ser instruido, condicionado y manejado como si fuesen máquinas (o incluso borregos).

Digo todo esto, pues a algunos de estos paladines de los recursos humanos, los he escuchado *in fraganti* decir cosas tan «indecentes» como esta: «Los empleados son como animalitos, hay que atrincarlos pues su inteligencia no les da para más. Se deben adoctrinar e incluso domar; y cuando eso no ocurre, les enviamos una psicóloga para que les haga un lavadito de cerebro».

A estos mismos, los he visto vanagloriarse en *LinkedIn*; ese portal de profesionales que muchos de nosotros conocemos y utilizamos. Uno que del cual lamentablemente muchos se valen para obtener y minar datos de manera indiscriminada.

Sin generalizar (pues las hay buenas y malas), unas contadas redes de empleo hoy están plagadas de aparentes evangelizadores laborales. Esos que no hacen otra cosa que hacer *copy&paste* de lindas pero trilladas frases gringas en su *streaming* de noticias; o sobresaturarnos de «buenas recetas para obtener empleos y manejar personas». O peor aún, ilusionarnos con ofertas laborales inexistentes.

Algunos cuantos, hacen lo que sea para hacer «la parada» de lo «expertos» que son. Quizás para obtener una manada de ovejas que los sigan sin discutir y que mejor aún, los consideren lo suficientemente influyentes como para tener que rendirles pleitesía. Abiertos a ser «alabados por interés». En mi país, le decimos a esto «hacer la pata».

Si ponemos un poco de ojo clínico, veremos cómo las incoherentes acciones de estas personas las delatan. Especialmente, cuando expresan sus postulados liderazgo, empatía y clima laboral.

Un día en particular, leí de uno de estos «campeones de recursos humanos» un artículo que comenzaba con el siguiente título: «¿Cómo hacer que tus empleados se sientan motivados?». Por poco me pongo de pie y aplaudo, cuando un usuario le contesta indignado: «Fácil. Partamos por no llamarlos empleados. Son colaboradores».

Así también, se ha llenado de «sabios» que hoy exhiben un nuevo formato para mandar su *Curriculum Vitae* en tan solo una plana. Esta vez con gráficos sofisticados, métricas y bonitas líneas de tiempo.

El resultado obtenido es esperable y casi obvio: obtienen cerca de dos mil mensajes de distintos usuarios, que «de la nada» y sin siquiera investigar, les facilitan sus correos personales. A ellos, al parecer se les convence fácilmente con oraciones simplonas: «Déjanos tu correo y te enviaremos nuestro novedoso formato sin costo alguno».

¿Para quienes trabajan realmente estos individuos? ¿Están para ayudar al desesperado que busca empleo o para servir a otros intereses?

Aunque mis sospechas fuesen infundadas o me «tachen de mal pensado», y realmente hubiese buenas intenciones detrás de todo esto, considero que esas grandes recetas no cumplen para nada con su genuino objetivo. En general, no hacen otra cosa que complicar más la vida a quienes ya la tienen difícil. Me refiero a postulantes que buscan trabajo y no tienen *Photoshop*; o bien los que ya no son tan jóvenes y se valen de la claridad y experiencia exhibida en sus currículos. ¿Qué queda para ellos?

Estas supuestas recetas, pasan a ser verdaderas cábalas y supersticiones que a muchos no aportan en absoluto. Estresan y desesperan, para luego condicionar y someter a la gente a nuevos pero innecesarios paradigmas. Cuanto más detalles explican, menos credibilidad tienen.

Todas estas inconsecuencias pasan a ser completamente irrelevantes cuando las comparamos con la «práctica indecente» de publicar cargos ficticios. Así es... Me refiero a aquellos empleadores que publican ofertas falsas para que los más desesperados participen gratuitamente en pruebas psicológicas cada vez más truculentas. Pruebas psicológicas que por lo pronto, han sido completamente erradicadas en países desarrollados, al demostrar ser inefectivas y producir una alta tasa de candidatos con falsos positivos. Difícilmente considero aquello como una innovación.

Algunos empleadores incluso se dan el lujo de subcontratar a otras empresas forzadamente «dudosas y ordinarias» para que se hagan cargo de ese trabajo sucio. Dudosas porque falsean u omiten sus intenciones con el solo objetivo de obtener la mayor cantidad de estadísticas y datos para sus clientes anónimos. Ordinarias, porque la gran mayoría ni siquiera tiene la decencia de contestar un e-mail para al menos decir «gracias».

¿Por qué no mencionar también el uso poco ético de las ternas ficticias para obtener consultorías gratuitas? Nos pueden decir cosas como: «Has sido seleccionado(a) entre los tres primeros lugares para este importante cargo. Pero... Nuestro cliente necesita que soluciones un caso particular y dependiendo de su resultado, tomarán su decisión».

Es aquí cuando los más dignos debiesen «bajarse del carro» y decir: «No gracias, paso». Cualquier profesional con dos dedos de frente, no tendría por qué solucionar el problema corporativo de un anónimo; menos sin cobrar lo que corresponde. Se ha transformado en mala práctica el disfrazar un fraude con ese pomposo término anglo: *crowdsourcing*.

Solucionar la indecencia en el clima laboral no es fácil, sobre todo cuando en momentos de crisis, la desesperación no permite pensar bien y muchos inescrupulosos pueden aprovecharse de eso. Y eso de que hablo sobre el «antes» de una relación laboral; ni siquiera el «durante»

La decencia depende de cinco elementos fundamentales: educación, sentido común, coherencia, ética y empatía. Todas las empresas y personas dicen tenerlos, pero para que realmente sean creíbles, entonces sus valores, misión y visión deben reflejarse claramente. Si ese es el caso, entonces no debiesen tener ninguna razón para ocultar sus nombres al momento de realizar sus procesos de selección.

En un mundo en donde las confianzas son cada vez más escasas, es agradable observar en las redes sociales a reclutadores que se muestran «con nombre y apellido». Auténticos profesionales que se hacen cargo personalmente de sus procesos. Esos que son capaces de contestan sus correos, al menos para decir que recibieron los antecedentes de alguien. Generan rápida reputación por ser coherentes y comprometidos.

Si una organización asegura poseer una emblemática área de «Capital Humano», entonces no debiese tener impedimentos para hacerse cargo ella misma de aglutinar, seleccionar y administrar a sus personas. Un buen empleador siempre debe manifestarse auténtico, especialmente cuando dicha virtud viene de la mano del Marketing Personal de sus directivos.

Dicha autenticidad, es un elemento atractor para atraer a nuevos y excelentes colaboradores. Es allí cuando una empresa, independiente de su tamaño, se trasforma en líder: una empresa importante que motive la pertenencia, trabajo y pasión de sus personas. Organizaciones con tales características, son capaces de ingresar naturalmente dentro de *rankings* tan significativos como el «*Best Place To Work*» o el «*Fortune 500*».

Cuando carecen de originalidad y de un buen *B2U*, las empresas cosechan lo que siembran. En ese caso me es típico observar a sus directivos quejarse por tener equipos mediocres o de contar con «la gente que hay», porque no hay mejores que conseguir. No pudieron conciliarse con sus propias expectativas; no saben exactamente lo que quieren.

Refirámonos ahora a las personas; especialmente a aquellas que perdieron su trabajo o buscan nuevos desafíos. Es importante recalcar que hay dos cosas mucho más importantes que toda la inteligencia emocional, profesionalismo y experiencia que puedan mostrar en sus antecedentes laborales: dignidad, cuidado y un buen dominio de su Marketing Personal.

La competencia por obtener no solo un empleo, sino que un «buen empleo», está más fiera que nunca. Es muy probable que con el constante incremento en la cantidad de profesionales recién egresados, la oferta laboral se sobresature, alcanzando niveles exorbitantes. Sin embargo, eso no es excusa para perder nuestra compostura y dignidad al momento de elegir con quien contratarnos. Tan solo componer y lanzar *Curriculums* como si fuesen «cabritas al aire», nos ayuda muy poco.

Así como los empleadores investigan nuestros antecedentes, hagamos nosotros también lo que corresponde: investigarlos a ellos. Que nos contesten las preguntas importantes. ¿Quiénes son? ¿Cuál es su estructura organizacional? ¿Existe coherencia entre su misión, visión y valores, al contrastarlos con sus resultados? ¿Por qué están buscando realmente ese cargo para el que postulaste? ¿Cuál fue la razón por la que dicho cargo quedó disponible? ¿Cómo te proyectas en él? ¿Cuánto y cómo pagan?

Las organizaciones que son transparentes y que dicen valorar a su capital humano, no tienen excusa válida para privarnos de obtener respuestas, tanto a estas como a muchas otras preguntas. Incluso sugiero que tengas la oportunidad de reunirte en persona con algún miembro clave en el área para la que postulas. Obtendrías información veraz y objetiva.

Si no logras obtener respuestas claras, consistentes, y propositivas, entonces debes ser capaz de reconocer que «tal empresa no es para ti»; so pena de que después te arrepientas.

Nos acostumbraron desde el Colegio a que cuando preguntan las autoridades, nosotros simplemente contestamos; sintiendo cierta aprensión o temor por preguntar. Como ya lo han manifestado muchos líderes: «No existen las preguntas tontas» Sigamos ese ejemplo entonces. Transfórmate en autoridad hoy. Para eso fuiste a la Universidad y después viviste el rigor del trabajo, ¿no es así?

Cuestionemos e investiguemos todo lo que sea necesario. Más que identificar y conseguir esa gran oportunidad; debemos ante todo creérnosla. No te acostumbres a mandar tantos e-mails y a encerrarte entre cuatro paredes, esperando a que te llamen. Potencia tu Marketing Personal saliendo «allá afuera»; reuniéndote con gente de carne y hueso.

El *«face to face»* del *B2U* siempre es efectivo. No importando si las oportunidades escasean o no; siempre lo vas a pasar mejor.

Las buenas oportunidades existen para el profesional de verdad; pero con empresas de verdad y con directivos que sean quienes dicen ser.

Sobre educación y prosperidad

Se ha dicho mucho sobre emprendimiento; para mi gusto, quizás demasiado. Sigo escuchando hablar de «innovación y emprendimiento» como un repetido *slogan* de prosperidad. Y es porque realmente y bien en el fondo, casi todas las personas quieren hacerlo. Desean efectuar ese gran «salto a la libertad». La oportunidad de crear sus propias realidades; de vivir bajo sus propios impulsos y tiempos. Para algunos, significa hacerse ricos de la noche a la mañana; para otros, simplemente se trata de obtener esa tan esperada independencia financiera.

No todos están hechos para ser dueños de su propia empresa. Por lo mismo, uno de cada diez emprendedores fracasará intentándolo. Se necesita ser aquella persona especial que trabaje duro. Y más importante aún, que tenga las agallas y determinación para no solo crear, sino que más importante aún, perseguir lo que quiere.

En cierto sentido, se necesita una gran cuota de rebeldía contra el sistema, cuando se habla de establecer nuestros propios términos para crear un negocio sustentable. Esos mismos términos que con el tiempo, denominamos elegantemente como la misión y visión. Enunciados que en muchos casos, se han ido contaminando con abundante «grasa corporativa», miedos, mitos e incluso falsedad.

Considero que a momentos, el ecosistema emprendedor se farandulea bastante con eventos rimbombantes. Pululan aquellos «expertos» que han quitado foco al real sentido de formar un negocio. Está plagado de «charlistas» que con ninguna historia conocida de fracaso, ya se creen igual de poderosos que *Steve Jobs*; y tan solo porque tienen a un abundante público enfrente. Mucha adrenalina, pero poco cerebro. Mucha cerveza y fiesta; pero poca coherencia y humildad.

He sido testigo y parte de muchos de estos eventos de emprendimiento, en los cuales escucho de algunos jóvenes cofundadores frases como las siguientes: «¡Nuestro emprendimiento la va a romper! Ya tenemos una *App* en *Android* y contamos con 32.000 seguidores en *Facebook*».

Por lo general esos mismos, se ubican en una fila que comparten con otros quince nerviosos competidores que están dispuestos al igual que ellos a dar el todo por el todo, con tal de llamar la atención a un grupo de «inversionistas» (o algo por el estilo).

Algunos «expertos» les dijeron que tenían que presentar su negocio someramente en un *PowerPoint* o en un *Keynote*. Otros, se encargaron de intimidarlos, obligándolos a presentar ese *pitch* en menos de tres minutos, so pena de «cortarles su exposición», si es que se pasan del tiempo reglamentario. Les ponen un reloj para recordárselos.

Es ahí cuando me río y pienso: «¡Todavía no chiquillos! Ni siquiera son mejores que aquella dueña del almacén de la esquina». Así es... Ella gana más dinero que todos esos jóvenes juntos. Sin tanta presión y sin ningún inversionista de por medio. Intermediarios, fuera.

Si solo pudiera decirles que empatizo con ellos pues, también estuve en situaciones similares, y que muchas cosas que se dicen son solo mitos, quizás podría salvarlos de desperdiciar su tiempo. Darles un respiro, para que en adelante se concentren en lo que importa: su Marketing Personal, sus principios, «testear» a sus clientes...

¿Hemos sido culpables de «inflar» a estos jóvenes con tan altas expectativas? ¿Los estamos tratando a un mismo nivel? ¿Acaso los grandes empresarios no fueron así de inexpertos en sus comienzos?

Cuando hago mis clases en la Universidad, disfruto mucho cuando mis alumnos hacen una verdadera arenga para que les otorgue mis «consejos viscerales» sobre temas de emprendimiento. «¡Ya pues profesor! Díganos lo que piensa realmente».

Más me motivo, cuando al terminar una charla o conferencia, algunos empresarios se reúnen conmigo en un café, para que los apoye en «exorcizar sus demonios corporativos». Es ahí cuando me lanzo y les pregunto: «¿Innovación y Emprendimiento? ¿O te refieres a Inmolación y Empobrecimiento? ¿Dónde se enseña eso?».

El mundo académico ya no tiene coherencia con el mundo laboral. Y el mundo laboral ya tiene poco que ver con el acceso a la prosperidad.

En países como Chile, son prácticamente sesenta Universidades las que compiten por agarrar una cuota de prospectos recién egresados de la Educación Media. Actualmente todas ofrecen carreras similares y todas prometen prepararnos para el mundo real. Cada cinco años, sus campañas de Marketing exhiben nuevos eslóganes que nos hablan de «educación de calidad»; con un tipo de orientación más personalizada.

Esa misma gran orientación que solo en Chile, nos genera un 60 % de profesionales que hoy no trabaja en algo relacionado con lo que estudió, según lo revelado por estudios especializados en 2015. Las principales razones son la falta de interés y un bajo nivel de sueldos. Esto sucede especialmente en carreras de alta deserción como arquitectura, diseño, periodismo, pedagogía y sociología; con sueldos brutos que en el primer año de egreso, se sitúan entre los $500 mil y $800 mil pesos chilenos brutos. Estamos hablando de menos de $400 mil pesos líquidos (US$600) en el peor de los casos y no me sorprende. A 2016, el 53 % de nuestros trabajadores vive con menos de $300 mil pesos (US$450) mensuales.

Sin generalizar, deberíamos replantearnos la visión y misión de algunas Universidades. ¿Forman personas o simplemente les pasan materias? ¿Tienen alumnos o tienen clientes? ¿Promueven la investigación y desarrollo, o son productoras de papeles con pergaminos?

Más que cuestionar a las Universidades, mejor preguntémonos abiertamente: ¿Cuál es la razón que hoy en día tenemos para acceder a la educación superior?

Nuestros padres, aquellos de la generación de los sesentas, tuvieron la suerte de acceder a una educación gratuita y de calidad. Una cuyo sentido era el apetito por el conocimiento; por crear e investigar. Aquellos que la aprovecharon, en su mayoría hoy poseen activos y patrimonio. Los contados que tuvieron más suerte, hoy viven bajo una pensión mediocremente aceptable, basada en un sistema antiguo y erradicado.

Cincuenta años han pasado y la mayoría de los jóvenes hoy son adoctrinados para ir a la Universidad con un solo objetivo: obtener un papel impreso con firmas digitalizadas. Un «certificado de pega», que según lo que dicen, les dará la posibilidad de ganarse la vida.

Lo increíble es que dichos certificados hoy tampoco son suficientes. Se requiere ahora de un postgrado para poder salir a luchar en un mercado laboral sobresaturado de clones. ¿Y que recibirán estos jóvenes después, cuando envejezcan? ¿La pensión miserable de una *AFP* para irse a vivir debajo de un puente y quejarse de sus achaques?

Veamos números. Mientras escribo estas líneas, se está «vendiendo» una replanteada carrera de Enfermería de creciente demanda. Hasta $1.500.000 pesos mensuales (US$2.200) puede ganar hoy una enfermera con dos años de experiencia. Contrastémoslos con los $900.000 pesos (US$1.350) que gana un Ingeniero Civil en las mismas condiciones.

No me cabe duda que los planteles que ofrecen dicha carrera, deben haber tenido un gran acierto. La demanda por buenos sueldos futuros les dará buenos excedentes. ¿Pero qué pasará cuando los nuevos egresados se encuentren diez semestres después con una excesiva oferta de enfermeros; una que se encargará por sí sola de disminuir sus expectativas?

¿No ocurrió algo similar con carreras como Diseño y Arquitectura hace quince años atrás? ¿No sucedió lo mismo con Agronomía, Turismo y *Community Management*? ¿Dónde están las empresas que recibirán a ese *tsunami* de egresados de las carreras actuales y de las que se inventen?

En países elitistas y clasistas como los de Sudamérica, con sociedades que desmerecen a quienes no acceden a la educación, las empleadas de casa particular, se han transformado en verdaderas emprendedoras independientes. Las mismas que trabajando en barrios altos y sin educación formal, hoy se generan sueldos de $500 mil pesos (US$750) en promedio al mes. El chofer de *Über* que me lleva algunas mañanas, bajo sus propios términos y horarios, se produce un sueldo de $1.200.000 (US$1.800) al mes. Es culto, lee mucho, y entiende más de finanzas que muchos *MBA's* que conozco.

Las Universidades, calculan la tasa de empleabilidad, pero descuidan la tasa de retención laboral de sus egresados. Pareciera que pensaran que ante todo evento, siempre existirán empresas que los reciban y «se hagan cargo de ellos». Así que por favor, en cinco décadas ¿la educación nos ha llevado a la prosperidad? Nadie vive hoy con el equivalente a $400 dólares. ¿Qué tipo de educación financiera podemos inculcar para alguien que recibe un sueldo insuficiente? Lo que más generamos con todo esto es una altísima tasa de endeudamiento.

Considero que una manera de resolver este problema, está en orientar a las personas para generar sus propios negocios; ojalá innovadores y sustentables. Me conformo por el momento con lo último: sustentables.

Sin embargo, dicha orientación al emprendimiento no debe partir en la Educación Superior. Debe inculcarse y concentrarse en las principales raíces de toda orientación: la familia y el Colegio. Según la *OCDE*, Chile es el país donde los alumnos pasan más tiempo en las aulas. Pues bien, aprovechemos ese tiempo sentados en un banco de manera efectiva.

Lógicamente no se pretende que desde ahora todos se transformen en emprendedores. No se trata de que los jóvenes olviden la Universidad, o que los que trabajan actualmente abandonen sus cargos para partir con su propio negocio. No obstante, para evitarnos una crisis, es necesario que el mundo educacional y empresarial establezca un puente verídico para transferir conocimiento. Pero no a puerta cerrada, sino que exista participación concreta de profesionales como tú y como yo, que ya luchamos y sufrimos en las trincheras del sistema.

Mejorando el clima laboral hostil y pusilánime

Qué importante es el buen trato en el trabajo, ¿no es verdad? A estas alturas, la respuesta tiende a ser según muchos, bastante evidente. Mostrar un mínimo de educación y decencia para tratar a las personas en los quehaceres del día a día. ¿No es así?

Si es tan obvio, entonces me pregunto cómo muchas personas hoy en día no son capaces siquiera de saludar como corresponde. Si son lo suficientemente fríos como para no saludar, dificulto que tengan la capacidad de responder a un e-mail; mucho menos de dirigir una empresa profesionalmente. Así como las malas costumbres vienen de familia, diría que esto también se contagia desde el nivel estratégico de una empresa hacia abajo. Una pandemia que estamos a tiempo de evitar.

Entre 2015 y 2016, investigué varios estudios de firmas prestigiosas de reclutamiento en Latinoamérica. Entre ellos, destacó un estudio de la firma *Adecco*, realizada a 1.500 personas. En él se revela que el principal factor para sentirse satisfecho en el trabajo es un «grato» ambiente laboral. Lo comparé con un sondeo del *Instituto Nacional de la Juventud (INJUV)*, realizado en Chile, y en el que el 57 % de los jóvenes manifestaron exactamente lo mismo. Después, otra firma, *Randstad* hizo su contribución con otro estudio que indica que el 90 % de los jóvenes de entre 20 y 30 años, formaría su propia empresa si tuviese los medios.

Por mi parte, no podría estar más de acuerdo con la juventud de hoy. Lo único que sé, es que cuanto más me entero del despreciable actuar por parte de contados jefes y directivos, menos querría trabajar para uno de ellos. Después de todo, sabiamente se ha dicho que «uno no deja malas empresas sino que malos jefes».

Muchos compatriotas me dicen que en otros países como los Estados Unidos, la gente es más fría y hostil. Que nosotros los latinos somos más cálidos y serviciales. Alguna vez, yo también creí lo mismo. Pero hoy por hoy, discrepo absolutamente. Puedo decir con conocimiento de causa, que nuestra cultura Latinoamericana está saliendo victoriosa en una sádica «batalla por la frialdad».

El joven de hoy, recién fresco de la Universidad, no está preparado para soportar los «ataques zorreados» de ciertos jefes poco preparados y que de paso, los llenan de abrumadoras responsabilidades. ¿Y por qué tendría que estarlo? ¿Cuál es el sentido de aguantar malos modos? La desidia, la envidia, las ordinarieces de salón, el despotismo y su *coaching* coercitivo.

Ese trato tan «angelical», no ha generado otra cosa que nuevos jefes y supervisores que se acostumbran a todas estas lacras. Empleados que masoquistamente las consideran como beneficiosas. Ergo, las adoptan para luego hacerlas «suyas».

Malos hábitos que contra viento y marea, han sido parte de un círculo laboral vicioso y lastimero. Ese mismo que generó nuevos y fieros «hijos del rigor», que se encuentran hoy emulando las mismas malas prácticas de sus antecesores. Esas boludeces inventadas por la *Generación X*. Una que se demostró, no hizo otra cosa que trabajar sin descanso; compitiendo ciega y estúpidamente para obtener influencia y riqueza a costa de su salud física y mental.

Algunos de sus próceres, hoy lloran al perder sus cargos, pues con ellos perdieron su identidad. Al punto de no saber quiénes son o para qué sirven. Su única razón de ser era el trabajo las 24/7. Con suerte, tuvieron tiempo de incidir en la educación de sus hijos o compartir con sus familias.

En los últimos años, ha crecido la sensación de que el clima laboral en América Latina es estresado y pusilánime. Un ejemplo emblemático ha sido Chile. Según estudios, su índice de absentismo laboral es un 52 % más alto que el promedio de la *OCDE*. Los hombres y mujeres laboralmente activos, presentan en grandes cuotas de ansiedad, insomnio y depresión.

En los hombres incluso, el mal trato el trabajo les causa disfunción eréctil y alopecia. ¿Todo por qué? Porque alguien de mayor jerarquía, y que apenas si los saluda, se jacta de su posición para meterse con lo más preciado que un proveedor posee: «su billetera».

Y cuando se meten con sus ingresos, lógica y directamente, eso afecta a su familia. Ergo, su «sentido de hombría» se merma, y ese desconcierto se somatiza; creando achaques físicos que lo transforman en eso que yo llamo un «eunuco servil». Desprovisto de carácter y sin poder de decisión; desconectado de su dignidad; descontento y con altas posibilidades de generarse un cáncer u otra enfermedad.

¿Para qué hablar de las mujeres? Basta que una nueva ejecutiva se integre a un equipo de su mismo género, para que sus compañeras más *seniors* le hagan la vida imposible durante los primeros meses de estadía. ¿Es una especie de perverso ritual para iniciadas? ¿Por qué ese afán de sobresalir a costa del daño psicológico de otra persona? ¿Quizás lo hacen por miedo a perder un ascenso o que alguien les quite su trabajo? ¿Por qué los hombres no actúan tan así?

So pena de que me consideren «machista», las preguntas anteriores no las inventé yo. Más de las veces, son las dudas que me transmiten una gran diversidad de clientas: profesionales, emprendedoras, esposas y mamás.

En ocasiones, ellas mismas me han descrito como incluso el más alto directivo hombre en una multinacional, ha actuado en desmedro de su género. Ese «macho alfa» que debería actuar como un caballero, ha sido incapaz de saludarlas y felicitarlas al momento de convertirse en madres. Me detallan lo apáticos que pueden ser al llamarlas por teléfono, y remitiéndose tan solo a discutir acerca de lo que sucederá con sus obligaciones en el trascurso de su postnatal. Ningún reconocimiento o felicitación. Como si sus vidas importaran un vulgar cuesco.

Apuesto a que muchos me dirán: «Mentira. A mí nunca me ha pasado lo que dices. El clima laboral de mi empresa es fantástico y mis jefes son un siete». Si eso es así, sinceramente me alegro. Dichas personas tienen mucha suerte y ojalá nunca tengan que enfrentar situaciones que afecten su dignidad. Esa buena fortuna, puede ser bien potenciada para sacar lo mejor de las personas que trabajan con nosotros. Es de esperar que la utilicen para transformarse en benéficos líderes integradores.

Mientras tanto, las estadísticas nos muestran que en la mayoría de los empleados existe una sensación de rabia, impotencia, miedo y desencantamiento. Se han acostumbrado tanto a climas laborales hostiles y deshumanizados, que ya no tienen energía u optimismo para: «tratar a los demás como a ellos les gustaría que los trataran». Si lo que digo resulta dudoso, ¿entonces por qué la atención al cliente se ha desvirtuado tanto?

Basta con ir a comprar a una importante cadena de *retail* durante el fin de semana, para constatar el paupérrimo trato que muchos de nosotros recibimos por parte de «quien sea que nos atienda».

Esos sábados y domingos en que se supone que más debiesen vender, las tiendas de renombre hacen las cosas completamente a la inversa. Si hablamos de detalles, con suerte logras contar a dos o tres asesores de ventas, en un radio 300 metros a la redonda.

Al menos uno de ellos no caminará hacia ti cuando lo llamas; sino que prácticamente se arrastrará para atenderte debido al cansancio y el estrés. Es lógico. Carecen de entrenamiento, son mal pagados y tienen que enfrentar a un gran flujo de gente que demanda atención inmediata.

Los demás ni siquiera te darán la bienvenida o te saludarán. Siéntete bendecido si lo hacen con una sonrisa: «¿Sí? ¿Qué necesita?».

Situaciones como las que describo, se repiten en hasta en el más emblemático de los Bancos, en el sector público, en las instituciones educacionales, en las *PYMES* y en las más galardonadas multinacionales.

Da lástima comprobar que la mayoría de la población activa en nuestros «cálidos países», ha borrado de su ecuación esa sonrisa que antes esbozaba con tanto orgullo.

Se ha optado por emular conductas de jefaturas malhumoradas, con ceños fruncidos o incólumes. Jefaturas «tan amistosas», que sus caras se asemejan a esos pintorescos «*Moais*» de la Isla de Pascua. Al menos, las «caras de póker», se perciben más animadas.

Algunos de estos mandamases, se muestran hiperventilados y con tal grado de malos modos, que hasta hacen pensar que tienen déficit atencional. Me resulta extraño y paradójico el comprobar como una gran parte de nuestra sociedad los percibe como cultos, inteligentes y hasta «responsables» por actuar con esos hábitos.

Uno de mis clientes, un gerente de línea, me describió su experiencia: «Así es mi jefe. Me levanta la voz, me ningunea y me llama la atención. Lo hace porque dice que soy como un niño que no sabe comportarse y tiene que aprender. Lo considero como un padre y con el tiempo he aprendido a quererlo tal como es. Sin duda, es un hijo de puta a quien muchas veces tuve ganas de ahorcar. Pero me di cuenta de que me estaba preparando. En el futuro, a mí también me tocará hacer lo mismo que él».

Me pregunto cuán cerca estamos de salir del subdesarrollo, si nuestra población en su mayoría se condiciona temerosamente con ese trato tan «fenomenal». Si consideramos que dichos malos hábitos son necesarios para prosperar en la vida, entonces, no nos quejemos cuando nuestros niños y jóvenes se comporten de la misma manera. Esto nos debería preocupar y concernir a todos.

Me basta mirar por la ventana de mi auto o viajar en el *Metro de Santiago*, para vislumbrar a una nueva generación de «jóvenes estatuas», más incólumes que nuestros curiosos *Moais*. Los observo mirando hacia el horizonte, desconectados de la realidad y metidos en sus *Smartphones*. Listos para mostrar la más ingrata violencia y frustración, tan solo cuando los ponen entre la espada y la pared.

Lo hemos visto ya en las protestas; cuando desafían el *statu quo*. La mayoría ya no dice «hola» o no te miran... Tan apáticos, que ya ni se expresan verbalmente, pues para todo lo demás cuentan con el *WhatsApp*.

La cantidad de ejemplos es tan larga que más que un punto de vista, esto parecería un alegato. Y como quejarse no es la intención, no me queda nada más que hacer una humilde sugerencia.

Si queremos comenzar a hacernos cargo de nuestro clima laboral, no necesitamos irnos a las altas alturas de la planificación estratégica, las metodologías, los procedimientos. Menos aún a los Sistemas de Gestión de Calidad *(SGC)* y sus «no conformidades». Sirven para otras cosas.

Tampoco es necesario invertir grandes cantidades de dinero en psicólogos, psiquiatras, gerentes de felicidad, y ese llamado *coaching ontológico* (hoy por hoy puesto en duda y crecientemente erradicado).

El punto de partida para mejorar es muy simple y de bajo costo. Comencemos con dar un buen saludo para hacernos la vida bastante más grata y cordial. No basta solo con decir un simple «buenas». Hagamos un esfuerzo barato: «Buenos días. ¿Cómo estás?» Luego, si somos capaces de lo anterior, ¿por qué no exhibir una grata sonrisa?

¿Quién sabe? Podríamos hacerles un favor a tantas personas que nos rodean y que sin decírnoslo, necesitan un importante empuje. Quizás les arreglaríamos el comienzo de su día; tal vez les serviríamos de contención.

El «tratarlos bien» implica que estamos presentes y con tiempo para escucharlos; al igual como cuando tienes que escuchar a tus hijos. Dales la mano, una palmada en el hombro, o quizás un abrazo o un beso...

Mi pregunta ahora es aquellos profesionales que son también padres. ¿Sabes cómo los niños definen amor? Muy fácil: tiempo.

Si me dices que eres un buen padre, responsable y cariñoso, entonces muéstrame tu agenda. ¿Cuántas veces te reúnes con tus hijos de manera cordial y no obligada? ¿No podrías hacer lo mismo con tus pares, tus jefes y tus subalternos?

El buen trato no se trata de métodos o de siúticos tecnicismos; es una cuestión de tiempo. Tiempo necesario para hacer cosas muy simples.

Quizás a momentos, sientas que la vida es injusta, que el mundo está al revés; o desconfías tanto de todo y de todos, que no vale la pena ser cordial. Tal vez tengas que utilizar tus fuerzas de flaqueza para saludar y sonreír. Pero... ¿Quieres recibir? Entonces comienza por entregar.

Termino con dos frases que mi querido abuelo (QEPD) compartió conmigo alguna vez. Dos oraciones que en su tiempo, escuchó de un sabio y humilde «huaso chileno»: «Lo primero es antes» y «Los pocos-pocos hacen los muchos-muchos».

14
Star Citizen

"He vagado en todos los posibles futuros que he podido crear
hasta que finalmente, han sido ellos quienes me crearon a mí."
—Paul Atreides («Mesías de Duna», por Frank Herbert)

APUESTO UN MILLÓN A UNO a que existe un lugar y un sentido para cada uno de nosotros en esta vida. Es un verdadero campo de pruebas que nos ofrece momentos de felicidad y también de amargura. Para algunos es una bendición y para otros, una maldición. Puntos de vista contrapuestos.

Las sociedades se han esmerado en encontrar el porqué de esta ambivalencia. Y en esa búsqueda continua, se han cubierto de recetas que persisten en aproximarse a la felicidad, como si fuese una especie de «santo cáliz de la vida eterna»; esquivo, escondido e inaccesible.

Más de las veces, se trata de paradigmas y patrones de conducta para adquirir seguridad individual; pero a costa del buen pasar de quienes nos rodean. Ya lo hemos observado y la historia nos lo vuelve a enseñar; una y otra vez. Con el tiempo, dicha seguridad se capitaliza sobre el egoísmo y las injusticias. Un «castillo de cartas» tan endeble, que revela lo humanamente vulnerables que podemos llegar a ser. Basta que una carta esté mal colocada, para que toda la construcción se desmorone.

Cuando algo cae, muchos se dedican a culpar a los demás: a nuestros «expertos», a las instituciones; incluso a las religiones y sus deidades, sea Dios, Buda o Alá. El conformismo en su máxima expresión.

Esperamos que nuestra felicidad sea construida por otros. Es más, contamos que la misma sea manejada y dosificada por «los que saben». Es lo más fácil y menos costoso. Algo *«express»*; cómodo y sin sustancia.

Creemos, para que después otros que aseguran ser palabra autorizada, nos hagan pensar que «la verdad está allá afuera».

Dicen por ahí que 10.000 horas de dedicación, te convierten en un experto. Así, tenemos políticos expertos que llevan a un país a la ruina utilizando ideologías; o ingenieros expertos, cuyos puentes y edificaciones se derrumban por cálculos irrelevantes. También contamos con aquel médico experto, que diagnostica un cáncer que jamás existió. Tampoco dejo fuera a aquellos docentes y catedráticos que consiguen que un joven se frustre desde su niñez; condicionándolo y disminuyéndolo, con métodos que terminan por apagar su apetito por el saber. Tales son los «expertos» de los cuales algunas veces hemos escuchado.

El sistema social y económico imperante, ha fallado por creer en ellos y volverse dependiente de sus recetas avasallantes. Se tornó mezquino y a momentos, irracional. Sin duda, en las próximas décadas, vislumbramos una profunda etapa de cambio social y climático; quizás plagada de revoluciones y de procesos que superan nuestra precaria longevidad. Probablemente, no llegaremos a vivir lo suficiente para ser testigos.

Con esto en mente, ¿debes esperar a que el sistema cambie, para que recién tú puedas prosperar? ¿Dejarás pasar años de tu vida para obtener lo que quieres? En mi caso, «ni cagando». Es más, me rebelo ante dicha idea.

Ya sea que estés en el infierno o en el paraíso, jamás puedes negarte aquel «momento de iluminación»; tan necesario para reinventarte. Por eso y sin más titubeos, planteo que el único experto aquí eres tú, y por tanto serás «experto(a) en ti mismo(a)». La verdad no está «allá afuera» sino que parte por ti; una pequeña deidad que es artífice de su entorno.

El verdadero experto, es aquella persona que ves en el espejo todos los santos días. Tienes el poder de crear tus realidades, cuando amas tu autenticidad y los ricos matices de su historia; con luces y sombras.

Las Competencias Confluyentes del *B2U*, que con mucho esfuerzo y cariño he tratado de revelar en estas páginas, son tan solo técnicas y sugerencias que puedes utilizar a tu antojo en distintas circunstancias. Herramientas que no significan absolutamente nada, si no crees o no estás a cargo de aquella esencia que te distingue.

Realizaré un *switch* en mi rol de profesional, para asumir un rol de padre de familia. Uno que se esmere en otorgar el mejor consejo a sus propios hijos. Quizás me faltaría otro libro completo para expresar tantas cosas. Pero si tan solo tuviese diez minutos más de vida, ¿qué les diría?

Jamás un clon

Por favor créeme. Naciste con un gran poder. Ese poder, está vinculado a tu esencia; tu pulpa y sustancia vital. Esa misma que nació junto contigo al dar tus primeros alaridos en la sala de parto. Gritabas porque respirabas bien; lo hacías para marcar tu existencia y definir tu supervivencia. Necesitabas alimentarte y dormir; no tenías otra manera de expresarlo.

Diste tus primeros pasos, recibiendo el ánimo de tus padres o de quienes te acompañaron. Conociste los árboles, los animales y el mundo que te rodeaba. Con tus ojos tan nuevos, los mirabas con tanta claridad y con colores tan vivos. En una absoluta y genética «alta definición».

Un día, tus papás te mostraron el mar y te imaginaste cruzándolo sin ninguna ayuda; tal cual como los dibujos que observaste en aquellos libros de cuentos que te contaron al dormir. Eso, si es que tuviste dicha fortuna. Con tu inocencia que es tu esencia, percibiste el mundo como algo tan abierto y tan sencillo. Un verdadero paraíso de oportunidades, para explorar y sentir. Te sentiste poderoso(a) y tu esencia estaba ahí contigo.

Entonces los grandes te dijeron que tú eras un menor, y mágicamente apareciste en una sala de clases junto con otros. En ese momento, te percataste de que no eras una única persona. Que había otros seres parecidos o distintos a ti. Algunos de ellos fueron cariñosos contigo, mientras otros te relegaron o despreciaron por ser diferente. Lloraste porque te frustraste y rápidamente, tomaste sencillas decisiones. Tratarías mal o te apartarías de aquellos que no te agradan; y lógicamente, te acercarías a los que fuesen como tú. Estaba en tu esencia.

Diste y recibiste tus primeros manotazos y empujones. Te caíste de un columpio o de un tobogán. Volviste a llorar una y otra vez, porque pensabas que no había restricciones para balancearte en una silla. Más te enrabiaste, cuando los grandes a tu alrededor te reprendieron o castigaron por no obedecer a sus advertencias. Estaba en tu esencia el rebelarte. ¿No se suponía que eras capaz de hacer cualquier cosa? ¿Tienes límites?

Mucho después, notaste como la ropa te empezó a quedar estrecha. Ese también fue el momento en que comenzaste a leer tus primeros libros, a explorar las ciencias y a entender que por alguna razón querías correr detrás de una pelota o jugar con una *Barbie*.

Tu cuerpo se desarrolló y comenzaste a crecer. Por alguna razón, ya no olías tan bien como antes. Entendiste el valor de asearte frecuentemente; apreciaste el afeitarte, depilarte o utilizar un extraño aerosol en las axilas.

La adolescencia se desató, para luego declararse oficialmente. Sentiste aún más poder; pero con ese poder aumentaron tus responsabilidades.

A lo mejor supiste lo que era cuidar a una mascota. Quizás jugaste a tu primer videojuego; pero sí pudiste ver esa película que se transformó en tu favorita. Así también, disfrutaste bailando frenéticamente al ritmo de tu canción preferida. Hiciste eso último hasta ver salir el sol y sin sentir cansancio, porque estaba en tu esencia: energía eléctrica personificada.

Hubo una época en la que comenzaste a pensar que «los grandes» eran unos tontos graves incoherentes. Gente demasiado seria y apagada, que no era capaz de entender tu esencia. ¿Por qué me dicen que no puedo llegar lejos con mi poder? ¿Acaso aquellos que se llaman «maduros», tan solo se dieron por vencidos? Sentiste ansias por rebelarte.

Y fue gracias a esa pregunta, que te rodeaste de aquellos grandes amigos que en esencia, pensaban y sentían igual. Soñaste de que juntos conquistarían el mundo y que te acompañarían hasta el fin. Esos mismos que un día te mostraron tu primera película porno, a escondidas de tus padres. Era sencillamente inevitable; sucedería tarde o temprano.

Entonces pudiste definir si te atraían las mujeres o los hombres. Fijaste tu sexualidad y de paso, elegiste a la persona que te gustaba (o la que te tocó), para experimentar eso que los grandes definen como amor de pareja.

Cuando se dio la ocasión, diste tu primer beso; sentiste mariposas en el estómago. Tu cuerpo se sintió extraño. Tu esencia te llamaba a hacer ciertas cosas que iban mucho más allá de un simple besuqueo. Te entregaste a tu primera experiencia sexual, que se tradujo en el placer del coito o la masturbación. Todo a riesgo de transformarte en padre o madre. Una verdadera ruleta; cuyo resultado dependía de eso que los adultos llamaban «control de natalidad» o métodos anticonceptivos.

Te sentiste implacable; capaz de crear tu destino. La Tierra entera les pertenecía a ti y a tus amigos. Independiente de si te criaste laico o bajo una religión, definiste si tendrías que «conquistar el mundo» limitándote o no a parámetros mínimos de ética. ¿Era necesario sentirte culpable por ser tú?

Lamentablemente, también conociste eso que llaman muerte. Algunos seres queridos y cercanos «partieron». Te diste cuenta de que no es como lo muestran en las películas. Lloraste mucho; extrañaste su compañía. Pero gracias a ello, apreciaste aún más la oportunidad de estar con vida.

Fue entonces cuando llegó aquel durísimo momento de transición. Ese período en el que tendrías que definir con qué herramientas podrías generarte un lugar en la historia y en el mundo. ¿Inventarías las tuyas propias o seguirías las esquemáticas menos arriesgadas?

«Los grandes» te dijeron que estudiaras mucho para ir a la Universidad y transformarte en un profesional de calibre. Quizás si les hacías caso, volarías en *jets* privados. Tendrías un castillo, un deportivo lujoso y todo el mundo te aplaudiría en una alfombra roja; plagada de *flashes* de cámara. O tal vez te dedicarías a apoyar a la gente en necesidad; convirtiéndote en un líder que se daría por completo a una causa social emblemática.

El tiempo pasó rápidamente. Si tuviste la constancia, la vocación o la suerte, pudiste graduarte en una profesión y acceder a un empleo. Y si no fue así, posiblemente enfrentaste el sacrificio de partir desde cero con tu propio negocio u oficio. Lo hiciste para sobrevivir; luego surgir.

Digamos que tu ciclo de vida fue impecable. Que estuviste quince años en el Colegio, más cinco años en una Universidad; sumemos dos años de postgrado. Si pudiste hacer todo aquello sin detenerte y sin tropiezos, para cuando tuvieses 25, te darías cuenta de que pasaste nada menos que 22 años de tu vida «preparándote para el mundo de los grandes».

Pero lo que los adultos no te dijeron, es que en realidad la vida es mucho más sencilla de lo que parece. Se esmeraron en complicártela, por seguir una receta. De esos 25 años, tan solo «fuiste libre en esencia» durante los primeros tres. Tiempo del cual casi ya no tienes recuerdos.

Si no te faltó salud, energía y capacidad, entonces pasaste una gran parte de las 24 horas de tus días siguiendo un patrón establecido. Doce horas trabajando o estudiando, más ocho horas biológicas de sueño. Te percataste que de ese día, tan solo te quedaron cuatro horas para disfrutar de la vida. de tu familia, de tus amigos, de tu pareja, de la naturaleza, de recrearte y de conocer el mundo. Restemos el tiempo perdido en el tráfico, en gestiones o en burocracia. ¿En qué momento pudiste vivir?

Cumpliendo con la receta para una vida espléndida, pudiste trabajar sin detenerte hasta los 65 años. Edad en la cual (y con suerte) ya podrías jubilarte y ser «libre nuevamente». Pero con dos tercios de tu energía perdida y con achaques propios de una salud deteriorada. ¿Libre para qué?

Independiente del resultado, sacrificarías tu tiempo en las trincheras del rigor. Si seguiste empeñándote al igual que los demás, sería inevitable que en algún momento tendrías que sentir el sabor de la derrota y la pérdida. Un despido; un negocio fallido; la muerte de un ser querido; la humillación; la pobreza; la depresión; el hambre y la desesperación.

Fue entonces cuando finalmente te detendrías a pensar sobre cómo pudiste hacer las cosas de manera diferente. Tendrías el derecho fundamental de vivir uno o varios «momentos de iluminación». Los sentirías en la juventud, en la adultez o en el *peak* de tu vejez. ¿Quién sabe o a quién diablos le importa? Nunca es tarde para darse cuenta de que algo o alguien te está matando la esencia para convertirte en un clon.

Es aquí y ahora, cuando puedes decidir si vas a vivir o morir dentro de una esclavitud sofisticada. Un sistema pensado para que tan solo te conviertas en un número más, dentro de una larga lista de miles de millones. Un negocio de clones que no se paga con tu dinero, sino que con algo mucho más importante: tu tiempo de vida.

Esa es la razón por la que tú y yo estamos a un mismo nivel. Seamos quienes seamos: tú no eres mejor que yo, ni yo mejor que tú. Nuestras vidas en esencia, no son tan distintas.

Tu esencia te acompañó en cada pasaje de tu historia. Y hasta el día de hoy, continuamente te persigue. No cambiará, y por ello te obligará a ser fiel a tus reales deseos y expectativas. Te «pateará el trasero» una y otra vez, para forzarte a exhibir un mínimo de autenticidad. Enorgullécete de ella; muéstrala y exprésala con humildad.

Si ya encontraste o conoces esa esencia, no dejes o permitas que nadie te la doblegue o someta; por ningún motivo o circunstancia. Si triunfar implica olvidarla, podrías ser muy infeliz.

Si no la transas, pero permites que otros te la disminuyan, te estarás esclavizando. Te sentirás como un clon pusilánime; pagando un tributo innecesario. Tu esencia se rebelará tarde o temprano y producto de ello, tu cuerpo reaccionará con enfermedades. La impotencia se somatiza.

No te sientas mal si en algún momento crees que tu esencia se ha perdido. Puedo asegurarte que cuando más te encuentres desorientado(a), desmotivado(a) o sin energía, ella misma se encargará de llevarte de la mano. Te guiará por el camino adecuado para encontrarla o redescubrirla.

La esencia es clave para la autenticidad. Cuando hay autenticidad, sientes vida. Y cuando vives, puedes proyectarte y llegar tan lejos, que cualquier receta, táctica, treta o regla, pasará a ser tan solo un adorno.

Cuando dejas de ser un clon y despiertas, te das el derecho de fracasar para construir tu propia prosperidad. Y si «los grandes», «los expertos» o «los influyentes» te dicen que no es posible; entonces duda. Duda con toda tu esencia y con toda tu convicción. ¿No serán ellos clones también?

¿Qué reglas? Fracasa y crea las tuyas

«Las paredes que te limitan, solo están en tu mente». La vida es un juego en el cual todos somos, fuimos y seguimos siendo novicios. Así que *«falla rápido, falla barato»*, pero también falla orgullosamente. Hay gente que pierde su salud mental y hasta «se quiere morir», debido al fracaso.

Los negocios cambian; así como también lo hacen la educación y las relaciones sociales. Por lo mismo, es inevitable que el Marketing y sus estrategias se renueven; para bien o para mal. Las normas, los preceptos, los postulados y las técnicas son susceptibles de evolucionar o de irse literalmente al tacho de la basura. El futuro está siempre en movimiento.

Lo que no cambia a pesar del tiempo, es esa esencia intrínseca que todos llevamos en nuestro interior. Es clásica: jamás pasa de moda.

Cualquier análisis transaccional, revelará que tenemos a un padre, a un adulto y a un niño, habitando en nuestro interior. Pensemos ahora en ese niño que llevas contigo; ese que tiene muchísimas ganas de jugar.

Al entender que todo este «orden impuesto», en realidad se trata de un juego con reglas, entonces no debiésemos frustrarnos con los fracasos. Al igual que un niño, debiésemos valorar la oportunidad de mejora que estos nos traen. Dicha oportunidad, será la responsable de alimentar nuestras mentes creativas para sobreponernos ante cualquier crisis o coyuntura.

Nuestros líderes de ayer y hoy, aprovecharon sus intensos «ciclos de iluminación» para potenciar su creatividad. Gracias a ella, generaron reglas para superarse e innovar. Postulados que les sirvieron a ellos, pero no necesariamente a todo el resto de las personas.

A cada uno de nosotros se nos dio el derecho de participar en este «juego de la vida»; pero suscritos a las reglas que estos líderes formularon. Quizá porque se las consideró benéficas en su momento; pero nunca exentas de poseer una fecha de expiración. Muchas reglas se mantendrían incólumes, pero no por utilidad; sino más bien por temor al cambio, por flojera o porque las decisiones pertenecen «al consenso de los más aptos».

¿Bajo qué reglas pretendes jugar? ¿Las tuyas o las de otros? ¿Qué sucede si aquellas reglas con las cuales participaste, ya no te sirven?

La mejor forma de averiguarlo está en el fracaso. En aprovechar esa «falta de éxito» que una gran mayoría tiene pánico de reconocer.

Quienes crean reglas, han «saboreado la falla» una y otra vez. Se esforzaron por ganar, pero perdieron hasta llegar al punto de reinventarse. Se dieron cuenta de que finalmente no eran ellos quienes estaban fallando.

El «juego», el sistema en el que se desempeñaban, sencillamente se vició. Necesitarían «influir en sus hebras»: por supervivencia o para mejorarlo.

Bajo esa perspectiva, pensemos que somos parte de un videojuego que está en un continuo *beta-testing*. Uno que nunca es perfecto. Plagado de errores muchas veces no definidos o reproducibles; pero sí emocionantes. Su motor principal, su *core*, es la bendita y tan malentendida innovación.

La innovación nos invita a crear nuestras propias reglas para jugar en el Marketing, en los negocios, en el trabajo y en la vida social. Yo tengo las mías; tú tienes las tuyas. Podemos adoptarlas, adaptarlas, sistematizarlas, evolucionarlas, desecharlas o incluso quebrarlas. Cuando quieras definir qué hacer con ellas, te invito a que fracasemos para averiguarlo.

Si te sientes como un líder que innova, entonces eres capaz de «quebrar las reglas» o de ser disruptivo(a); siempre y cuando no pases a llevar la prosperidad de los demás. Con un mínimo de sentido común, con sanos valores; con una marcada ética humana y profesional. Cuando quieres quebrar reglas, no se trata de «mandar todo al carajo» y convertirte en delincuente. Lo que realmente quieres, es transformarte en un agente de cambio; que se motive a sí mismo y al resto para generar acción.

Steve Jobs; *Nelson Mandela*; *John Kennedy*; el *Dalai Lama*; *Che Guevara*; *Winston Churchill*; *Julio César*; *Napoleón Bonaparte, Pelé*; la lista de líderes es larguísima, pero creo que entiendes a qué voy.

¿Quién de ellos no ha transgredido las reglas para crear nuevas? ¿Quién de ellos no ha sido odiado, alabado o temido? ¿Quién de ellos no ha tenido que «comer tierra en la arena del fracaso»?

Dedícate a crear y a innovar. Muchas de las innovaciones en las artes, en las ciencias y en el clima socioeconómico, suceden porque alguien dejó de obedecer las reglas y tuvo la valentía de desafiarlas. El coraje puede mejorar tu vida y también la de los demás; incluso la de aquellos que se mantienen quejumbrosos y conformistas. Después de todo, las reglas son hechas tan solo por personas, y ninguno de nosotros es perfecto o infalible.

Así que confía en tu propia habilidad para encontrar la esencia detrás de las reglas. Luego decide si dichas reglas promueven un mayor beneficio para todos. Si no es así, entonces ya sabes qué hacer; siempre y cuando tu propuesta genere una situación de *win-win* con aquellos a quienes influyes. Ya sea en un grupo de personas, ya en sea la sociedad o en el mundo entero; tienes el poder intrínseco de potenciar tu Marketing Personal a niveles que transgreden cualquier convencionalismo.

Eminente Comandante

Limitado a las páginas de un libro, tan solo puedo mostrarte míseras pinceladas de lo que tú eres capaz de lograr con el Marketing Personal. Si practicas ese *B2U* con sabiduría y perseverancia, la gente a tu alrededor estará hablando de ti todo el tiempo. Y permíteme recordarte que lo harán para bien o para mal. Acepta ese hecho con una gran sonrisa de satisfacción, pues estarás generando cambios; algo estará ocurriendo.

Sintiendo dicha satisfacción, deja que los pensamientos negativos reboten en ti, para luego volar lejos. Tú esencia y autenticidad serán tu defensa, para todo aquello que no es bienvenido. Los ataques, las envidias, los engaños, los miedos; todo lo malo podrá «tocarte», pero no será capaz de producirte daño.

No existe barrera que no puedas superar. Todo lo que necesitas saber está en ti. La confianza está contigo. Mereces cualquier cosa; puedes ganarte todo en esta vida. Tienes la fuerza para conquistar cualquier miedo. Posees la capacidad mental para controlarte y remover cualquier hábito que no te guste o que no sirva a tus claros objetivos e intereses.

Piensa que eres como una verdadera fortaleza fabricada de titanio. Algo tan fuerte que no se puede romper; pero que sin embargo es flexible. No existe debilidad; pues eres capaz de desterrarla de tu mente, junto con esa inútil ansiedad y el miedo a lo desconocido. Consigues que toda esa ansiedad se haga pedazos en tus muros. Los pensamientos y sentimientos nocivos no te penetran, pues tu historia de éxitos y fracasos te ha servido de escuela. Eres capaz de anticiparlos, verlos llegar y descartarlos.

Utiliza tu mente, tu creatividad y conocimiento, para trabajar con tácticas. Tácticas para moverte como todo un comandante en el campo de batalla. Ya sabes que puedes negociar la vida con conocimiento.

Eres maestro(a) y comandante. Estas al mando de tu propia vida. La suerte puede ayudarte, pero no se compara con tu propósito y dirección. En tus manos está la brújula para fijar tu propio destino. Tienes la destreza para maniobrar en cualquier situación en la que no quieres o no debes estar. Asimismo, posees la desenvoltura para exponerte dentro de aquella situación en la que tú quieres estar.

La vida de allá afuera es incontrolable, por más que intentes regularla. No puedes abordarla en su totalidad. Pero sí puedes explorar y abarcar la inmensidad de tu persona. Nadie nunca te negó la autoridad para dirigir tu próximo rumbo.

En la adversidad, sé consciente de tus conocimientos; y cuando ellos no estén tan claros, sigue a tus instintos. Si algo no se siente bien, aléjate y da un paso al costado, manteniéndote siempre fuerte y confiado(a) en la dirección que decidiste seguir. Posees una fortaleza impenetrable que se mueve junto contigo, a donde sea que te dirijas. Solo recuérdalo. Piensa en el titanio; piensa en cómo se amolda. Date el derecho de creer en esa fuerza y delicadeza; aquello que te hace tan admirable y eminente.

No me preguntes: «¿y qué se supone que hago ahora?». La respuesta es siempre tuya; tienes la autoridad de ser un(a) experto(a) en ti mismo(a). Tan solo soy una persona que espera poder haberte ayudado o guiado para llegar a este punto de autoafirmación o autorrealización.

Todo lo que necesitabas saber, ¡ya lo sabes! Quizás solo requerías escucharme o leerme un rato para confirmar esa realidad.

Sin duda, pueda sentirse un poco vacío aquel momento en que yo tenga que dejar nuestra extensa charla sobre Marketing Personal hasta aquí; levitando ahora en los confines de la experiencia y la práctica. Hay tanto más que puedo decirte; hay tanto más que se puede planificar.

Por lo pronto, ten la seguridad de que cuando posees las herramientas necesarias para moldear ese titanio, no solo consigues fortificarte, sino que además puedes adaptarte. Eres tan capaz como cualquiera de lograrlo. La intención cuenta, pero es la acción la que te valida o te delata.

Cualquier estrategia, plan, o política que venga después de esa acción, será un reflejo honesto y fiel de lo que realmente queremos para nosotros y para los demás. Nos merecemos el éxito del fracaso y el fracaso del éxito, por ser todos tan únicos y especiales; tan maravillosos como seres humanos. Ahora ya sabes qué hacer para que tu belleza interior finalmente se deje ver por ti, por mí y por el resto del universo.

Busca encontrar a otras personas que compartan esa belleza, amor y cuidado. De esas, hay no pocas sino millones más. Regálales tu tiempo. Salúdalas con prestancia y cordialidad: «Hola, ¿qué hay de ti? ¿Cómo estás?». Dales un buen apretón de manos y si lo necesitan, ofréceles un buen abrazo o una palmada en el hombro. Transmite tu satisfacción y felicidad; la energía inagotable de tu esencia.

Este es mi mensaje final: «Te regalaron una oportunidad para jugar en la vida. Para fracasar, aprender y triunfar orgullosamente. No estás solo(a). Sé feliz por el hecho de que te hayan invitado a participar. Etapa superada».

Volvamos ahora a punto cero. ¿Estás listo(a) para un nuevo comienzo?

Imaginemos una mañana fría y de colores azulosos, en el centro de una ciudad plagada de concreto. Miles de personas que transitan apuradas y acongojadas, adornan nuestro alrededor.

Como ya sabes que «conversarme» un café contigo, es la mejor de mis inversiones, te has dado el tiempo para reunirnos. Hemos llegado puntuales; como a mí me gusta y como tú lo esperas.

Nos encontramos ahora frente a frente, en una mesita desgastada pero no menos elegante, compartiendo esa cálida, oscura y reconfortante bebida. Con leche o sin leche; con azúcar o endulzante; no tiene importancia. El tiempo pareciera detenerse. Quienes nos rodean ahora se mueven en cámara lenta, mientras nos miramos a los ojos fijamente.

Quizás tú me lances la primera pregunta o tal vez lo haga yo. Me refiero a esa «gran pregunta», que solo hacen aquellos quienes están un mismo nivel; quienes marcan una verdadera diferencia.

—¿Quién (cresta) eres en realidad y qué es lo que te impulsa en la vida?

Si manejas bien ese *B2U*, estoy seguro de que sabrás perfectamente qué contestar. Sin embargo y solo por esta vez, contestaré primero que tú.

Mi nombre es Oscar y no debe importarte quién soy, lo que hice o a quién represento. Lo que importa es lo que observo en este preciso minuto.

No estoy mirando los edificios con sus empresas; tampoco la galleta que está en el plato de mi café; mucho menos el reloj de pulsera que llevas puesto. Estoy observando un verdadero desfile de zombis. Seres humanos que continuamente nos dicen estar buscando su derecho a sentirse satisfechos, con sus trabajos y sus vidas.

Habrás notado que por alguna razón, muchos ya no sonríen ni saludan al dirigirles la mirada. ¿Están muertos en vida? ¿Eres tú igual a ellos?

¡Por favor míralos! Los veo tan apurados, que su estrés y nerviosismo se les nota al caminar y al expresarse. Y es que día tras día, han seguido un patrón rígido, con el cual pensaron que algún día surgirían en un sistema agotado; para lograr eso que llaman éxito.

Ahora contéstame lo siguiente, ¿qué es el éxito? ¿Es lo que a estos seres les dijeron o prometieron? ¿O quizás ellos siempre fueron exitosos y aún no se han dado cuenta? ¿Qué crees tú?

Obsérvalos detenidamente. Los veo cansados de no ser ellos mismos; de ser tan extremadamente complacientes y sumisos. Durante buena parte de su jornada, cada uno de ellos gasta la energía equivalente a dos personas: una verdadera y otra completamente falsa. Lucen caretas que ocultan sus frustraciones, resentimiento, conformismo y unas ansias galopantes de liberación. Al mirarlos, puedes leer sus preguntas. ¿Qué voy a hacer con mi vida? ¿Dónde estaré en diez años más? ¿Merezco algo?

Esas preguntas, pasaron a ser mi misión principal. El objetivo último de mi existencia. Quiero apoyarlos en sus carreras, en sus decisiones, en sus cambios; en su porvenir. ¿Tendré la oportunidad de conversarles y mostrarles otro camino absolutamente distinto?

Quizás callarás mi retórica trillada y soñadora con otra pregunta:

—¿Qué crees tú?

Te contestaré con una sonrisa. Te diré que tengo fe de que todavía no es tarde. Todos los días pido a Dios tener el tiempo y la salud suficientes para poder «cambiar el mundo», una persona a la vez. Soy un soñador que presta atención y acción para hacerlo posible. Alguien que todavía quiere ser un niño y pintar sus días como mejor le parezca.

Porque al final, ninguno de nosotros tiene un tiempo largo en este planeta. La vida se nos escapa como arena de mar entre nuestros dedos. Tenemos la oportunidad de hacer de nuestra delicada y precaria existencia algo espectacular.

Nos han dicho que la vida nos enseñará. Sin duda y hasta cierto punto. Pero para ser líderes, somos nosotros quienes en algún minuto tendremos que transformarnos en protagonistas de nuestro éxito. Ese mágico y liberador momento en el que finalmente te preguntas: «¿Y si yo puedo enseñarle algo a la vida?».

Sobre el Autor

Oscar Andrés Contreras Serrano, nació en Viña del Mar, el 6 de Junio de 1975. Es entre otras cosas, directivo, emprendedor, conferencista, escritor y docente. Es considerado un *«insider»* chileno de la Industria del *Software* en *Silicon Valley*, y reconocido en 2013 como uno de los principales líderes chilenos innovadores por la prensa escrita.

Oscar se desempeñó durante casi una década en las trincheras de la Multinacional *Electronic Arts*, en California, como alto directivo. Ha colaborado en el desarrollo de multimillonarias y emblemáticas franquicias internacionales, entre ellas *«Los Sims»*; consagrándose como director de desarrollo y gerente de división. Actuó también como *brand ambassador* y especialista en negocios internacionales para esta y otras firmas.

Es uno de los contados directivos certificados en el programa *PowerSpeaking*. Su *background* profesional es bastante híbrido. Es titulado de Diseño Industrial, con un Magister en Comunicación Estratégica y un *MBA* de *San Francisco State University*, California, EE. UU.

Desde su vuelta a Chile, se ha dedicado con pasión a apoyar al ecosistema de emprendimiento y la formación de capital humano con empresas y personas. Con su vasta experiencia internacional en selección y entrenamiento de centenares de profesionales y directivos para empresas *Fortune* 500 en Norteamérica, Europa y Asia Pacífico, es considerado un líder nacional en *Personal Branding*, Marketing y Desarrollo Organizacional. Es además especialista en adaptación de metodologías de desarrollo de capital humano y formación experiencial. Asumiendo un profundo compromiso con las personas como motor de innovación, reinventó su carrera, para en adelante desempeñarse como gerente general de *Empodera® Consulting Group*.

Actualmente, se desenvuelve como reputado asesor comunicacional de un gran número de empresas, personas, autoridades públicas y celebridades, a través de sus selectos programas de formación *boutique*. Se desempeña también como directivo fraccional y negociador para diversas instituciones en la arena pública y privada.

Continúa su vida junto a Viviana Araos, su querida esposa, confidente y principal *partner* en su sociedad de profesionales. Disfruta de la vida en familia, junto a sus dos hijos: Isidora Verónica y Oscar Joaquín.